Maîtriser les processus de l'entreprise

Éditions d'Organisation
Groupe Eyrolles
61, bd Saint-Germain
75240 Paris Cedex 05

www.editions-organisation.com
www.editions-eyrolles.com

Michel Cattan

Engagement de la direction, collection « Afnor pratique », Afnor 2001.

Pour une certification qualité gagnante – Avant-Pendant-Après, Afnor 2003.

Maîtriser le processus de conception, Afnor 2004.

Guide des processus - passons à la pratique, Afnor 2005.

© Groupe Eyrolles, 1998, 1999, 2001, 2003, 2006, 2008
ISBN : 978-2-212-54160-1

Michel CATTAN
Nathalie IDRISSI
Patrick KNOCKAERT

Maîtriser les processus de l'entreprise

Préface de Vincent MAUREL
Président d'AREVA NP

Sixième édition

EYROLLES
Éditions d'Organisation

Sommaire

Troisième partie.
LES OUTILS POUR AMÉLIORER LES PROCESSUS

Quatrième partie.
RÉUSSIR ET FAIRE VIVRE LA DÉMARCHE

Préface

Face aux enjeux de productivité et aux attentes de ses clients, l'entreprise doit s'adapter en permanence pour rester compétitive. Manager le changement en mobilisant nos personnels autour d'une dynamique de progrès est une priorité pour nous, chefs d'entreprise.

Nous sommes constamment à la recherche de méthodes permettant d'optimiser le fonctionnement de nos entreprises. Parmi ces méthodes, le management des processus apparaît comme incontournable. À ce titre, il figure parmi les exigences majeures de la norme ISO 9001 version 2000.

À l'expérience, manager les processus n'est pas chose aisée face à des freins parmi lesquels le facteur humain tient une place prépondérante. Dans ce contexte, le levier pédagogique est un outil indispensable. Il faut convaincre de l'utilité d'une démarche qui repose sur des concepts parfois perçus comme flous, abstraits, ou relevant d'un effet de mode.

L'approche globale proposée dans cet ouvrage est originale et pragmatique. Elle tire sa substance du retour d'expérience de plus de vingt années de management par la qualité. Les méthodes et outils simples et usuels qui sont proposés sont utilisables par tous et adaptables à toutes les organisations quels que soient leurs tailles, leurs secteurs d'activité et leurs moyens.

Je souhaite que ce livre contribue activement à la diffusion du savoir dans le domaine du management des processus, domaine si essentiel à l'amélioration continue et par là même au dynamisme de nos entreprises.

Vincent Maurel
Président d'AREVA NP

Avant-propos

Toute entreprise doit avoir en permanence le souci d'améliorer sa productivité et par voie de conséquence sa compétitivité. Les moyens employés pour créer cette dynamique de progrès peuvent être multiples. Il suffit pour s'en convaincre de voir la quantité de méthodes et d'outils développés ces dernières années pour répondre à ce besoin.

SORTIR de la SPIRALE des RE...

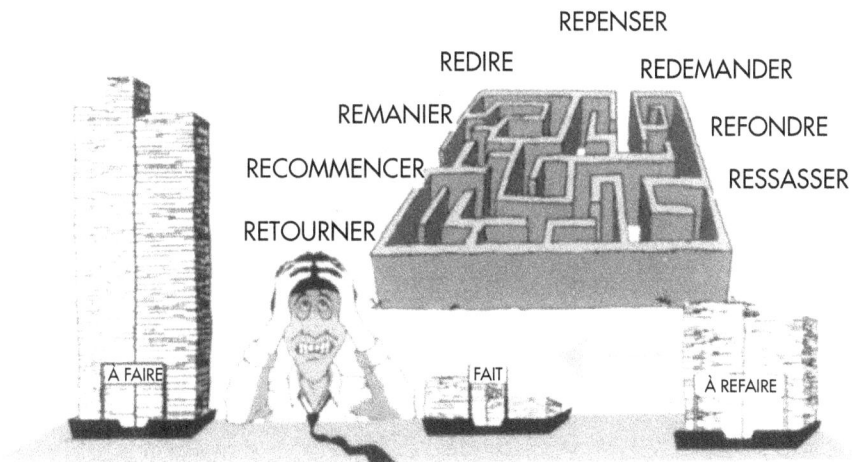

Beaucoup de ces méthodes, bien que très efficaces pour certaines, sont présentées sous une forme telle que l'on est en droit de penser que seul un « professionnel de la méthode » est capable de la mettre en œuvre.

Nous pensons quant à nous que, dans ce domaine, une méthode est d'autant plus efficace que tout un chacun, dans l'entreprise, pourra la faire sienne et la mettre en œuvre. C'est pourquoi il nous a semblé important de mettre au point un guide pour que toute entreprise, quels que soient sa taille et son type d'activité, puisse entreprendre une action d'amélioration de ses processus, de façon pragmatique en proportionnant son investissement à ses objectifs.

Ce guide résume les principes essentiels d'une démarche pour l'analyse et l'amélioration des processus de l'entreprise. Il décrit les étapes de mise en œuvre de cette démarche ainsi que les principaux outils et méthodes utilisables dans ce cadre. Il indique les précautions à prendre pour faire de l'amélioration des processus un levier efficace d'accroissement des performances et des responsabilités de chaque individu, mais aussi bien sûr un moyen d'accroître les résultats de l'entreprise.

Les principes décrits dans cet ouvrage sont cohérents avec l'approche processus telle que développée dans les normes de management de la qualité.

Cette nouvelle édition met en évidence les synergies entre management des processus et :

- développement durable (prise en compte des exigences sociétales et environnementales) ;
- maîtrise des risques qui induit un rapprochement avec le contrôle interne ;
- relations mutuellement bénéfiques qui conduisent à s'interroger sur le fonctionnement de l'entreprise étendue.

Première partie

Les processus : une notion clé

« La qualité est le seul facteur qui puisse affecter la performance à long terme d'une entreprise. La qualité améliore la productivité, donc la position face à la concurrence et garantit la survie de l'entreprise. »

W. Edwards DEMING

« Quality, productivity and competitive position. »

Chapitre 1

Du contrôle au modèle de management

Tous les secteurs industriels sont concernés par l'évolution de plus en plus rapide du concept de qualité ; le management de ou par la qualité est l'aboutissement d'une logique de développement de ce concept. On peut distinguer, en Europe, trois grandes époques de développement de la qualité, correspondant à trois situations économiques mondiales et à trois conceptions du management : le contrôle, l'assurance de la qualité et la qualité modèle de management.

L'époque du contrôle...

À l'époque de l'artisanat, le client commandait un matériel dont le niveau de qualité se définissait souvent plus par la tradition et l'expérience de l'artisan fournisseur que par les exigences spécifiques du client. L'artisan réalisait alors le matériel suivant les règles de l'art, du reste souvent inconnues du client. La mise en service et l'exploitation du matériel montraient ensuite si la qualité voulue était atteinte.

Le producteur était cependant soumis à l'obligation de garantie légale telle que définie dans le Code civil. L'article de loi introduisait déjà la notion intéressante de « conformité de la chose à l'usage auquel elle est destinée ».

Ces pratiques anciennes se sont traduites, dans l'industrie moderne, par des exigences du client insuffisamment précisées, des procédures de fabrication non écrites, des contrôles décidés par la « fabrication », des résultats de contrôles évalués par cette même fabrication, des rapports de fabrication et de contrôle inexistants ou incomplets.

Ces pratiques étaient basées uniquement sur la confiance accordée par le client au fournisseur. En effet, cela revenait à confier au fournisseur la définition de la qualité requise, mais aussi l'évaluation de la qualité obtenue, sans qu'il en reste une trace vérifiable par le client. Celui-ci se satisfaisait plus ou moins de ces pratiques en se faisant représenter physiquement à un maximum d'opérations de contrôle, et en déduisant du résultat de ces contrôles dans quelle mesure la confiance qu'il accordait au fournisseur était justifiée. Ces vérifications par sondage étaient hélas d'autant moins crédibles que les actions du fournisseur étaient moins répétitives (systématiques).

Cette situation a pu se prolonger jusqu'aux années 1970 car au cours de cette période le marché a été un marché acheteur. Il s'agissait de produire en quantité pour répondre à la demande, d'où des méthodes de production intensives qui se traduisent par :

- la séparation des tâches de conception et de fabrication ;
- la séparation des tâches de réalisation et de contrôle ;
- la parcellisation du travail ;
- le travail à la chaîne ou ses formes dérivées.

La qualité n'est alors ni une priorité ni une obligation pressante, c'est un mal nécessaire pour le producteur qui s'en préoccupe peu. Elle s'exprime en termes de spécifications techniques souvent évolutives.

Cependant, et ce d'autant plus que les réalisations deviennent routinières, ces pratiques laissent une grande place à l'erreur humaine, quel que soit le degré de surveillance exercé par le client. Des défauts dus à de telles erreurs peuvent ainsi :

- ne pas être reconnus comme tels, par suite de la mauvaise définition du niveau de qualité ;
- être détectés à un stade avancé de la fabrication, entraînant des réparations ou des rebuts coûteux ;
- être introduits dans le matériel à l'occasion d'une opération de fabrication et n'apparaître ensuite qu'à l'occasion d'un incident en service.

Les autorités, comme les clients et les fournisseurs, se sont émus de ce dernier aspect dans certaines industries de pointe (industrie nucléaire, spatiale ou aéronautique) où une défaillance mineure sur un matériel peut avoir des conséquences dramatiques pour la sécurité des personnes.

Pour ces produits à risques, la garantie légale forcément limitée par les capacités financières des fournisseurs peut se révéler dérisoire en face des dégâts qui peuvent résulter d'une défectuosité du produit.

Un nouveau concept est apparu, suivant lequel la « **confiance** » ou la « **présomption** » que le produit a la qualité requise doit être étayée par une « **démonstration** » (« objective évidence ») qui doit pouvoir être faite à tout moment pendant la réalisation, puis pendant l'existence du produit, donc fondée sur des documents écrits et archivés. C'est le concept de l'**assurance de la qualité**.

Dans les années 1970 le marché devient vendeur, la concurrence fait une apparition en force. C'est par ailleurs l'époque des grands projets, dans les secteurs nucléaire et spatial par exemple, faisant appel à des techniques de plus en plus sophistiquées avec de grands succès mais aussi des échecs cuisants. Ces grands succès, et parfois les échecs, mettent en exergue l'importance de la sûreté ou de la sécurité, de la disponibilité mais aussi la nécessité absolue de fournir un produit de qualité.

C'est dans cette période qu'est apparue la nécessité de donner au client la garantie *a priori* de la qualité du produit final. Cela s'est fait à travers le concept d'assurance de la qualité, avec la mise en application d'une réglementation nationale et internationale, et une série assez complète de codes et normes.

L'assurance de la qualité...

« Possédez-vous un système d'assurance de la qualité ? Cette question, maintenant classique sur le marché mondial, atteint progressivement les sociétés françaises, par le biais des appels d'offres étrangers, des clients, des autorités étrangères, des codes et standards, et même des règlements français en préparation. »

C'est ainsi que débutait en 1972 un de nos supports de cours sur l'assurance de la qualité. La question était devenue classique sur les marchés mondiaux du nucléaire ou du spatial, mais pas depuis bien longtemps. Et l'industrie française n'était à l'époque aucunement préparée à y répondre, quels que soient les motifs proclamés pour la circonstance :

« Une telle organisation est indispensable pour tenir une place prépondérante sur les marchés non seulement américains, mais même internationaux, l'assurance de la qualité devenant une exigence dans la plupart des pays. Les clients français eux-mêmes ne resteront pas indifférents à ce mouvement et exigeront probablement bientôt une telle organisation chez leurs fournisseurs. »

Il faut bien reconnaître qu'à cette époque la motivation était pauvre, en regard des investissements matériels et intellectuels qui de toute évidence accompagnaient cette nouvelle manière de voir.

Et pourtant deux ans plus tard, le concept de l'assurance de la qualité avait brutalement envahi le marché français et plus particulièrement le marché nucléaire, comme le constatait la réédition de notre support de cours en novembre 1974 :

« Une révolution a commencé dans l'industrie française. Dans ce pays de tradition industrielle orale, on parle procédures, instructions détaillées ; les comités de direction discutent modifications d'organigramme ; on entend chuchoter que Monsieur X ne sera plus l'homme indispensable, car son activité sera si bien définie et ses dossiers si bien rangés qu'il pourra être remplacé instantanément par un individu de même compétence professionnelle ; on dit même que son activité fera l'objet de vérifications par une personne indépendante ! Les groupements professionnels s'interrogent ; les traducteurs se penchent sur des textes américains qui leur paraissent bien hermétiques, les directeurs promettent de satisfaire leurs clients, des responsables de contrôle habitués à leur routine se voient soudain promus responsables de la qualité et s'en trouvent fort inquiets. Ce raz de marée qui a envahi l'industrie, c'est l'assurance de la qualité, sympathique pour les uns, inquiétante pour les autres qui y voient à terme la ruine de l'industrie, mais présente pour tous. »

Présente certes, et l'intérêt du client français manifesté depuis février 1974 pour l'assurance de la qualité y était pour beaucoup ; mais comprise, peu encore ; et admise, encore moins, d'autant moins que la révolution consistait bel et bien à ne plus seulement affirmer la qualité des matériels, que personne ne songeait à mettre en doute, mais à pouvoir, de plus, la démontrer.

Bref, on en parlait beaucoup, mais tout restait à faire.

Et l'industrie française l'a fait. L'assurance de la qualité (confiance *a priori* et démonstration *a posteriori*) est devenue une préoccupation normale dans l'entreprise, au même titre que l'obtention de la qualité elle-même, les coûts ou les délais. Un signe qui ne trompe pas.

Alors que l'industrie française voyait se préciser les exigences réglementaires (publication de l'arrêté du 10 août 1984, par exemple, relatif à la qualité de la conception, de la construction et de l'exploitation des installations nucléaires de base), une révolution silencieuse se produisait dans l'industrie européenne dans la perspective du marché unique européen. L'assurance de la qualité perdait son caractère contraignant pour devenir une aide essentielle à la libre circulation des biens et services.

Nous voulons bien sûr parler du rôle que jouent désormais les certifications des systèmes de management de la qualité dans les relations clients/fournisseurs et sur la généralisation des normes ISO ; cette démarche déborde très largement le cadre européen puisque l'industrie nord-américaine est désormais convaincue de la nécessité de se conformer à ces normes pour pouvoir rester présente sur les marchés à l'exportation.

La situation actuelle de l'assurance de la qualité, et la satisfaction que l'on peut légitimement en tirer, ne doivent pas nous faire oublier l'effort considérable qu'il a fallu à chaque entreprise pour prendre ce nouveau cap, puisque, au-delà des contraintes les plus matérielles d'investissements initiaux en hommes et en moyens – qui à elles seules constituaient déjà un motif sérieux de réflexion pour le chef d'entreprise –, c'est l'adhésion des agents de l'entreprise eux-mêmes qui était demandée pour la mise en place d'un tel système.

Au terme de cette période, on peut dire que l'industriel ne se contente plus uniquement d'un contrôle *a posteriori* du produit fini, en mettant en place un système de prévention des défauts décrit dans un ensemble de procédures dont le but est de dire ce que l'on va faire, puis de s'assurer que ce que l'on a dit a effectivement été fait. Les besoins en matière de production (où il y a une forte demande) et de compétitivité sont tels que la qualité apparaît encore à cette époque comme « un luxe qui coûte cher ».

L'assurance de la qualité a néanmoins permis de faire de très grands progrès en matière de qualité des produits jusqu'à conduire à des concepts tels que celui du « one shot » dans le spatial, concept qui est une des conditions de survie de cette industrie.

Il est vrai, et c'est une critique qu'on lui fait souvent, l'assurance de la qualité induit l'émission d'un nombre important de documents. Plus les techniques mises en œuvre sont complexes, plus il y aura de documents et donc une complexité accrue pour s'assurer de leur cohérence, de leur exhaustivité, et donc de la qualité.

Cependant, l'utilisation croissante de moyens informatiques puissants et conviviaux dans les entreprises a permis de mettre en place des systèmes qui, en automatisant un certain nombre d'opérations, allègent de façon très sensible les contraintes en matière de production de preuves et de traçabilité.

Lorsqu'ils sont mis en œuvre de tels systèmes visent à :

1. Augmenter la fiabilité du système qualité de l'entreprise :

- en disposant d'une information à un endroit unique dans une base de données ;
- en assurant une validation automatique des informations ;
- en interdisant toute utilisation d'information non validée.

2. Simplifier/rationaliser/harmoniser :

- en clarifiant l'organisation ;
- en normalisant le vocabulaire ;
- en allégeant les circuits d'approbation.

3. Valoriser les tâches administratives :

- en facilitant certaines opérations ;
- en réduisant le coût de certaines opérations ;
- en réduisant les délais de mise à disposition de l'information.

Il faut néanmoins noter que la mise en service d'un système de ce type se fait souvent en laissant, volontairement ou non, un certain nombre de points dans l'ombre. C'est le cas par exemple de la notion de donnée amont lorsque plusieurs individus ou plusieurs équipes travaillent en même temps sur une même maquette informatique ; c'est aussi le cas du concept d'archivage, s'agissant d'une maquette informatique que faut-il archiver ?

- une représentation papier de la maquette, on perd alors une bonne partie de l'avantage de l'informatisation en retrouvant une bonne partie de la quantité de papier que l'on souhaitait supprimer ;
- la maquette sur un support informatique (bande, disque, etc.), mais alors il faut s'assurer de la pérennité du « *hardware* » pour permettre de relire et d'utiliser la maquette.

Quel que soit le degré d'avancement des entreprises dans l'établissement de programmes d'assurance de la qualité, on peut penser qu'il leur restera un travail important à accomplir dans ce domaine. Quatre étapes successives doivent en effet être considérées. Elles représentent une somme d'efforts qui peuvent paraître considérables :

1. La mise en œuvre dans l'entreprise d'un ensemble de procédures écrites couvrant tous les domaines ci-dessus et conforme à tous les règlements et normes applicables en la matière est l'objectif urgent que se sont fixées, par la force des choses, de nombreuses entreprises.

   Il est illusoire de penser qu'un tel système peut être mis en place en quelques semaines, voire en quelques mois. Il importe de plus, en général, que soient réunies les conditions suivantes :

   – la décision de mettre en place un tel système doit être prise par la direction de l'entreprise. Celle-ci doit faire le nécessaire pour appuyer cette mise en place : il s'agit d'un investissement, qui ne saurait être décidé à d'autres échelons ;

– l'entreprise doit déléguer pendant le temps nécessaire, à une personne ou à un groupe de personnes, la tâche de mise en place du système : il s'agit d'un travail important, qu'il est souvent difficile d'exécuter de front avec d'autres tâches ;

– cette personne ou ce groupe de personnes doit obtenir l'adhésion de l'ensemble de l'entreprise au système, car quelle que soit la volonté de la direction, ce système ne pourra fonctionner que s'il est accepté et si les opérationnels se l'approprient. Une tâche d'information et d'explication à tous les niveaux du personnel est donc nécessaire.

2. Lorsque ce système est opérationnel, il importe de le tenir à jour. Un programme d'assurance de la qualité doit être évolutif pour être appliqué. Un grand nombre de normes, de guides sont publiés ou en préparation, pour permettre à chacun de bénéficier de cette expérience internationale. L'analyse et l'application de ces documents représentent un travail important.

3. En supposant qu'une entreprise ait mis en œuvre un programme complet, parfaitement appliqué et conforme à toutes les normes et à tous les règlements, elle ne fait que commencer sa tâche.

Nous devons en effet avoir l'ambition de dépasser le recueil de procédures, afin que chaque agent, devant un problème de qualité, soit amené à le comprendre et à le résoudre, non par des recettes toutes faites mais en appliquant les concepts de base de l'assurance de la qualité. On atteindra ainsi la qualité au moindre coût.

4. Enfin, si une entreprise parvient un jour à cet état idéal, une immense responsabilité lui reste à assumer : celle de promouvoir la même philosophie en amont et en aval, c'est-à-dire chez ses fournisseurs et chez ses clients, pour que tous les fournisseurs en cascade assurent la qualité de leurs produits et prestations, tant il est vrai que la résistance d'une chaîne dépend de la solidité de tous ses maillons.

L'objectif est ambitieux mais la tâche est nécessaire. Elle commence par l'information sur l'assurance de la qualité, elle se poursuit par la participation de chacun. Les agents, à tous les niveaux, doivent être amenés à comprendre que la qualité est l'affaire de tous, et que quiconque a une responsabilité quelle qu'elle soit dans la production, a aussi une responsabilité dans la qualité.

Certes, des efforts restent encore à faire en matière d'assurance de la qualité. Une mutation aussi profonde ne peut pas être terminée partout, après un délai de quelques années.

Nous faisons confiance pour cela à l'individu, dès lors qu'il a commencé à s'intéresser à l'assurance de la qualité, c'est-à-dire à ce qu'il fait.

La qualité totale...

Les conditions des marchés internationaux changent maintenant rapidement et il faut se donner les moyens d'évoluer en conséquence. On constate aujourd'hui que « réussir du premier coup » devient un objectif majeur pour chaque industriel. Nous nous trouvons dans une nouvelle période, celle de la qualité totale. Face à une concurrence exacerbée et à un client « roi », la qualité devient un outil stratégique et offensif. La qualité ne concerne plus que le produit, elle concerne aussi son environnement et toutes les fonctions de l'entreprise.

Dès 1985, dans *A passion for excellence*, Peters, Tom et Nancy Austin écrivaient :

« La qualité ne peut être envisagée qu'au travers du regard des clients, la compréhension de leurs attentes (efficacité) dans un premier temps ; puis le dépassement de ces attentes (efficience)... Tous les aspects de la qualité seront respectés si les attentes des clients sont dépassées. »

et plus loin :

« Aujourd'hui la qualité va au-delà de l'absence de défauts qui nous permet de répondre aux attentes de notre clientèle, elle requiert l'amélioration contrôlée des processus afin de dépasser ces attentes. La qualité ne peut être atteinte que par l'amélioration constante de tous nos systèmes et processus. Cette notion ne couvre pas uniquement la production et les services, mais aussi la conception, le développement, le service, l'achat, l'administration, et, de fait, tous les aspects transactionnels. »

Parmi les biens destinés à un client, il faut noter la part accrue, et incontournable, des biens immatériels et des services, qu'ils soient fournis seuls ou associés à un produit matériel.

Il est moins aisé de contrôler les caractéristiques finales de ces biens immatériels. La garantie finale que l'on donnera au client passe donc par une mise sous contrôle accrue des différents processus concourant à l'élaboration du service.

La qualité est devenue un outil de management et un critère de choix essentiel dans les échanges commerciaux.

Il suffit pour s'en convaincre d'examiner l'évolution des résultats des entreprises qui se sont investies dans la mise en œuvre d'un management par la qualité ou TQM (Total Quality Management). Il ressort du rapport Kane[1] sur les gagnants du prix Deming que :

---

1. *« Utilisation du TQM pour améliorer les résultats opérationnels de l'entreprise »*, Bob King, 3ᵉˢ Assises de la recherche en qualité, décembre 1994, Paris.

« 1. Le TQM génère une croissance de la part de marché,

2. Le TQM améliore la satisfaction du client en réduisant les problèmes et les défauts,

3. Le TQM réduit les coûts ce qui contribue à accroître la part de marché,

4. Le TQM facilite la conception de produits nouveaux. »

La qualité outil de management a fait l'objet d'études diverses et variées qui ont conduit à la mise au point de méthodes et d'outils visant à accroître la productivité des entreprises.

Si pendant de nombreuses années on a opposé, à tort, qualité et productivité, nous constatons aujourd'hui qu'il existe un lien étroit entre ces deux concepts qui sont complémentaires au point d'être difficilement dissociables. S'il fallait encore s'en convaincre, il suffirait d'observer l'action des gouvernements en matière industrielle et commerciale. À titre d'exemple, au début des années 1990, le ministre français de l'Industrie et du Commerce extérieur, Dominique Strauss-Kahn, faisait une communication[1] portant sur la qualité dont voici un extrait :

« La qualité des produits et des processus de production est un élément essentiel de la compétitivité des entreprises. En répondant exactement aux besoins des clients, elle leur permet de gagner des parts de marché. Sachant que près de 10 % du chiffre d'affaires des entreprises, soit environ 400 milliards de francs par an (61 milliards d'euros), sont perdus en rebuts, retouches et gaspillages, elle leur permet aussi de réduire leurs coûts [...]

Les entreprises seront incitées à satisfaire rapidement aux exigences de qualité et de sécurité découlant de la mise en place du marché unique européen. Le recours à des conseils extérieurs et le recrutement de cadres spécialisés seront encouragés [...]

[...] Un prix national de la qualité sera créé. Les premières assises de la recherche dans le domaine de la qualité seront organisées en 1992 [...]

[...] Pour les produits dont l'État doit contrôler la conformité aux règles de sécurité, les techniques d'assurance de la qualité, qui consistent en une surveillance des processus de production à la place du contrôle systématique des produits finis, seront plus largement employées [...] »

Bref, s'il est essentiel de produire mieux, le Total Quality Management nous oblige à constamment orienter nos efforts vers la satisfaction du client. À quoi cela servirait-il de concevoir ou fabriquer des produits parfaits dont aucun client ne voudrait ?

---

1. Agenda du journal *Le Monde* du 02.05.1992.

Il y a un sujet incontournable lorsque l'on veut rappeler quelques faits essentiels du développement de la qualité, c'est le Japon. Le Japon, ayant été un précurseur dans la mise en œuvre des différents concepts de qualité, a souvent été considéré comme un modèle. Il aura fallu quelques expériences malheureuses (comme les cercles de qualité) pour nous apercevoir que nous ne pouvions pas « copier » les méthodes japonaises sans un minimum d'analyse et d'adaptation ; les différences de culture d'entreprise ont en la matière beaucoup d'importance.

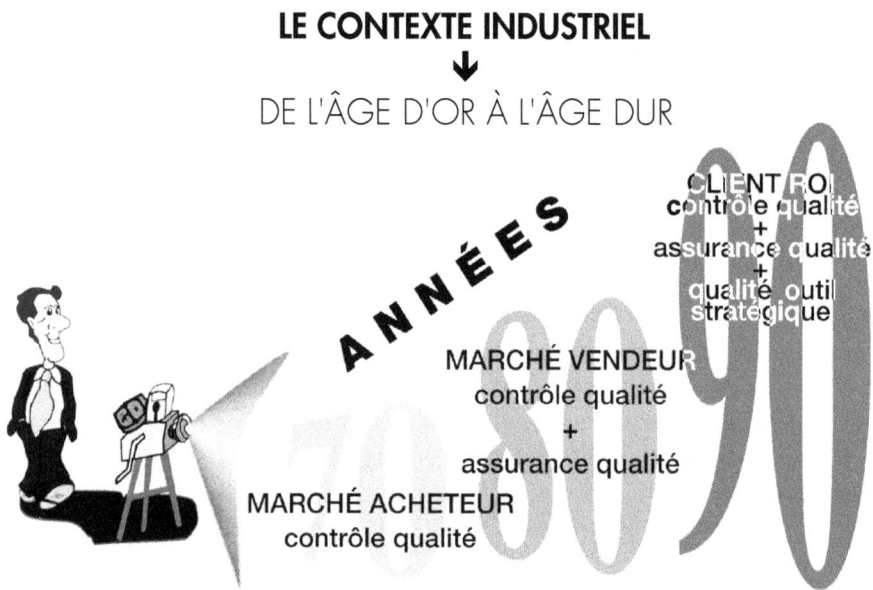

LE CONTEXTE INDUSTRIEL
↓
DE L'ÂGE D'OR À L'ÂGE DUR

ANNÉES

CLIENT ROI
contrôle qualité
+
assurance qualité
+
qualité outil
stratégique

MARCHÉ VENDEUR
contrôle qualité
+
assurance qualité

MARCHÉ ACHETEUR
contrôle qualité

Il n'en reste pas moins que ce pays a pris une avance considérable dans ce domaine, et il suffit pour s'en convaincre de rappeler quelques dates concernant l'évolution de la qualité au Japon :

- introduction du contrôle qualité et de l'assurance de la qualité pour remettre à niveau l'économie japonaise dès les années 1950 ;

- premières applications de la qualité totale au cours des années 1960 ;

- dans les années 1970 le Japon s'appuie sur la qualité totale pour surmonter la crise.

Depuis, le Japon n'a cessé d'élargir le champ d'application de la qualité totale (services, secteurs administratifs, hôpitaux, enseignement...).

Du management de la qualité au management par la qualité…

Si la qualité et plus précisément la qualité totale est devenue un outil de management, un nouveau pas est franchi au début des années 2000 avec le concept de management par la qualité. L'époque du management purement financier, pour lequel la qualité n'était qu'une discipline particulière déléguée à un représentant de la direction, est aujourd'hui révolue.

Pour pouvoir fournir des produits et services qui satisfassent totalement les clients ou usagers tout en restant compétitif, on ne peut plus se contenter de mettre en place une structure qualité chargée de définir et de faire appliquer un certain nombre de règles, aussi précises soient-elles, au sein de l'organisme. La direction doit s'engager concrètement et aller largement au-delà de la déclaration de bonnes intentions que l'on retrouve presque systématiquement dans les manuels d'assurance de la qualité.

« L'engagement de la direction doit s'exercer dans deux directions. D'une part sur le moyen terme à travers la définition de la stratégie et des objectifs majeurs de l'organisme, et d'autre part, sur le court terme en veillant au maintien voire à l'amélioration des performances [1]. »

La direction doit tenir compte de ce que le choix d'une politique et d'une stratégie est largement déterminé par le facteur qualité. La qualité n'est plus uniquement un but à atteindre, elle est devenue un mode de management qui se décline selon les huit principes énoncés par la norme ISO 9004 version 2000 à savoir :

- orientation client ;
- leadership ;
- implication du personnel ;
- approche processus ;
- management par approche système ;
- amélioration continue ;
- approche factuelle pour la prise de décision ;
- relations mutuellement bénéfiques avec les fournisseurs.

---

1. Michel Cattan, *L'engagement de la direction*, Afnor, 2001.

L'approche processus occupe une place centrale parmi ces huit principes, peut-être parce qu'il s'agit d'un principe qui est fortement lié aux sept autres. Qu'il s'agisse par exemple de l'orientation client, de l'implication du personnel ou de l'approche factuelle pour la prise de décision, ils sont directement applicables dans le cadre de la maîtrise des processus.

Du management des processus au management par les processus

La mise en œuvre d'une approche processus conduit à reconsidérer profondément les modes de management pour permettre à cette approche de donner les meilleurs résultats possibles. À n'en pas douter, c'est à un changement de culture que l'organisme doit se préparer.

Cependant, lorsque l'on parle de management par les processus, nous signifions tout simplement que le management des processus doit être au centre des préoccupations de l'encadrement, et en aucun cas que le management d'un organisme se résume au management des processus.

Si l'on considère les deux niveaux de management des processus, à savoir leur maîtrise (analyse et description, mesure et obtention d'un résultat attendu, capabilité, reproductibilité…) et leur optimisation (stratégie, objectifs, amélioration), on constate que l'on aborde bien des sujets qui sont du ressort du management d'un organisme, en effet :

- La mise en œuvre d'une approche processus affecte dans un premier temps le domaine du management stratégique de l'organisme plus que celui de son management opérationnel. La définition d'une stratégie passe par la prise en compte de l'état de l'environnement de l'organisme et de son évolution prévisible (situation économique, sociale, marché, niveau de la concurrence, résultats d'études de benchmarking, technologie), mais aussi de l'aptitude de l'organisme (ses processus) à produire les effets escomptés dans les meilleures conditions possibles.

- La mise en œuvre d'un management des processus conduit les directions à définir une organisation matricielle du même type que celles que l'on trouve dans les organisations par projet.

- La définition des responsabilités (individuelles, de pilotage et de coordination) liées à l'organisation, matricielle en l'occurrence, constitue un élément essentiel du bon fonctionnement des processus.

▷ Un organisme se doit de définir les compétences qui lui sont nécessaires pour assurer sa compétitivité et son fonctionnement optimal, puis d'ajuster les compétences en fonction des besoins. La définition des compétences se fait dans le cadre de la description de chaque processus puis, dans un second temps, à l'occasion des actions d'amélioration des processus.

▷ La maîtrise des informations constitue une des conditions majeures du bon fonctionnement d'un organisme. La plus grande partie de ces informations est utilisée ou produite par les activités qui composent les processus.

▷ Il ne peut y avoir motivation sans communication. Un des principaux avantages d'une organisation en processus est qu'elle facilite la communication entre les différents acteurs d'un même processus. Encore faut-il organiser cette communication et fournir à ces acteurs les outils qui la faciliteront.

▷ L'approche processus présente enfin l'avantage d'offrir un cadre précis pour le développement de relations mutuellement bénéfiques (RMB) entre l'organisme et ses différents partenaires (clients, fournisseurs, autorités, administrations). De telles relations ne peuvent que conduire à une amélioration globale des résultats en particulier, de ceux des processus.

Dans un organisme ayant mis en œuvre une approche processus, compte tenu de l'organisation, de la définition des responsabilités et autorités qui en découlent, la direction doit prendre les dispositions lui permettant de vérifier périodiquement :

▷ qu'elle dispose d'une vision et d'une représentation suffisamment précises du réseau maillé de processus concrétisant les activités de l'organisme ;

▷ qu'elle dispose des données (internes et externes) exactes et fiables lui permettant d'identifier dans ce réseau les processus clés pour l'atteinte des objectifs qu'elle s'est fixés ;

▷ que les mécanismes d'écoute client sont activés et fonctionnent efficacement ;

▷ que les processus stratégiques contribuent dans la mesure prévue à l'atteinte des objectifs de l'exercice ;

▷ que les relations entre les pilotes des processus et les responsables de métier sont maîtrisées ;

▷ que les interactions entre processus sont maîtrisées ;

▷ que des modalités d'arbitrage (en matière d'allocation de ressources, de priorités, de répartition d'autorités et/ou de responsabilités, etc.) sont prévues et opérationnelles dès que nécessaire ;

▷ etc.

Le coût de la qualité, un sujet qui a alimenté bien des débats

Dans tout ce qui précède, nous n'avons abordé le sujet coût que lorsqu'il s'agissait de gain de parts de marché et de satisfaction du client. Or, parts de marché et satisfaction du client ne vont pas toujours de pair avec augmentation de la productivité.

Il est vrai que la diminution voire la suppression des causes de non-qualité du produit contribue, comme le déclare Townsend, à une augmentation de la productivité : « *Une meilleure qualité peut avoir comme résultat une augmentation directe de la productivité. Si la qualité, de fait, est mise en exergue dans les opérations de fabrication, par le contrôle statistique de la qualité, cela peut avoir pour résultat de convertir l'usine cachée qui produit des rebuts, des reprises, des réparations, des opérations de tri et des plaintes clients. Tout employé interrogé vous dirait que le meilleur moyen d'améliorer la productivité est de diminuer le nombre d'opérations de reprise ainsi que les rebuts, c'est-à-dire d'améliorer la qualité des processus... »*
(Patrick L. Townsend, « Commit to Quality ».)

Mais il est aussi vrai que lorsque toutes les forces de l'entreprise sont engagées en vue d'obtenir la satisfaction du client, la tendance est de privilégier cet objectif au risque de conduire à une détérioration de la productivité.

Si jusqu'à ces dernières années, on s'est beaucoup intéressé aux coûts de la qualité et/ou aux coûts de la non-qualité, on voit apparaître et on démontre, aujourd'hui, le fait qu'il n'y a pas incompatibilité ou opposition entre qualité, productivité et satisfaction du client. Bien au contraire, la qualité totale en ayant introduit les notions de processus et de microentreprise au sein de l'entreprise (relation client/fournisseur interne) a très nettement mis en évidence qu'il existe une certaine complémentarité entre ces différents concepts. De plus, faire bien du premier coup ne peut qu'avoir des conséquences positives sur la productivité.

En fait, comme nous l'avons vu précédemment, le terme qualité peut recouvrir différents concepts. Pour certains, obtenir des produits de qualité consiste à se limiter à la détection et à la correction de tous les défauts. La qualité est alors l'ennemie de la productivité. Aujourd'hui en revanche, ce qui est visé c'est la réalisation, du premier coup, d'un produit sans défaut ; pour atteindre cet objectif, il faut s'attacher à ce que, dès la conception du produit et tout au long de sa réalisation, il n'apparaisse aucun défaut. La qualité contribue alors à l'amélioration de la productivité.

Une étude du MIT (Massachusset Institute of Technology), portant sur les liens existants entre productivité et qualité, a démontré que pour l'ensemble des constructeurs automobiles mondiaux, ces deux caractéristiques, loin de s'opposer, convergeaient sur l'essentiel.

Pour démontrer cette complémentarité, il suffit d'ailleurs de rapprocher quelques-unes des notions que ces concepts recouvrent pour s'apercevoir que les caractéristiques généralement reconnues de la qualité totale, par exemple, reprennent des éléments souvent cités comme efficaces pour accroître la productivité. En effet, parmi les éléments qui caractérisent l'accroissement de la productivité, on peut en citer quatre qui nous paraissent essentiels :

1. *L'efficacité d'une tâche* : cette efficacité est souvent obtenue par l'introduction de nouvelles technologies consistant pour l'essentiel à automatiser les tâches fastidieuses et/ou répétitives. L'expérience a montré que cette automatisation pouvait conduire à l'inverse de l'effet escompté si elle n'était pas réalisée dans des conditions de qualité optimum.

2. *La motivation du personnel* : la motivation du personnel passe par une bonne information sur les enjeux et sur le rôle de chacun dans le déroulement d'une conception, d'une fabrication, d'une installation ou d'un service. Elle passe aussi par un plan de formation aux méthodes et à l'organisation.

3. *L'organisation du travail.*

   Au niveau de l'individu : gérer son temps (gérer ses priorités, délimiter ses interfaces) ; limiter les tâches à leurs objectifs (réponse claire et précise aux problèmes posés sans débordement inutile) ; supprimer les tâches de confort (actions d'auto-alimentation sans intérêt) ou sans valeur ajoutée.

   Au niveau de l'équipe : s'assurer au sein de l'équipe que les responsabilités sont bien définies et respectées ; mettre en place les bons outils et moyens d'information ; savoir mettre fin à une étude ou une affaire.

4. *La gestion des interfaces* : il s'agit de rechercher au niveau des interfaces la simplicité et la cohérence et de vérifier l'utilité de l'interface.

De la même façon, on peut retenir quatre notions essentielles pour définir la qualité totale.

1. La qualité perçue par le client

N'oublions pas qu'aujourd'hui la qualité doit être totale ou globale, donc concerner le produit mais aussi les services associés, voire l'image que le client peut en avoir. L'acheteur d'une voiture est-il vraiment intéressé par le fait que le temps nécessaire à la fabrication de cette voiture a été réduit, si dans le même temps les délais de livraison ont augmenté ou au mieux n'ont pas évolué ou s'il est mal reçu et mal servi chez le concessionnaire ?

En matière de qualité, le « faire-savoir » est aussi important que le « savoir-faire » ; ceci est tout particulièrement vrai vis-à-vis du client mais aussi vis-à-vis du personnel de l'entreprise, en effet une bonne communication contribue à la **motivation du personnel** et joue un rôle essentiel pour atteindre une bonne qualité perçue par le client. Si cette motivation n'existe pas, on est en droit d'émettre des doutes quant à la qualité du relationnel client/fournisseur par exemple.

2. La maîtrise des processus

La maîtrise des processus c'est d'abord une bonne connaissance des **tâches** et de leur enchaînement pour pouvoir mesurer leur **efficacité** individuelle et globale.

Nous nous sommes beaucoup intéressés au poste de travail pour en améliorer l'efficacité ; les moyens mis en œuvre pour faire en sorte que cette efficacité soit optimale ont dans bien des cas conduit à complexifier les processus. On constate en effet que l'optimisation des tâches élémentaires ne conduit pas toujours à des processus optimisés ; il faut parfois accepter la « dégradation » d'une tâche pour faciliter la suivante et améliorer le processus.

De plus il est indispensable de parfaitement maîtriser les **interfaces**, donc d'avoir un découpage optimum en tâches.

Il faut aussi noter que l'on a eu tendance dans bien des cas à rendre les processus de l'entreprise plus complexes pour pallier la sous-qualification du personnel (introduction de contrôles supplémentaires).

3. Le concept d'amélioration permanente

Il ne suffit pas de vouloir réussir du premier coup, il faut vouloir faire mieux la fois suivante pour ne pas perdre des marchés face à la concurrence. Ceci ne peut être obtenu que par du personnel **motivé** n'hésitant pas à remettre en cause son **organisation**.

L'amélioration permanente passe aussi par une **organisation de l'entreprise** qui favorise la prévention au détriment de la correction.

Rappelons que la mise en place d'une démarche d'amélioration permanente des processus s'intègre tout à fait dans les perspectives développées par la norme ISO 9004 version 2000 concernant l'amélioration des performances. « *Il convient que l'organisme recherche en permanence l'amélioration de l'efficacité et de l'efficience de ses processus, plutôt que d'attendre qu'un problème révèle des opportunités d'amélioration.* »

4. La tenue à jour de tableaux de bord fondés sur des indicateurs

Cette notion est très liée à la précédente ; elle suppose une volonté de se remettre en question (**tâches, organisation**) et préconise que celle-ci se concrétise par une ouverture sur l'extérieur. Il n'y a pas d'amélioration permanente sans éléments de mesure.

Force est de constater que trop souvent on a associé à la qualité et à la productivité des images négatives.

En effet, pour de multiples raisons, l'amélioration de la productivité rime souvent avec contraintes budgétaires, diminution de la charge et réduction d'effectif ; d'où une difficulté certaine à faire de ce sujet une préoccupation permanente de tout le personnel de l'entreprise.

Il est néanmoins indispensable de pouvoir faire apparaître les aspects positifs d'une démarche d'amélioration de la productivité et de la qualité, en particulier les conséquences que cela peut avoir sur le fonctionnement au quotidien. C'est tout l'intérêt que l'on peut trouver dans la démarche de qualité totale qui, loin d'opposer qualité et productivité, les associe étroitement.

Le coût de la non-qualité est généralement évalué entre 15 et 50 % du coût de l'activité. Dès 1988, le magazine *USA to Day* considérait que « *l'un des moyens les plus efficaces dont dispose la direction pour obtenir une meilleure productivité est d'améliorer la qualité de ses processus… La qualité est la solution au problème et non le problème.* »

La qualité : un concept évolutif

On constate que le domaine couvert par la « qualité » :

» dépend du type d'organisme qui la met en œuvre (industrie, services, administrations,…) ;

» est évolutif en fonction de l'époque, de la culture et des contraintes sociétales ;

» se définit en fonction de l'organisation de l'entreprise mais aussi en fonction des relations développées par l'entreprise avec ses différents partenaires.

De nouvelles exigences ne cessent d'apparaître comme, par exemple, celles qui ont trait à la sécurité et à l'environnement. Il ne fait de doute pour quiconque aujourd'hui qu'il existe un lien étroit entre ces trois concepts. Certains ont même érigé en principe la nécessité d'intégrer les systèmes de management relatifs à ces trois domaines (système QSE), sous prétexte qu'ils ont un tronc commun d'exigences.

Sans faire une règle de cette intégration, qui dans certains cas peut être contre-productive, il ne viendrait à l'idée de personne que qualité, sécurité et environnement puissent être pris en compte indépendamment les uns des autres.

Le développement durable

« Le développement durable de la planète et de l'humanité est le développement qui répond aux besoins du présent sans compromettre la capacité des générations futures de répondre aux leurs. »

Le champ de la qualité doit évoluer pour tenir compte d'exigences nouvelles relatives aux responsabilités sociétales des organismes.

Comment situer aujourd'hui le développement durable et l'éthique, deux sujets particulièrement en vogue, par rapport à la qualité dans le cadre des systèmes intégrés ? Une entreprise qui propose sur le marché d'excellents produits à des prix compétitifs devra par ailleurs démontrer qu'elle ne fait pas fabriquer ses produits par des enfants, avec un taux élevé d'accidents du travail et en ne préservant pas l'environnement, pour prétendre à la qualité de ses produits.

Appliquer les principes relatifs au développement durable dans la stratégie et la gestion des organismes est devenu un impératif car ils sont facteurs d'amélioration de la compétitivité.

Comme pour la qualité, la prise de conscience des organismes en la matière se fait actuellement bien souvent au travers d'exigences qui leur sont imposées dans les contrats. Il faut donc s'attendre à certaines réticences car, dans un premier temps, l'organisme va mettre en avant le coût supposé de la prise en compte de ces principes en omettant de les comparer aux gains potentiels. Autre argument avancé par les plus réticents, l'absence de référentiel éprouvé ; ce sont d'ailleurs les mêmes qui ne manqueront pas de se plaindre lorsqu'on leur imposera un tel référentiel.

Si l'on excepte les managers réticents (il faut l'espérer peu nombreux) à toute modification de leurs petites habitudes, de nombreux managers sont convaincus qu'il est indispensable de prendre en compte dans le fonctionnement de leurs organismes les attentes sociales, éthiques et environnementales du marché. Faute de quoi ils en seront rapidement exclus.

Dans ces conditions, faut-il encore parler de qualité ? Doit-on encore s'évertuer à traiter chaque concept séparément ? Ne doit-on pas plutôt parler tout simplement de système global de management des performances de l'entreprise, que ces performances soient liées à la satisfaction du client (qualité), à la satisfaction du personnel (sécurité du travail), à la satisfaction de la collectivité (environnement et éthique) ou à la satisfaction des actionnaires (rentabilité financière) ?

Les processus : au cœur de la qualité

Pendant de nombreuses années, l'accent a été mis sur la rédaction des procédures et sur la vérification de l'application de ces procédures. On a alors vu fleurir dans bon nombre d'entreprises un volume impressionnant de procédures supposées décrire avec force détails le fonctionnement de l'entreprise, ses méthodes de travail, les modalités de prise en compte des exigences externes, etc. Il faut bien reconnaître que tout ceci a fortement contribué à améliorer la qualité des produits et des services fournis, mais cela a très souvent conduit à opposer qualité et coût ou encore qualité et fonctionnement. Les entreprises se sont rendues compte depuis quelques années qu'il était indispensable de se donner les moyens de maîtriser, outre la qualité du produit proprement dit, le processus qui permet d'obtenir un produit de qualité aux meilleures conditions pour le client, mais aussi pour l'entreprise.

Il ne fait plus aucun doute aujourd'hui, qu'au-delà des déclarations, parfois de principe, faites dans le cadre de la mise en œuvre d'un management par la qualité totale, les processus sont au cœur de la qualité. Il suffit pour s'en convaincre d'examiner les normes ISO 9001 et 9004 publiées en décembre 2000.

Un couple cohérent, les normes ISO 9001/ISO 9004 version 2000

La volonté du comité technique chargé de la révision des normes de la série 9000 a été de construire un couple cohérent ISO 9001/ISO 9004 afin de permettre une progression dans la démarche qualité pour aller du management de la qualité vers l'excellence. D'après le président de l'ISO/TC 176 « *Les nouvelles normes seront plus spécifiquement orientées vers la réalisation des objectifs de l'entreprise, y compris la satisfaction des clients et autres parties prenantes. L'incorporation de ces normes dans une philosophie intégrée du management de la qualité fournira une base qui permettra de réunir l'assurance de la qualité, le management de la qualité, les initiatives sectorielles et les divers prix qualité. »*

Les normes ISO 9001 et ISO 9004 présentent donc une structure identique basée sur une approche unique appelée « approche processus ».

La norme ISO 9001 définit l'approche processus de la façon suivante : *« L'approche processus désigne l'application d'un système de processus au sein d'un organisme, ainsi que l'identification, les interactions et le management de ces processus (…). Lorsqu'elle est utilisée dans un système de management de la qualité, cette approche souligne l'importance :*

a) de comprendre et de satisfaire les exigences,

b) de considérer les processus en termes de valeur ajoutée,

c) de mesurer la performance et l'efficacité des processus,

d) d'améliorer en permanence les processus sur la base de mesures objectives. »

Le modèle de processus part du principe que l'entreprise est un processus qui, comme nous le verrons plus loin, est défini par des éléments entrants et des modalités de transformation à valeur ajoutée de ces éléments entrants pour donner des éléments sortants ; le processus ne pouvant fonctionner sans la mise à disposition de moyens adéquats. Il ressort de ce modèle que pour assurer le bon fonctionnement du processus « entreprise » il faut :

» *Maîtriser les demandes des clients.* Il s'agit de se donner les moyens (méthode et organisation) de bien identifier et de bien comprendre les besoins et exigences des clients pour définir sur cette base une politique qualité. Des objectifs qualité doivent alors être fixés et planifiés en cohérence avec la politique qualité. Ces objectifs constituent le lien entre la politique qualité et sa mise en œuvre dans le cadre du management des processus.

» *Maîtriser les ressources.* Il s'agit de déterminer et d'affecter les ressources nécessaires au bon fonctionnement des processus. Ces ressources comprennent aussi bien les ressources humaines que toutes les autres ressources qu'elles soient matérielles, financières, internes ou externes.

» *Mettre en place un ensemble de processus.* Ce modèle trouve tout son intérêt dans la mise en exergue des interfaces, ce qui va permettre de mieux les appréhender. Il faut donc mettre en œuvre dans l'entreprise des processus cohérents permettant de fonctionner en boucle depuis les exigences du client jusqu'à l'obtention du produit et/ou du service requis.

Modèle d'un système de management de la qualité basé sur des processus
(ISO 9000, 2000, « Systèmes de management de la qualité – Exigences »)

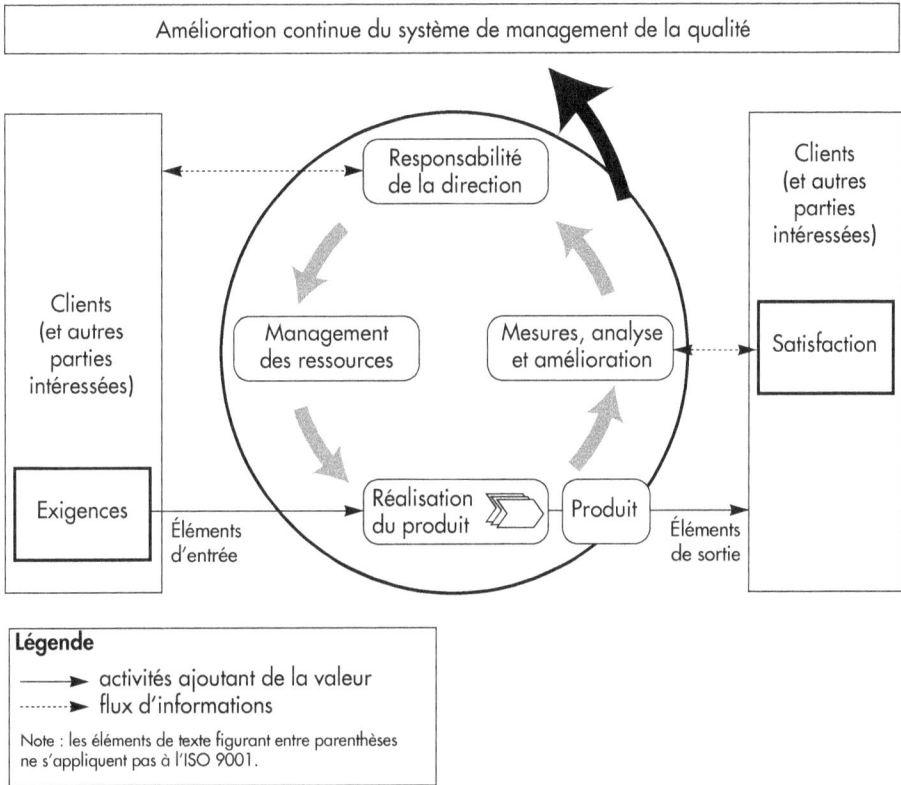

- *Assurer le pilotage des processus.* Pour cela, il faut mesurer et analyser pour pouvoir améliorer selon un cycle PDCA (*Plan, Do, Check, Act*). Le pilotage d'un processus passe par la mise à disposition d'informations mesurables (indicateurs, tableaux de bord), par la prise en compte et l'analyse de ces informations, et enfin par la mise en œuvre d'actions d'amélioration dont l'impact sur les performances du processus est évalué par le suivi des indicateurs. Les actions d'amélioration ainsi effectuées sur l'ensemble des processus de l'entreprise constituent une donnée d'entrée pour le processus de revue de direction.

Il ne suffira plus à l'avenir de parler de processus en termes généraux, mais au-delà de la qualité du produit faire la preuve de l'efficacité des processus de l'entreprise (satisfaction du client) et démontrer leur efficience (performance économique).

Plusieurs entreprises ont d'ores et déjà vu tous les avantages qu'elles pouvaient tirer d'une maîtrise de leurs processus et ont recherché les meilleurs moyens d'améliorer les processus existants.

La méthode que nous préconisons, et que nous explicitons dans les chapitres suivants, n'a pas pour but de développer les différentes notions citées plus haut ; elle traite de l'amélioration des processus qui de notre point de vue est une des notions essentielles du management par la qualité. Ce point de vue est d'ailleurs confirmé par le fait que nous voyons se développer depuis quelques années des méthodes d'amélioration de la qualité, et par voie de conséquence de la compétitivité centrées sur la maîtrise des flux d'information, donc de l'organisation. Les méthodes les plus efficaces ont pour but d'améliorer les processus de l'entreprise.

Il y a deux approches possibles pour améliorer les processus :

▶ L'approche « réactive » qui consiste à corriger les dysfonctionnements au fur et à mesure qu'ils sont constatés. Les entreprises qui adoptent cette approche privilégient les fonctions du type « pompier » assurées par du personnel capable d'intervenir et de trouver des solutions rapides même si elles sont transitoires.

▶ L'approche « préventive » qui consiste, par l'analyse, à faire en sorte que les dysfonctionnements ne se produisent pas, donc à faire bien du premier coup.

Paradoxalement, la plupart des entreprises ont tendance à privilégier et mieux considérer le pompier que la personne qui, sans se mettre sur le devant de la scène, a fait en sorte, par la qualité de son travail, que le produit ne présente pas de dysfonctionnement et donne satisfaction au client. Cela montre à l'évidence que l'entreprise n'a pas encore pris toute la mesure de l'intérêt qu'il y a à privilégier la prévention au détriment de la réparation.

Le coût d'une action corrective (donc par définition tardive) est 10, 100, voire 1 000 fois supérieure, en fonction du moment où elle prend place, au coût d'une action préventive menée très en amont dans le cycle de vie du produit.

Il est important de ne pas opposer ces deux approches qui peuvent être avantageusement complémentaires.

Le reengineering

De nombreux concepts ont été définis et proposés pour obtenir une amélioration des processus. Parmi ces concepts, il en est qui ont fait grand bruit et qui finalement n'ont pas toujours donné les résultats escomptés. Citons les deux concepts le plus couramment cités.

Tout d'abord le « reengineering » qui vise à redéfinir globalement tous les processus de l'entreprise, et plus particulièrement à réorganiser l'entreprise autour de ses principaux processus en supprimant, autant que faire se peut, les structures administratives de l'entreprise pour intégrer les fonctions correspondantes dans les processus opérationnels. Une autre méthode, moins spectaculaire, a fait l'objet d'une large exploitation médiatique, il s'agit du « benchmarking ».

L'aspect spectaculaire de l'application d'une telle méthode a pu tenter plus d'un, mais les résultats obtenus ont vite démontré qu'il fallait, en la matière, être prudent et pragmatique. On constate d'ailleurs que le reengineering a, assez rapidement, pris des allures beaucoup moins radicales. On relève, dans la plupart des descriptions qui ont été faites de cette méthode, plusieurs principes communs :

- la direction générale conduit (ou doit conduire) le changement, ce ne peut pas être de la responsabilité d'une seule unité de l'entreprise comme la direction informatique ou la direction de l'information ;

- le reengineering doit être placé dans une perspective stratégique, en termes de produits et de marchés. Inutile de se lancer dans des restructurations importantes si elles ne correspondent pas à un besoin du marché ;

- l'effort de reengineering doit être focalisé sur les processus fondamentaux ; il s'agit de commencer en tout état de cause par les principaux processus, mais on constate très vite que dans un contexte de reengineering nous sommes vite conduits à traiter tous les processus quasi simultanément ;

- il faut jouer gagnant. C'est là certainement une des conditions essentielles de la réussite mais aussi l'une des plus difficiles à satisfaire, car elle implique l'ensemble du personnel de l'entreprise. On sait parfaitement qu'il y aura, *in fine*, des « gagnants » mais aussi des « perdants » ;

- le reengineering doit (ou pour le moins devrait) prendre en compte la dimension humaine du changement. On conçoit que dans un environnement difficile cela ne soit pas toujours simple ;

- le reengineering ne peut pas faire l'objet d'un effort isolé ;

- il n'y a pas de réussite sans un gros effort de communication.

Ces deux derniers points sont bien évidemment la condition *sine qua non* pour que les points précédents aient une chance d'être satisfaits.

Les entreprises qui ont tiré un avantage important de la mise en œuvre de cette méthode (environ 50 % des cas) font apparaître que parmi les conditions de réussite on retrouve toujours les faits suivants :

- l'entreprise se trouvait dans une situation de crise ;

- les objectifs de la direction de l'entreprise étaient parfaitement clairs et il s'agissait d'agir vite ;
- la direction s'engageait en apportant son soutien inconditionnel à l'opération.

Le benchmarking

Le benchmarking est une méthode visant à l'amélioration des processus de l'entreprise en comparant les processus à améliorer avec des processus équivalents utilisés dans d'autres entreprises. À la différence de la classique analyse concurrentielle, la force du benchmarking est de ne pas se limiter à une comparaison avec des processus de sociétés opérant dans le même secteur d'activité que l'entreprise initiant la démarche. Le benchmarking procède d'une démarche structurée qui s'exécute comme un véritable projet d'entreprise, elle utilise en particulier certains outils de la méthode de résolution de problème.

Le projet de benchmarking se déroule en quatre temps.

1. Choix des processus à améliorer

Le point de départ est un inventaire des processus mis en œuvre dans l'entreprise. Le choix des processus à améliorer s'effectue en fonction de critères techniques, économiques ou sociaux. La cible idéale est un processus mettant en jeu des coûts importants, stratégiques sur le plan de la qualité et se situant dans un contexte social favorable au changement.

2. Identification des processus leaders

On qualifie de leader un processus de même nature que le processus étudié, mis en œuvre dans une autre société, et dont les performances en matière de fiabilité, de coût et de qualité sont particulièrement élevées.

Le premier réflexe vise à examiner les pratiques des concurrents les plus directs. Il s'agit alors de veille concurrentielle classique, qui atteint rapidement ses limites : arrière-pensées lors de la collecte d'informations et piège de l'ornière sectorielle.

Un bon benchmark, ce terme devant être pris au sens d'étalon, doit avoir les caractéristiques suivantes :

- présenter une similitude pas forcément apparente avec le processus étudié ;
- être exceptionnellement performant ;
- faire en sorte que l'information correspondante soit accessible.

Une bonne pratique pour la recherche des benchmarks consiste à mener une investigation dans le secteur économique pour lequel le processus que l'on veut améliorer est stratégique. Par exemple, si l'on cherche à améliorer un processus de planification de la production, les processus les plus fiables et les plus performants seront à rechercher dans les secteurs où une erreur de planification peut entraîner des pertes importantes, ce qui est le cas par exemple des producteurs de denrées périssables ou saisonnières (produits frais, conserves de luxe, sucre...).

3. Analyse des processus leaders

L'analyse du processus a pour but d'en établir un modèle transposable chez l'initiateur de la démarche. Cette analyse s'effectue en recueillant de l'information auprès de toutes les sources disponibles.

4. Transposition dans l'entreprise

À partir du modèle de processus, il s'agit de transposer ce modèle à la réalité de l'entreprise. Cette opération est délicate dans la mesure où, les clés du succès d'un processus étant ténues, il ne faudra pas que la transposition en dénature les caractéristiques gagnantes.

Cette méthode est intéressante dans la mesure où son application conduit à une ouverture vers l'extérieur de l'entreprise. Il faut cependant l'utiliser avec beaucoup de précautions ; en effet, il est indispensable de bien analyser tous les éléments internes (intervenants/actions) et externes (interférences avec d'autres processus, culture de l'entreprise) du processus qui va servir de référence pour déterminer avec le moins de risques possibles les conditions dans lesquelles tout ou partie de ses éléments constitutifs pourront être transposés.

Quoi qu'il en soit, on constate que toutes ces méthodes, aussi sophistiquées soient-elles, ont pour objectif l'amélioration des processus de l'entreprise.

La démarche décrite dans les chapitres suivants a comme principales caractéristiques sa simplicité de mise en œuvre et son caractère opérationnel, car elle n'est pas destinée à être utilisée par les seuls professionnels de la qualité ou de l'organisation. Cette démarche qui, pour l'essentiel, adapte et utilise des méthodes et outils existants vise à :

- **Travailler « utile »** en adaptant les tâches et les interfaces (structures et informations) aux besoins aval, et en évitant les doublons de tâches et d'informations.
- **Ne solliciter les autres que consciemment, éviter de les perturber**, pour cela bien connaître leurs besoins et leurs attentes.

Optimiser un processus, c'est d'abord être en mesure de déceler les dysfonction-nements dans sa mise en œuvre et d'en mesurer les conséquences en utilisant des indicateurs. C'est ensuite utiliser des méthodes appropriées pour corriger ou prévenir ces dysfonctionnements et clarifier les interfaces.

L'enjeu de l'optimisation des processus est double :

- améliorer en permanence la qualité des produits et services fournis aux clients dans toutes leurs composantes (technique, coût, délai...) ;
- améliorer le fonctionnement de l'entreprise en faisant disparaître ou tout au moins en limitant les cloisonnements, en facilitant les anticipations et la communication sous toutes ses formes, en favorisant la réactivité et enfin en responsabilisant les acteurs du processus.

Chapitre 2

Qu'est-ce qu'un processus ?

Définition

Comme cela arrive souvent on trouve dans la littérature différentes définitions de ce qu'est un processus.

Sans vouloir donner une définition de plus, il nous paraît indispensable d'en lister les principales caractéristiques.

Dans la chaîne des clients/fournisseurs internes de l'entreprise, les processus représentent la somme des interfaces (entrées/sorties) existantes dans la réalisation des produits/services destinés en final au client externe.

La norme ISO 9000 version 2000

Processus : Ensemble d'activités corrélées ou interactives qui transforme des éléments d'entrée en éléments de sortie.

Note 1 : Les éléments d'entrée d'un processus sont généralement les éléments de sortie d'autres processus.

Note 2 : Les processus d'un organisme sont généralement planifiés et mis en œuvre dans des conditions maîtrisées afin d'apporter une valeur ajoutée.

Note 3 : Lorsque la conformité du produit résultant ne peut être immédiatement ou économiquement vérifiée, le processus est souvent qualifié de « procédé spécial ».

> **Michel Périgord[1]**
>
> « *Un processus est une succession de tâches réalisées à l'aide de moyens tels que le personnel, les équipements, le matériel, les informations, les procédures. Le résultat final escompté est un produit. Il présuppose :*
>
> • *des entrées mesurables,*
>
> • *une valeur ajoutée,*
>
> • *des sorties mesurables,*
>
> • *la possibilité de réitérations.* »

Un processus n'est pas un produit ou un service en tant que tel, ce n'est pas non plus une simple série de tâches ou d'actions. Il rend toujours compte d'une succession de fonctions et/ou d'opérations reliées entre elles au sein d'une chaîne finalisée.

Les catégories de processus

Une telle définition laisse entendre que les processus sont très nombreux au sein d'une entreprise, quelle que soit sa taille.

Cela est vrai dans l'absolu mais en y regardant de plus près, on constate que dans la plupart des entreprises il existe un nombre restreint de processus essentiels, de trois à vingt selon la nature de l'entreprise. IBM France gère en permanence quinze processus[2], chez Dassault Aviation onze processus majeurs ont été identifiés[3]. Hutchinson a identifié cinq processus critiques. Ces processus complexes font intervenir de nombreuses fonctions qui « traversent » toute l'entreprise.

On peut alors considérer qu'il y a deux grandes catégories de processus :

» Ceux qui constituent les fondements même de l'entreprise et que l'on pourrait qualifier de processus principaux :
  - Pour une société d'ingénierie : les processus de conception, de réalisation, d'exploitation, de maintenance, etc.
  - Pour une entreprise de fabrication : les processus de planification de la production, d'usinage, de contrôle, etc.
  - Pour une entreprise de services : les processus de validation du service, d'après-ventes, etc.

---

1. *Réussir la qualité totale*, Les Éditions d'Organisation, 1987.
2. Les cahiers du management n° 2 – Institut Qualité et Management.
3. Groupe de travail IQM, « Qualité totale et processus ».

L'analyse et l'amélioration de ce type de processus relèvent de décisions stratégiques au niveau de l'entreprise donc directement de la direction générale.

- Ceux qui, étant une déclinaison des précédents, correspondent de façon plus concrète au vécu et aux préoccupations de chacun. On peut les qualifier de « simples » eu égard au faible nombre de fonctions et de tâches impliquées :

  - Pour une société d'ingénierie, le processus de réalisation peut se décomposer en plusieurs processus : lancement de l'affaire, études détaillées, approvisionnement, livraison, montage, etc.

  - Le processus d'études détaillées pouvant à son tour être décomposé en plusieurs processus chacun d'eux se rapportant à un type d'études particulier (systèmes, équipements et matériels, électricité et contrôle-commande, essais...).

  - Pour une entreprise de fabrication, le processus d'usinage peut se décomposer en processus de préparation de la machine à usiner (programmation, montage des outils...), application de la procédure d'usinage avec les différents points d'arrêt et de contrôle fixés par le bureau des méthodes, les contrôles dimensionnels, la remise en état de la machine après livraison de la pièce usinée.

  - Pour une entreprise de services, le processus de service après-vente pourrait se décomposer en : processus de planification de l'intervention, de mise à disposition du personnel compétent, d'intervention chez le client, le cas échéant de gestion des pièces de rechange, de retour d'expérience, de facturation...

L'analyse et l'amélioration de cette seconde catégorie de processus est, au quotidien, du ressort du management des équipes et des équipes elles-mêmes.

Quels que soient les moyens dont dispose l'entreprise, tous les processus ne pourront pas être analysés, voire améliorés, en même temps. Il faudra donc se fixer des priorités et agir par étape. La méthode que nous préconisons permet de fixer ces priorités en utilisant des critères quantitatifs et qualitatifs tels que : le coût de mise en œuvre du processus, l'importance de la qualité pour le résultat attendu du processus, le risque encouru en cas de mauvais fonctionnement du processus ou encore l'impact du processus sur la satisfaction du client.

Cette méthode est suffisamment souple pour être appliquée indifféremment à tous types de processus. Néanmoins, selon la nature du processus à traiter un choix devra être effectué quant aux outils à utiliser au cours du déroulement de la méthode. Avoir conscience de l'existence de différents types de processus, et donc d'une typologie, peut dans certains cas permettre de faciliter le choix des priorités ou les domaines d'intervention.

Ainsi Michel Périgord[1] distingue :

- « *Le processus fonctionnel qui correspond approximativement à l'ensemble des tâches d'une seule fonction ; il est généralement de type vertical (examen d'un patient pratiqué par un médecin, étalonnage d'un appareil...).*

- *Le processus interfonctionnel qui concerne la combinaison de tâches issues de plusieurs fonctions ; il est généralement de type horizontal (modification d'une installation, admission dans un hopital...). »*

Au-delà de cette distinction, Michel Périgord définit quatre classes de processus :

« *Classe 1 : le processus est dit unidimensionnel, c'est-à-dire qu'à une entrée correspond une sortie et une seule. C'est le cas des productions de type "technologique" : la sidérurgie, la production de semi-conducteur, l'usinage des pièces...*

Classe 2 : le processus est dit multidimensionnel car, à une seule sortie correspondent plusieurs entrées provenant elles-mêmes soit de processus unidimensionnels, soit de processus complexes. Il est dit de type "assemblage", c'est le cas des pièces mécaniques, électrotechniques, électroniques...

Classe 3 : le processus est dit complexe car il peut avoir un nombre quelconque d'entrées et un nombre quelconque de sorties. Il caractérise le travail administratif : les commandes, les factures, la planification, la gestion : du personnel, des clients, des matériels...

Classe 4 : le processus est dit artistique et peut difficilement être représenté de façon simple car il donne naissance à un produit original, généralement unique, qui n'est conforme à aucune méthodologie formalisée. Le plus souvent individuel, il est le fait des inventeurs, peintres, compositeurs... »

Pour leur part, Gilbert Stora et Jean Montaigne[2] définissent trois types de processus :

« *Type A : les processus dont le produit est répétitif. Processus de type "production".*

On produit des vis, toutes les mêmes.

Type B : les processus dont le produit n'est pas répétitif mais qui utilisent une méthodologie fixe. Processus de type "administratif ".

On produit des factures ou des commandes. Il n'y a pas deux factures identiques et pourtant elles ont en commun le même format, des règles, etc.

---

1. *Op. cit.*
2. *La qualité totale dans l'entreprise. Les moyens et outils du programme qualité,* Éditions d'Organisation, 1986.

Type C : les processus dont le produit n'est pas répétitif et qui n'utilisent aucune méthodologie fixe.

Processus de type "artistique". Tous les processus de création, que ce soit de nouvelles techniques dans les laboratoires de développement, de nouvelles méthodes de fabrication, de nouveaux modes de marketing, de nouvelles pratiques de gestion. »

Comme nous pouvons le constater ces typologies sont très voisines, mais on pourrait en imaginer de différentes en fonction de la nature de l'entreprise. Cela pourrait, par exemple, être le cas si nous avions à étudier les processus d'enseignement dans une université ou les processus conduisant au diagnostic d'un médecin dans le cadre d'une consultation hospitalière.

PROCESSUS

UN PRINCIPE DE TRAVAIL

TOUTE ACTIVITÉ EST RELIÉE À D'AUTRES ACTIVITÉS AU SEIN D'UN PROCESSEUR

En conclusion, l'analyse des processus met en évidence l'existence dans une entreprise :

- de quelques processus complexes, parce qu'ils font intervenir de nombreuses fonctions et qu'ils traversent une bonne partie de l'entreprise (processus transverses) ; le degré de transversalité d'un processus se juge par rapport au référentiel constitué par l'organigramme de l'entreprise ;

- d'un nombre important de processus que l'on pourrait qualifier de simples eu égard au faible nombre de fonctions et de tâches impliquées.

Il va de soi que les méthodes à utiliser pour analyser et améliorer ces deux catégories de processus ne sont pas du même niveau de complexité. Dans la plupart des cas, les méthodes à utiliser seront faciles à mettre en œuvre et ne nécessiteront pas de moyens lourds (formation, temps de mise en œuvre, etc.).

La norme ISO 9001 version 2000 proposant une typologie des processus, nous reviendrons sur ce sujet dans le chapitre 5 consacré à la cartographie des processus de l'entreprise et à la définition des processus clés.

LES IDÉES CLÉS

Un processus est :

➡ l'ensemble des tâches et activités concourant à un résultat donné (produit, service) destiné à un client pour répondre à un besoin déterminé. Dans la chaîne des clients/fournisseurs internes de l'entreprise, les processus représentent donc la somme des interfaces (entrées/sorties) contribuant à la réalisation des produits/services destinés en final au client externe.

Un processus n'est pas :

➡ un produit/service en tant que tel, une simple série de tâches ou d'actions. Il rend toujours compte d'une succession de fonctions/opérations inter-reliées au sein d'une chaîne finalisée.

Chapitre 3

Coûts et qualité des processus

Satisfaire le client, les actionnaires et le personnel

Dans les entreprises possédant une culture qualité, l'objectif le plus couramment affiché est la satisfaction du client. Cet objectif centré sur le client ne doit pas faire oublier deux autres objectifs complémentaires et parfois difficiles à concilier avec le premier, le profit d'une part, l'harmonie dans les rapports sociaux d'autre part.

De fait en économie libérale, l'entreprise repose sur les trois piliers que sont le client, l'actionnaire et le personnel. Les intérêts de ces trois acteurs sont souvent contradictoires ; chacun d'entre eux souhaitant rentabiliser au maximum son apport à l'entreprise. Face à cette situation, l'entreprise se positionnera, en l'absence d'intervention politique de l'État, en fonction des rapports de force existant entre les trois acteurs susnommés ; c'est-à-dire qu'elle fixera sa stratégie en fonction du marché du travail dans le secteur d'intervention de l'entreprise, du marché des capitaux et des débouchés existants ou potentiels pour les produits ou services fournis par l'entreprise.

S'agissant des débouchés éventuels, la démonstration n'est plus à faire de l'intérêt, pour l'entreprise, d'un positionnement de la qualité dans une zone intermédiaire cumulant une bonne satisfaction du client et une bonne productivité.

Il faut cependant reconnaître que dans certains cas, il est difficile de trouver un juste milieu, en particulier lorsque l'on se trouve confronté à une concurrence acharnée. Dans la plupart des cas, le juste milieu pourra être déterminé grâce à une analyse précise du ou des processus permettant de fournir au client le produit ou le service qu'il attend dans des conditions optimales pour l'entreprise.

Intéressons-nous plus précisément au client et à ses attentes en matière de qualité et de coût.

Il ne sert à rien de faire de la qualité pour la qualité. Aller au-delà des attentes du client n'a de sens que si cela apporte à l'entreprise un avantage concurrentiel certain. Le client n'est pas « innocent », il sait parfaitement que tout se paye. On peut dire que faire de la « sur-qualité » revient à créer des non-conformités, par rapport aux besoins exprimés, par excès de zèle. Mais attention, sait-on définir avec précision à partir de quel niveau de qualité le client est satisfait ?

Obtenir la qualité : à quel coût ?

En termes d'économie il faut donc associer à la qualité un coût d'obtention du niveau de qualité requis (COQ) qui est le coût engagé par l'entreprise pour atteindre et assurer le niveau de qualité voulu. Il est souvent difficile à évaluer car, dans bien des cas, il ne peut pas être isolé des dépenses de fonctionnement.

Le coût d'obtention de la qualité comprend d'une part, les coûts de conformité composés des coûts de détection et des coûts de prévention, et d'autre part les coûts de non-conformité qui sont la somme du coût des anomalies internes et du coût des anomalies externes.

Par coût de détection, on entend les dépenses engagées pour la vérification de la conformité des produits et services aux exigences de qualité, et pour l'inspection ou la vérification des produits et services à tous les stades de la conception, de la fabrication et de la mise en œuvre ; en d'autres termes il s'agit des dépenses nécessaires au financement de la recherche des défauts. Ces dépenses ne sont pas uniquement internes, elles peuvent aussi correspondre à des opérations effectuées par un organisme ou laboratoire de contrôle extérieur à l'entreprise. Parmi les éléments contribuant aux coûts de détection, on peut citer toutes les opérations de vérification et de contrôle du produit ou service, l'amortissement du matériel de contrôle et d'essai, les salaires et les charges liés aux vérifications, les frais d'étalonnage, etc.

Le coût de prévention quant à lui correspond aux dépenses engagées pour supprimer les causes potentielles des défaillances. C'est ainsi que l'on trouvera dans cette rubrique les coûts relatifs à la gestion de la qualité, la formation à la qualité, l'évaluation des fournisseurs, les audits qualité, et plus généralement à toutes les actions visant à améliorer la maîtrise de la qualité.

Le coût des anomalies internes ou des défaillances internes est généralement défini comme étant la somme des frais encourus lorsque le produit ou le service ne satisfait pas aux exigences de qualité avant d'avoir quitté l'entreprise. Il s'agit donc du coût pour l'entreprise des rebuts, des retouches et réparations, des produits déclassés ou de second choix, des pertes dues aux achats inemployés, des déchets, des dépassements de temps de réalisation...

Pour ce qui est du coût des anomalies externes ou des défaillances externes, il correspond aux frais encourus lorsque le produit livré ou le service rendu ne satisfait pas le client. Entrent dans cette rubrique les frais correspondant aux réclamations des clients, aux remises et ristournes, les pénalités de retard, les interventions du service après-vente hors garantie, la perte de clientèle...

L'évaluation du coût d'obtention de la qualité a pour objectif de focaliser les efforts de l'entreprise sur le préventif plutôt que sur le correctif. Elle permet d'évaluer le potentiel de gains réalisables en améliorant la qualité du produit et des prestations, et donc de repérer les zones d'opportunité et les priorités d'action. Enfin, c'est un excellent moyen pour sensibiliser le personnel aux coûts et à leur maîtrise.

Pour procéder à une évaluation du coût d'obtention de la qualité il faut :

- Isoler les coûts de prévention, les coûts relatifs à la recherche des défauts, ceux consécutifs aux défaillances des produits en interne et en clientèle.

- Enregistrer globalement ces coûts pour connaître leur évaluation sous forme d'indicateurs qui serviront au management à apprécier l'impact des efforts d'amélioration de la qualité.

- Se donner des objectifs globaux et progressifs sur le principe suivant : augmenter les coûts de prévention (investissement) pour diminuer à terme les coûts d'obtention de la qualité (investissement + perte).

Comme le montre le tableau ci-après, une réduction importante du COQ pourra être obtenue par une augmentation appréciable du coût de prévention, un maintien à un bon niveau du coût de détection et une réduction drastique des coûts de défaillances. Il faut cependant être bien conscient que le COQ ne pourra jamais être égal à zéro.

Une entreprise qui a décidé de mesurer le COQ ne doit pas prétendre être exhaustive car cela conduirait à un système lourd à gérer. Par ailleurs, la mesure du COQ ne doit pas être considérée comme un système concurrent du système de gestion financière classique, le COQ n'est pas un moyen de mesure des performances, on ne peut donc pas lui associer un objectif.

Chiffrage de l'évolution du COQ au sein d'une entreprise

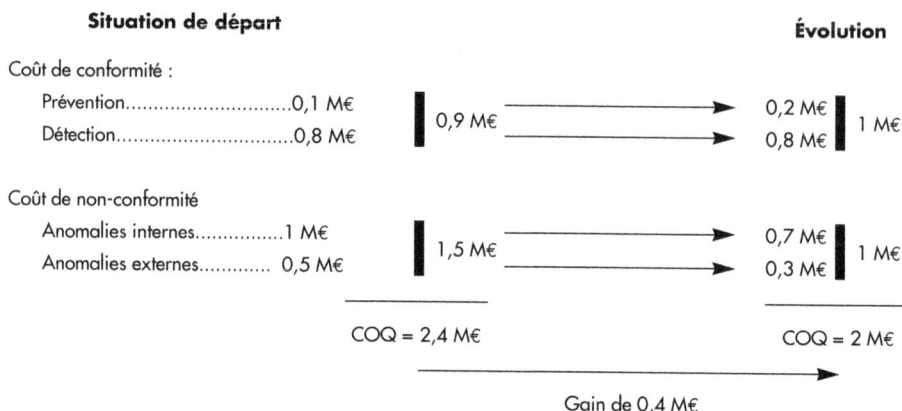

Situation de départ		Évolution

Coût de conformité :
Prévention.............................0,1 M€   0,9 M€ ⟶ 0,2 M€   1 M€
Détection.............................0,8 M€   ⟶ 0,8 M€

Coût de non-conformité
Anomalies internes................1 M€   1,5 M€ ⟶ 0,7 M€   1 M€
Anomalies externes............ 0,5 M€   ⟶ 0,3 M€

COQ = 2,4 M€   COQ = 2 M€

⟶

Gain de 0,4 M€

Gérer les coûts de la qualité, c'est optimiser les coûts d'obtention de la qualité ; en effet, si l'on ne procède pas aux investissements nécessaires, les non-conformités subsistent voire augmentent, si à l'inverse on procède à des investissements trop importants, on rentre dans le domaine de la surqualité. La norme ISO 9004 stipule dans ses généralités : « *L'application des principes de management de la qualité entraîne non seulement des avantages directs mais contribue également de manière importante au management des coûts et des risques. Les considérations relatives au management des bénéfices, des coûts et des risques jouent un rôle important pour l'organisme, ses clients et les autres parties intéressées.* »

Comme nous venons de le voir, le COQ concerne exclusivement la qualité du produit ou du service. Le coût d'obtention de la satisfaction du client prend en compte des éléments subjectifs supplémentaires qu'il est très difficile de chiffrer mais qu'il faut néanmoins évaluer.

Satisfaire le client : à quel coût ?

Au-delà de critères tels que le prix du produit ou du service et sa qualité intrinsèque, il est assez malaisé de modéliser une notion aussi subjective et évolutive que la satisfaction du client. Toutefois, afin de se convaincre de la relativité de cette notion, prenons un exemple simple, celui des files d'attente aux caisses d'un supermarché ou du restaurant d'entreprise. Le paramètre influant directement sur la satisfaction du client est le temps moyen d'attente qui se traduit simplement par le nombre moyen, à un instant donné, de personnes dans les files d'attente.

Le tableau ci-dessous résume alors les situations que l'on peut rencontrer :

Nombre de personnes dans la file d'attente	Nul	Faible 2 à 5	Important > 10
Degré de satisfaction du client	Maximum	Bon mais décroissant Le client s'impatiente	Mauvais Le client renonce
Coût d'obtention de la satisfaction	Élevé car des caissières restent inoccupées	Optimum, pas de caissières inoccupées	Faible au début puis élevé faute de clients

La bonne solution pour satisfaire le client consiste à moduler le nombre de caisses ouvertes en fonction du nombre de clients présents, quitte à occuper les caissières à d'autres tâches pendant les périodes creuses. Existe-t-il des endroits où cette façon de procéder n'est pas appliquée ?

Naturellement, l'exemple tel que présenté est simpliste car d'autres facteurs sont susceptibles d'avoir une influence sur le comportement et la satisfaction du client, notamment les phénomènes d'accoutumance ou l'aménagement du cadre dans lequel l'attente se pratique. Certains parcs d'attraction ont bien intégré ces données et font en sorte que le client soit occupé tout au long de l'attente (vitrine, musique, vue sur d'autres attractions, dépliants explicatifs, etc.).

Certains industriels, en particulier dans le secteur automobile, reviennent aujourd'hui sur les positions maximalistes qu'ils ont défendues depuis une dizaine d'années à propos de la nécessité de fournir un produit dont la qualité va au-delà des besoins ou attentes du client. C'est ainsi qu'ils envisagent, par exemple, de ne plus peindre certaines pièces non visibles par le client, de supprimer certains gadgets (témoin de vidange) dont le client ne se sert jamais, etc.

À l'inverse, les vendeurs automobiles nous diront que la petite glace, que l'on trouve sur le pare-soleil du passager avant, est « indispensable ». L'acheteur potentiel lorsqu'on lui fait essayer la voiture, par réflexe (?) regarde systématiquement derrière le pare-soleil ; il garderait à l'esprit qu'il manque quelque chose dans la voiture s'il ne trouvait pas cette petite glace.

Ces éléments subjectifs mais bien réels peuvent rarement être chiffrés directement. Il est cependant extrêmement important d'en évaluer les conséquences. Le cas le plus fréquemment rencontré est celui d'une perte de clientèle dont on sait calculer le coût pour l'entreprise.

Si aujourd'hui beaucoup d'entreprises ont mis en pratique l'évaluation du COQ, la prise en compte des autres éléments constituant le coût de satisfaction du client est encore chose relativement rare. C'est cependant une notion à ne pas négliger lors de l'analyse des processus.

Processus : l'approche par les coûts

Afin de situer les principes de cette approche, réalisons une analyse macroscopique des coûts au sein d'une entreprise.

Notion de valeur ajoutée

Bien que cela ne soit pas l'objet principal de notre propos, il nous semble indispensable, pour mieux situer ce à quoi nous nous intéressons, de rappeler quelques notions de base concernant la valeur ajoutée.

L'entreprise a pour finalité de créer de la valeur ajoutée à partir des produits et services entrants pour en faire des produits et services finaux destinés à des clients.

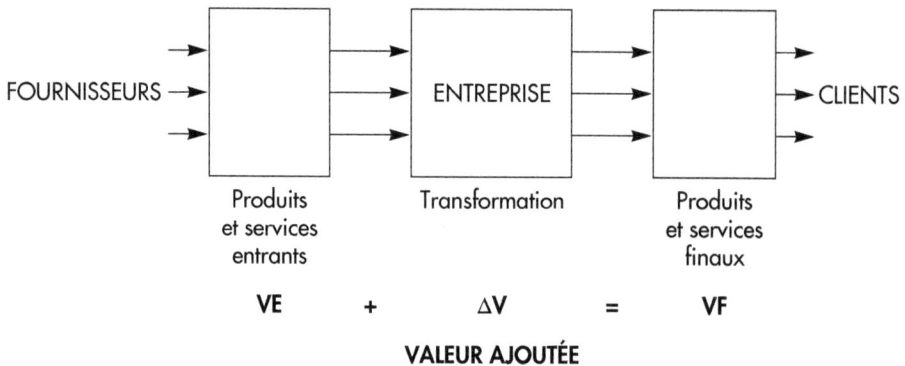

FOURNISSEURS	ENTREPRISE	CLIENTS
Produits et services entrants	Transformation	Produits et services finaux
VE	+ ΔV =	VF

VALEUR AJOUTÉE

La valeur ajoutée ΔV peut être considérée comme dépendante de la commercialisation aval et donc du prix du marché. Elle dépend en particulier de la situation de l'entreprise par rapport à son environnement (monopole, oligopole, concurrence...).

Nous considérerons par la suite ΔV comme une donnée d'entrée de notre étude. Nous nous plaçons ainsi dans le cas général d'une entreprise en milieu concurrentiel qui doit s'adapter en permanence aux évolutions du prix du marché.

Coûts internes de la production de valeur ajoutée

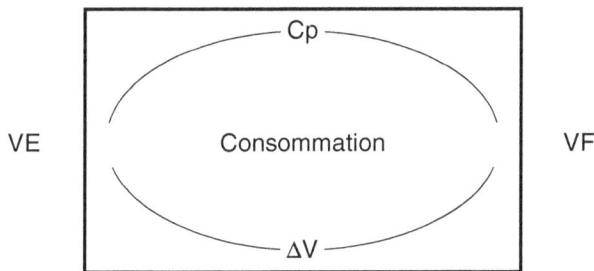

La création de valeur ajoutée nécessite des efforts (investissements et fonctionnement) en moyens humains et matériels pour l'entreprise. Ces efforts se traduisent par un coût de production (Cp) de la valeur ajoutée.

Pour qu'une entreprise soit viable, la simple logique économique exige que la valeur ajoutée soit supérieure aux coûts de production de cette valeur : $\Delta V > Cp$.

Intéressons-nous à la structure des coûts de production de la valeur ajoutée (Cp), car c'est essentiellement sur ces coûts qu'il y a lieu d'intervenir pour faire en sorte qu'ils soient minimums. Les coûts de production peuvent être considérés comme le résultat de deux composantes :

» la consommation de capital (par exemple actifs tels que les machines) qu'il faudra compenser par de nouveaux apports en capital (Cc) ;
» le coût de mise en œuvre des activités de l'entreprise (Ca).

$$Cp = Cc + Ca$$

Dans la grande majorité des cas, le coût de mise en œuvre des activités représente la part la plus importante du coût de production. C'est pourquoi nous allons nous intéresser essentiellement à ce coût qui n'est en fait rien d'autre que le coût de mise en œuvre des processus.

La survie de l'entreprise passe par la maîtrise des coûts de mise en œuvre des processus

Maîtriser le coût de mise en œuvre d'un processus, c'est bien sûr en connaître toutes les composantes, mais c'est aussi en prévoir les évolutions qu'elles soient positives ou négatives. Nous verrons plus loin que pour assurer cette maîtrise, il faut se doter de moyens de mesure (indicateurs) et dans la plupart des cas d'une organisation appropriée.

Il faut noter que, pour rendre compte des activités du système qualité en termes financiers, une approche par « le coût des processus » est recommandée. Cette approche doit prendre en compte les coûts de conformité et les coûts de non-conformité pour tout processus ; ces deux types de coûts pouvant être sources d'économies. Ils sont définis comme suit :

- coût de conformité = coût pour satisfaire tous les besoins exprimés et implicites des clients en l'absence de défaillances du processus existant ;
- coût de non-conformité = coût encouru dû à une défaillance du processus existant.

Nous retrouvons ainsi, exprimées différemment, les deux notions développées ci-dessus-le COQ et le coût d'obtention de la satisfaction du client.

La norme ISO 9004 précise quant à elle que : « *Améliorer l'efficacité et l'efficience du système de management de la qualité peut avoir une influence positive sur les résultats financiers de l'organisme, par exemple,*

a) en interne, par la réduction des défaillances de processus et de produit, ou perte de matériel et de temps, ou,

b) en externe, par la réduction des défaillances de produit, des coûts de compensation des garanties, coûts de pertes de clients et de marchés. »

Enfin, il faut noter que contrairement à ce que l'on a imaginé pendant longtemps, le coût de production d'un produit ou d'un service ne dépend pas uniquement du coût du processus de production. Il dépend du coût de tous les processus de l'entreprise (qualité totale).

Il est donc nécessaire de s'intéresser à tous les processus, pour éviter d'améliorer l'un d'entre eux au détriment des autres.

D'où la nécessité :

- d'un raisonnement systémique ;
- d'une structure adaptée dans l'entreprise pour agir sur les coûts en impliquant tous les domaines et tous les niveaux de l'entreprise.

Chapitre 4

Intérêt de l'approche processus

Il existe un très grand nombre de stratégies visant à rendre une entreprise plus compétitive. On peut cependant les classer en quatre grands types, tout en reconnaissant que ce classement est quelque peu simplificateur.

1. Le premier type est celui qui regroupe les **stratégies à caractère budgétaire**. Il s'agit de stratégies qui conduisent à réduire les dépenses sans modifier le mode de production tout en produisant autant, voire plus. Elles se traduisent par des coupes sombres dans les budgets de fonctionnement, des réductions de personnel souvent drastiques, la suppression d'activités considérées comme insuffisamment rentables, etc.

L'avantage de ces stratégies est qu'elles donnent assez rapidement des résultats positifs sur les comptes de l'entreprise.

Elles doivent être utilisées avec précaution pour :

- ne pas dépasser le seuil qui entamerait la crédibilité de l'entreprise vis-à-vis des clients ;
- éviter une démotivation du personnel pouvant conduire jusqu'au conflit ;
- éviter la suppression de tâches qui pourrait se révéler, à terme, néfaste pour le bon fonctionnement de l'entreprise.

2. Le second type se réfère aux **techniques dites de « base zéro »**. Les stratégies de ce type sont particulièrement audacieuses car elles n'hésitent pas à remettre fondamentalement en cause l'existant ; elles consistent à « reconstruire » l'entreprise en faisant le plus souvent table rase du passé :

- définition d'une nouvelle organisation et, dans le cadre de celle-ci, des missions de chacun ;
- redéfinition éventuelle des produits et des services associés ;
- mise en place de nouvelles méthodes de gestion et de management, ce qui revient à procéder à une véritable révolution structurelle et culturelle.

Il faut, pour pouvoir mettre en œuvre ces stratégies, bien mesurer les risques encourus en cas d'échec ; en particulier les conséquences potentielles des difficultés d'assimilation de ces changements.

L'avantage principal de telles stratégies est qu'elles peuvent permettre d'aller directement au but et dans la plupart des cas de redynamiser l'organisation et les fonctions en les adaptant à l'environnement (clients, partenaires, marché...).

Le reengineering est un bon exemple d'une telle stratégie de rupture ; *« c'est une remise en cause fondamentale et une redéfinition radicale des processus opérationnels pour obtenir des gains spectaculaires dans les performances critiques que constituent les coûts, la qualité, le service et la rapidité »*.[1]

Dans cette définition on relève, de notre point de vue, quatre termes essentiels : fondamentale, radicale, spectaculaire et processus. Cela dénote clairement l'ampleur du changement auquel une telle méthode peut conduire.

3. Il existe un certain nombre de stratégies qui conduisent à **définir une structure de l'entreprise telle qu'elle facilite son adaptation à l'évolution des produits et des marchés**. On peut classer dans cette catégorie les organisations par produits ou en centres de profits.

Ces stratégies ont l'avantage de la souplesse et permettent une bonne adaptation à l'évolution des marchés, elles ont souvent l'inconvénient de contrarier les synergies entre les différentes activités parce qu'elles engendrent dans bien des cas une concurrence désordonnée entre les différents pôles. Leur efficacité au niveau de chaque entité doit être confortée par la mise en œuvre, de façon simultanée, d'une stratégie appartenant à l'un des trois autres types.

4. Enfin, certaines stratégies permettent de **moduler l'action d'amélioration de la compétitivité et du fonctionnement de l'entreprise en fonction de la situation constatée**. Ces stratégies font en général appel à des méthodes progressives et continues ; la méthode d'optimisation des processus que nous préconisons relève de cette dernière catégorie.

Les principales caractéristiques de ce type de stratégie sont :

---

1. M. Hammer, J. Champy, *Le reengineering*, Dunod.

- la mesure objective des dysfonctionnements ;
- une sensibilisation et une mobilisation du personnel à tous les niveaux ;
- une appropriation des méthodes et outils d'amélioration de la qualité des processus par toutes les catégories de personnel ;
- une mesure de l'efficacité des changements.

Contrairement à ce que l'on a pu constater pour les trois premiers types de stratégies, les résultats peuvent ici ne pas être immédiats ; en revanche les effets de ce type de stratégies seront certainement plus durables. Nous sommes dans le cas de stratégies à moyen ou long terme.

Outre les aspects stratégiques que l'on vient de parcourir rapidement, l'approche processus présente un certain nombre d'avantages parmi lesquels il en est trois que nous considérons comme essentiels :

- l'analyse ou la définition d'un processus oblige dans un premier temps à s'intéresser aux finalités du processus lui-même et aux tâches ou opérations qui le composent.

  Il s'agit là d'un avantage certain par rapport aux analyses qui partent des moyens pour définir le processus à mettre en place. Il est cependant vrai qu'il existe une interdépendance très étroite entre l'organisation, les méthodes et les moyens puisque organiser c'est soumettre à une méthode ou une culture ; organiser c'est aussi s'adapter aux techniques nouvelles et en permettre leur insertion dans les meilleures conditions.

- C'est une **approche transversale** qui ne se déroule pas dans le cadre d'un seul centre de responsabilité mais qui traverse plusieurs centres de responsabilité. On obtient ainsi un effet de levier important d'une équipe sur l'autre compte tenu de leur interdépendance.

- La description du processus, la détection et l'évaluation objective des dysfonctionnements permettent une bonne appréhension des coûts de chaque élément composant le processus, mais permettent surtout une justification du coût du produit résultant du processus.

L'approche processus présente un avantage supplémentaire, et non des moindres, celui de favoriser plus que toute autre approche la communication entre les différents intervenants. Il en résulte pour chacun, dans le cadre de son activité, une meilleure compréhension des contraintes amont et des besoins aval.

Il faut noter que cette démarche s'inscrit parfaitement dans le cadre fixé par l'ISO 9004 (version 2000), et permet une application concrète des principes d'amélioration de la qualité qui y sont énoncés.

L'intérêt de l'approche processus est aujourd'hui parfaitement reconnu, il suffit pour s'en convaincre de voir la place qu'elle tient dans les critères d'attribution des prix qualité.

Les prix qualité

Même lorsqu'elles n'ont pas l'intention de concourir pour obtenir un prix, beaucoup d'entreprises utilisent les critères de sélection de ces prix pour s'auto-évaluer et sensibiliser globalement l'entreprise autour des démarches de qualité totale.

Le premier prix qualité, le Deming Application Prize (DAP), date du tout début des années 1950. Créé au Japon, il a largement contribué au développement de l'industrie japonaise. Une des preuves de son succès est la création en 1970 d'un nouveau prix, la Japan Quality Control Medal, réservé aux entreprises qui ont déjà reçu le Deming Application Prize depuis plus de cinq ans et qui ont depuis progressé. Essentiellement basé sur le principe de la roue de Deming (*Plan, Do, Check, Act*), la grille d'évaluation du DAP comprend 63 critères regroupés en 10 catégories. La notion de processus n'y apparaît cependant pas explicitement.

Ce n'est qu'environ trente-cinq ans plus tard que les États-Unis ont créé leur propre prix qualité : le prix Malcolm Baldrige. Pour l'attribution de ce prix, les entreprises sont jugées sur 28 critères classés en 7 catégories. Or, parmi ces catégories, on trouve en bonne place le management des processus.

Structure du référentiel Malcom Baldrige

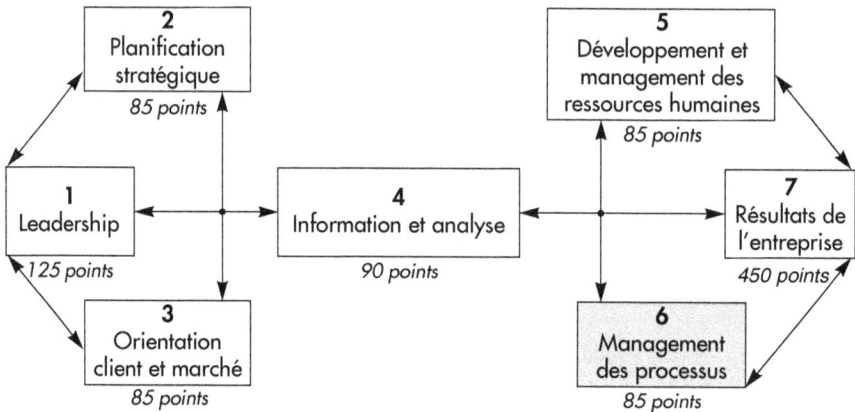

Il aura fallu attendre 1992 pour voir apparaître un prix au niveau européen, le prix EFQM (European Foundation For Quality Management). Si, parmi les 9 critères de jugement, la « satisfaction des clients » reste le critère le plus important avec 20 % des points attribués, on constate que le critère « processus » (14 % des points attribués) vient en troisième position derrière le critère « résultats opérationnels » (15 %).

Structure du référentiel européen de la qualité (EFQM)

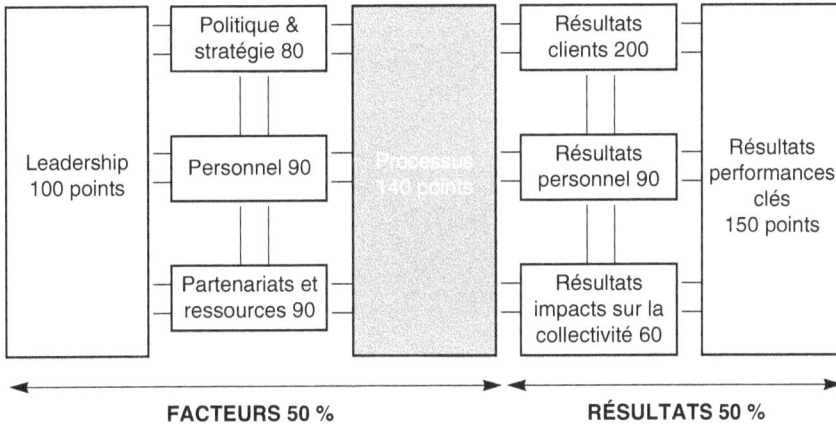

Leadership 100 points	Politique & stratégie 80	Processus 140 points	Résultats clients 200	Résultats performances clés 150 points
	Personnel 90		Résultats personnel 90	
	Partenariats et ressources 90		Résultats impacts sur la collectivité 60	

FACTEURS 50 % **RÉSULTATS 50 %**

Pour être complet il nous faut citer le prix français de la Qualité (PFQ) crée en 1992 qui est resté pendant longtemps très différent du prix européen, aussi bien en ce qui concerne les critères d'évaluation que le système de notation. L'attribution du prix français 2006 s'est fait sur la base d'un nouveau référentiel qui reprend les critères du prix européen, mais conserve des systèmes de pondération et de notation qui lui sont propres et, semblerait-il, mieux adaptés aux PME/PMI. À cette occasion, le PFQ a changé de nom pour devenir le Prix Français Qualité et Performance (PFQP). Un nouveau rapprochement avec le prix européen est à l'étude et devrait aboutir en 2008.

Structure du référentiel du prix français Qualité et Performance

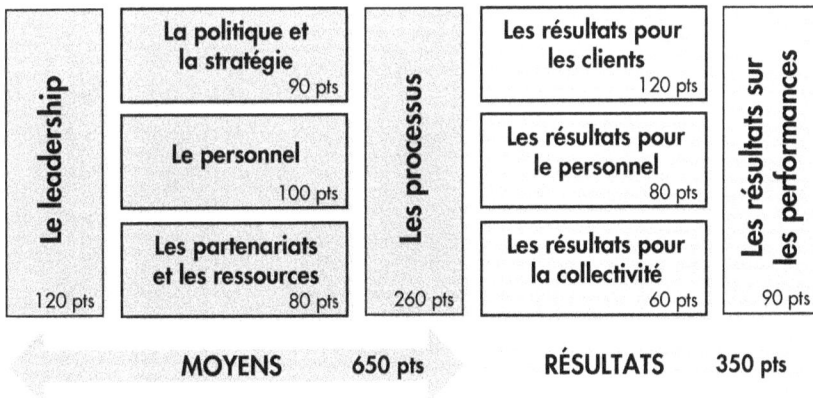

Le leadership 120 pts	La politique et la stratégie 90 pts	Les processus 260 pts	Les résultats pour les clients 120 pts	Les résultats sur les performances 90 pts
	Le personnel 100 pts		Les résultats pour le personnel 80 pts	
	Les partenariats et les ressources 80 pts		Les résultats pour la collectivité 60 pts	

MOYENS 650 pts **RÉSULTATS 350 pts**

Au-delà des prix qualité, nous avons vu que les processus sont au cœur des normes ISO de la série 9000.

LES IDÉES CLÉS

L'enjeu de l'optimisation des processus est double

→ Améliorer en permanence, non seulement la qualité des produits et services fournis aux clients, mais aussi la qualité liée à l'environnement des produits et services (coût, délai, niveau de satisfaction du client).

→ Améliorer le fonctionnement de l'entreprise, c'est-à-dire ne pas travailler selon une optique de tâches séparées et cloisonnées, mais selon une optique de tâches inter-reliées qui impliquent un travail transversal et le développement de réflexes tels que :

▷ anticipation ;

▷ communication ;

▷ réactivité ;

▷ responsabilisation.

Chapitre 5

Typologie et cartographie des processus
Les processus clés

La norme ISO 9001 version 2000 commence ainsi son chapitre 4 : *« L'organisme doit établir, documenter, mettre en œuvre et entretenir un système de management de la qualité et en améliorer en permanence l'efficacité… »*.

Cette exigence est très importante car elle met immédiatement l'accent sur le point fondamental de cette version de la norme : la construction d'un système de management de la qualité regroupant les processus que l'organisme considère comme étant nécessaires à l'obtention de la satisfaction de son client.

C'est à l'organisme et à lui seul de déterminer quels sont les processus sur lesquels s'exerceront les exigences de son système de management de la qualité, processus qui seront ensuite soumis à surveillance, mesure, maîtrise, analyse et amélioration.

Typologie proposée par la norme ISO 9001 (version 2000)

L'ISO 9001 version 2000 indique dans une note du § 4.1 : *« Il convient que les processus nécessaires au système de management de la qualité comprennent les processus relatifs aux activités de management, à la mise à disposition de ressources, à la réalisation des produits et aux mesures »*. Il faut noter que « il convient » laisse la porte ouverte à l'utilisation de toute autre typologie.

Néanmoins, avoir à l'esprit les quatre catégories de processus proposées par la norme peut être très utile lors de la construction du système de management de la qualité. Cela peut permettre d'être guidé pour ne pas oublier de tenir compte de certains processus lors de la description du système de management de la qualité. Il arrive, par exemple, assez fréquemment que l'on oublie des processus de support ou de mesure.

De plus, la norme ne demande pas expressément qu'une typologie soit établie.

Dans la pratique, l'organisme ne doit utiliser une telle typologie que si cela lui rend effectivement service. Il appartient à l'organisme de déterminer si, pour des besoins de gestion, de clarté ou tout simplement de présentation, il y a lieu de définir une typologie de ses processus. L'organisme peut définir sa propre typologie ou, comme cela est souvent le cas, se passer d'une typologie compte tenu du faible nombre de processus représentant son activité. Il convient donc de veiller à ne pas tomber dans le travers qui consisterait à appliquer systématiquement les normes en oubliant que certains éléments de la norme ne sont donnés qu'à titre indicatif pour mieux faire comprendre l'exigence.

Revenons quelques instants sur les quatre catégories de processus citées par la norme.

1. Les processus de management, appelés aussi processus de pilotage, de direction
(en partie traités au chapitre 7 de la norme 9001 version 2000)

Ces processus permettent principalement : de conduire et guider l'organisme pour améliorer sa capacité à évoluer positivement, de vérifier si les décisions prises sont cohérentes avec les objectifs poursuivis, d'anticiper sur l'environnement. On peut citer comme exemples les processus suivants :

- Définir et déployer la stratégie.
- Piloter les activités.
- Manager l'amélioration continue.

2. Les processus de réalisation, appelés aussi processus opérationnels, processus à valeur ajoutée client, processus cœur de métier
(en partie traités au chapitre 6 de la norme 9001 version 2000)

Ces processus contribuent directement à la réalisation du produit depuis la détection du besoin du client jusqu'à sa satisfaction. Ils regroupent les activités liées au cycle de vie du produit. On peut citer comme exemples, dans le cas d'une entreprise industrielle, les processus suivants :

- Développer un produit.
- Vendre un produit.
- Approvisionner un client.
- Fournir les services associés aux produits.

Ou encore pour une entreprise de services :

- Vendre un produit (contrat de prêt, contrat d'assurance, produit de placement).
- Gérer un compte bancaire.
- Servir un repas.
- Dispenser des formations.
- Soigner un malade.

Et pour une administration :

- Délivrer un document administratif (permis de construire, passeport, carte d'identité, carte grise).
- Percevoir un impôt.
- Rembourser des soins.
- Verser des allocations.

3. Les processus support, appelés aussi processus de soutien, processus ressources

(en partie traités au chapitre 5 de la norme 9001 version 2000)

Ces processus contribuent au bon fonctionnement des autres processus en leur apportant les ressources nécessaires. On peut citer comme exemples, pour une entreprise industrielle, les processus suivants :

- Administrer le personnel.
- Dispenser des formations.
- Gérer le système d'information.
- Financer les investissements.
- Acheter.

Il est intéressant de remarquer que ce qui peut être considéré comme un processus support pour une entreprise industrielle est dans certains cas un processus de réalisation pour une entreprise de services. L'exemple le plus couramment donné est celui du processus « dispenser des formations », support pour une entreprise industrielle, mais processus de réalisation pour un organisme vendant de la formation. La même remarque pourrait être faite pour le processus « administrer le personnel », qui est un processus de réalisation pour une société d'intérim.

4. Les processus de mesure
(en partie traités au chapitre 8 de la norme 9001 version 2000)

Ces processus contribuent au bon fonctionnement (maîtrise) et à l'amélioration des autres processus et du système de management de la qualité en fournissant des mesures par rapport à des objectifs préalablement définis, ceci afin de piloter les processus et le système de management de la qualité. On peut citer comme exemples les processus suivants :

- Mesurer la satisfaction client.
- Mesurer l'efficacité des processus.
- Mesurer la satisfaction et la motivation du personnel.
- Mesurer et surveiller la qualité des produits.
- Mesurer la satisfaction de la collectivité.

Sauf exception, les quatre catégories de processus préalablement cités se distinguent par des données de sortie de natures différentes :

TYPOLOGIE	DONNÉES DE SORTIE
Processus de réalisation	produit ou service
Processus support	ressources
Processus de pilotage	décision
Processus de mesure	mesure

Afin de vous exercer à manier ces processus et leur typologie, nous vous proposons l'exercice suivant : identifier la typologie des processus dont la liste vous est donnée ci-après. Faites l'exercice dans le cas d'une entreprise industrielle.

Nota : la réalisation de cet exercice donne souvent lieu à discussion. Par exemple, doit-on classer le processus « acheter » en processus de réalisation (processus à valeur ajoutée client) ou en processus support (mettant à disposition des ressources) ? Il n'y a pas qu'une seule « bonne réponse » à cette question. La « bonne » réponse est celle qu'un organisme aura décidé de choisir parce qu'elle correspond le mieux à ses besoins. Rappelons que la connaissance d'un processus (son identification) et son management sont plus importants que son classement en telle ou telle autre catégorie.

NOM DU PROCESSUS	TYPOLOGIE			
	Management	Réalisation	Support	Mesure
Concevoir et développer des produits nouveaux				
Gérer les ressources humaines				
Piloter les activités de l'entreprise				
Acheter				
Communiquer en interne et en externe				
Définir et déployer la politique et la stratégie				
Établir une offre				
Expédier				
Gérer les situations anormales				
Mesurer et surveiller les processus				
Gérer les compétences				
Facturer une prestation				
Déployer les objectifs de l'entreprise				
Maîtriser le retour d'expérience				
Mesurer la satisfaction client				
Piloter l'amélioration continue				
Fournir les services associés au produit vendu				
Traiter une affaire France				
Traiter une affaire export				
Gérer la trésorerie				
Vendre un produit en stock				
Traiter les non-conformités				
Négocier un contrat				
Réaliser une revue de direction				
Identifier les besoins et attentes des clients				
Auditer				
Administrer le personnel				

NOM DU PROCESSUS	TYPOLOGIE			
	Management	Réalisation	Support	Mesure
Réaliser une intervention sur site				
Planifier et ordonnancer				
Recouvrer une créance				
Maîtriser les flux d'information				
Former et qualifier des auditeurs				
Mener des actions correctives et préventives				
Maintenir les installations et les équipements				
Mesurer la satisfaction de la collectivité				
Gérer le système d'information				
Mesurer et surveiller le produit				
Établir le budget				
Autoévaluer les activités de l'entreprise selon le modèle EFQM				
Gérer les outillages et consommables				
Arrêter les comptes annuels				
Former				
Mesurer la satisfaction et la motivation du personnel				
Sélectionner un fournisseur				
Mettre à disposition les matériels informatiques				

Le classement permet d'aboutir au tableau suivant pour une entreprise industrielle :

NOM DU PROCESSUS	Management	Réalisation	Support	Mesure
Concevoir et développer des produits nouveaux		X		
Gérer les ressources humaines			X	
Piloter les activités de l'entreprise	X			
Acheter		X	X	
Communiquer en interne et en externe			X	
Définir et déployer la politique et la stratégie	X			
Établir une offre		X		
Expédier		X		
Gérer les situations anormales			X	
Mesurer et surveiller les processus				X
Gérer les compétences			X	
Facturer une prestation		X		
Déployer les objectifs de l'entreprise	X			
Maîtriser le retour d'expérience			X	
Mesurer la satisfaction client				X
Piloter l'amélioration continue	X			
Fournir les services associés au produit vendu		X		
Traiter une affaire France		X		
Traiter une affaire export		X		
Gérer la trésorerie			X	
Vendre un produit en stock		X		
Traiter les non-conformités			X	
Négocier un contrat		X		
Réaliser une revue de direction	X			
Identifier les besoins et attentes des clients		X	X	

NOM DU PROCESSUS	TYPOLOGIE			
	Management	Réalisation	Support	Mesure
Auditer				X
Administrer le personnel			X	
Réaliser une intervention sur site		X		
Planifier et ordonnancer			X	
Recouvrer une créance			X	
Maîtriser les flux d'information			X	
Former et qualifier des auditeurs			X	
Mener des actions correctives et préventives			X	
Maintenir les installations et les équipements			X	
Mesurer la satisfaction de la collectivité				X
Gérer le système d'information			X	
Mesurer et surveiller le produit				X
Établir le budget	X		X	
Autoévaluer les activités de l'entreprise selon le modèle EFQM				X
Gérer les outillages et consommables			X	
Arrêter les comptes annuels			X	
Former			X	
Mesurer la satisfaction et la motivation du personnel				X
Sélectionner un fournisseur			X	
Mettre à disposition les matériels informatiques			X	

Mettre en œuvre une « approche » processus va donc consister, dans un premier temps, à établir une liste organisée des processus et éventuellement une typologie. Ces processus sont propres à l'organisme et décrivent son système de management de la qualité.

Il n'existe pas de liste type organisée de processus et s'il en existait une, pour qu'elle soit utilisable, encore faudrait-il que chaque titre de processus recouvre bien la réalité propre à l'organisme. Ainsi, si la plupart des entreprises disent avoir un processus « Achats », il est très rare de trouver deux processus d'achats identiques.

Cartographie

S'agissant de l'organisation de la liste des processus de l'organisme, on emploie couramment aujourd'hui le terme « cartographie ». Notons que ce terme est absent dans l'ISO 9001 version 2000. On le trouve, en revanche, dans le fascicule de documentation de l'Afnor FD X50 176 sur le management des processus émis avant la parution de la version définitive de la norme. Rappelons qu'un fascicule de documentation n'est pas une norme et que rien dans son contenu ne doit être considéré comme une exigence.

La cartographie est une représentation des liens existants entre les différents processus de l'organisme.

Comme pour la liste des processus il n'y a pas de cartographie type. Il serait dangereux de voir derrière ce mot « cartographie » une exigence en termes de modélisation d'un réseau de processus de l'organisme. Cette modélisation serait nécessairement complexe et n'apporterait pas grand-chose à l'organisme, sinon une perte de temps et une crédibilité mise à mal de l'approche. En revanche, il n'est pas interdit de réfléchir… et une liste peut se présenter sous différentes formes, sans consister nécessairement en une « litanie » de titres énoncés les uns après les autres.

Dans le plus simple des cas, et probablement le plus fréquent, établir une cartographie des processus de l'organisme revient à en dresser une liste ordonnée.

Vous trouverez ci-après des exemples de cartographies présentés sous une forme originale, pouvant faire penser à une « maison » :

- les processus de réalisation en constituent les pièces principales, là où il fait bon vivre (processus relatifs au cycle de vie du produit)…
- les processus support en constituent les fondations, sans lesquelles la maison ne peut tenir debout...
- les processus de management en constituent le toit, parade à toutes les intempéries…

Une forme plus classique de présentation consiste, comme nous l'avons déjà dit, en une liste. Vous trouverez ci-après un exemple de cartographie, présentée sous forme de tableau, et pour lequel sont décrits également des sous-processus.

Dans la mesure où la définition de ce qu'est un processus est bien comprise, un organisme ne rencontrera pas de difficultés majeures pour établir une première liste de ses processus. Les processus recensés seront cependant le plus souvent trop nombreux et plus rarement trop généraux. Des itérations successives vont permettre d'aboutir, pour ce qui pourrait être considéré comme étant l'essentiel, à une liste représentative des activités et du fonctionnement de l'organisme.

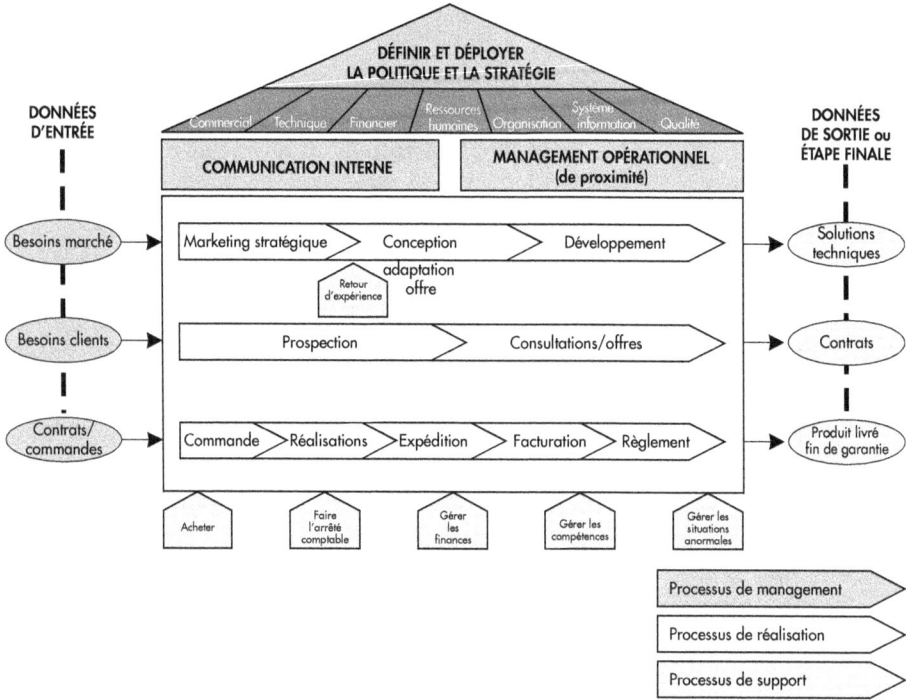

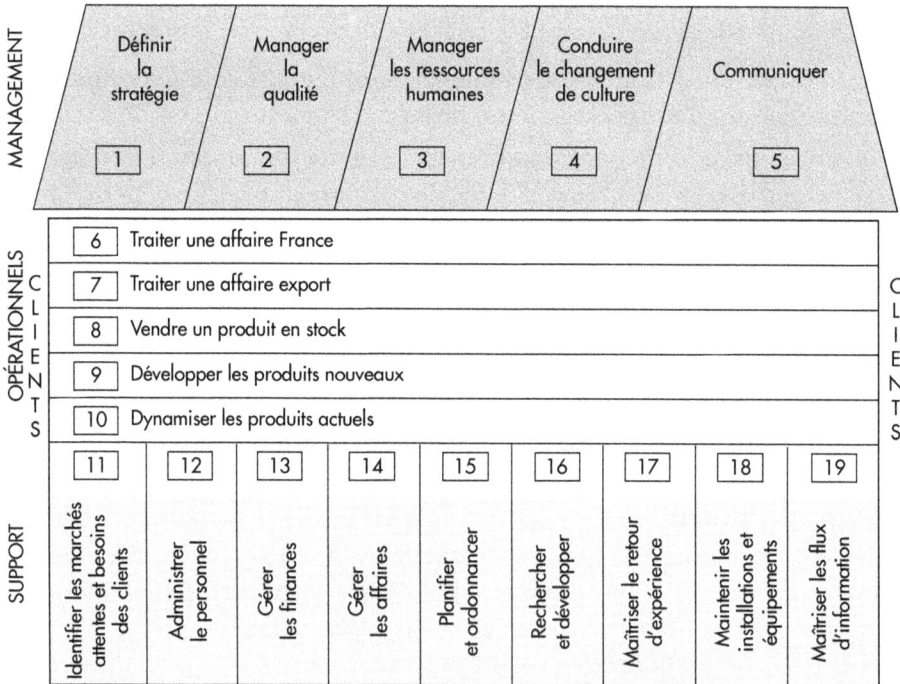

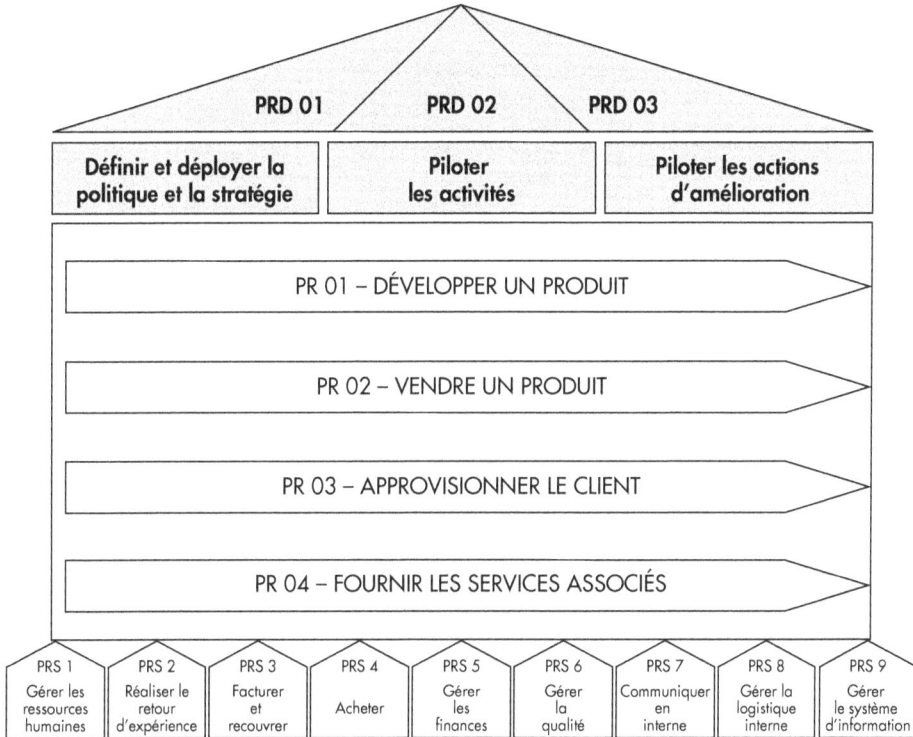

```
                          PRD 01        PRD 02      PRD 03
┌─────────────────────────┬──────────────────┬────────────────────┐
│ Définir et déployer la   │    Piloter       │  Piloter les actions│
│ politique et la stratégie│  les activités   │   d'amélioration    │
└─────────────────────────┴──────────────────┴────────────────────┘
```

PR 01 – DÉVELOPPER UN PRODUIT

PR 02 – VENDRE UN PRODUIT

PR 03 – APPROVISIONNER LE CLIENT

PR 04 – FOURNIR LES SERVICES ASSOCIÉS

PRS 1	PRS 2	PRS 3	PRS 4	PRS 5	PRS 6	PRS 7	PRS 8	PRS 9
Gérer les ressources humaines	Réaliser le retour d'expérience	Facturer et recouvrer	Acheter	Gérer les finances	Gérer la qualité	Communiquer en interne	Gérer la logistique interne	Gérer le système d'information

PROCESSUS DE RÉALISATION
Vendre les produits et les prestations
Approvisionner le client
Industrialiser de nouveaux produits
PROCESSUS SUPPORT
Gérer les ressources humaines
Gérer les ressources financières
Acheter
Gérer le capital technologique
Procurer l'accès à l'information
Maintenir les bâtiments et équipements
PROCESSUS DE MANAGEMENT
Planifier la stratégie
Piloter les opérations
Piloter l'amélioration continue

DÉCLINAISON DES PROCESSUS EN SOUS-PROCESSUS

Exemple sur le processus de réalisation :

INDUSTRIALISER DE NOUVEAUX PRODUITS

Intitulé	Entrées	Clients	Sorties	Pilote
Concevoir le programme annuel de R&D	Plan de développement technique Idées Demandes des clients internes	Direction générale Direction qualité	Programme annuel de R&D sous forme de fiches projet	AA
Réaliser le programme R&D	Fiches projet de recherche	Clients Lignes de produit	Propositions d'amélioration ou de mise au point des produits et procédés	XX
Lancer un essai industriel	Propositions d'amélioration ou de mise au point des produits et procédés	Clients Lignes de produit	Rapport technique validé : nouveau produit qualifié en interne	YY
Mettre en production un nouveau produit	Commande de qualification Gammes et procédures validées	Clients	Nouveau produit recetté	ZZ

Exemple sur le processus support :

GÉRER LES RESSOURCES HUMAINES

Intitulé	Entrées	Clients	Sorties	Pilote
Réaliser l'entretien annuel de performance	Planning d'entretiens	Chaque salarié N+1 Service du personnel	Rapport d'entretien annuel de performance complété	AA
Recruter un collaborateur	Objectifs de l'unité	Service demandeur N+1	Collaborateur intégré	BB
Se séparer d'un collaborateur	Définition de poste	Salarié DRH	Départ	CC
Concevoir le plan de communication interne	Décision de départ Besoins en communication	Tous les collaborateurs	Plan de communication validé	DD
Évaluer la satisfaction des collaborateurs	Enquête précédente	Tous les collaborateurs	Résultats d'enquête Plans d'action d'amélioration	EE
Concevoir le plan de gestion des compétences et connaissances	Plan d'action stratégique Besoins individuels en formation	Tous les collaborateurs Direction technique	Plan de formation Plan de recrutement Plan de mobilité Recherche de partenaires	FF GG
Réaliser une action de formation	Plan de formation	Toutes les directions	Compétence transférée Qualification validée	

Exemple sur le processus de management :
PILOTER L'AMÉLIORATION CONTINUE

Intitulé	Entrées	Clients	Sorties	Pilote
Réaliser la revue de direction	Indicateurs, compte rendu d'audit, écarts,	Comité de direction	Compte rendu de revue de direction	AA
Traiter un écart	Écart		Situation corrigée Causes identifiées Amélioration efficace	BB
Valoriser les idées innovantes	Idées émises	Personnel, clients, partenaires	Idées sélectionnées Agents récompensés	CC
Réaliser une action d'amélioration	Plans de progrès	Direction générale	Action de progrès réalisée	DD
Gérer les processus	Cartographie initiale	Client, personnel, partenaires	Cartographie réactualisée	EE

Les processus externalisés et/ou partagés

Il arrive néanmoins très souvent que cette liste de processus ne tienne pas compte, ou ne tienne que partiellement compte, de deux catégories d'activités qui peuvent représenter des risques importants pour l'organisme : les activités externalisées d'une part, et les activités communes à l'organisme et à un de ses partenaires (client ou fournisseur par exemple) d'autre part. Il faut considérer que ces activités font l'objet de processus qui relèvent *in fine* de la responsabilité de l'organisme.

Les processus externalisés ou partiellement externalisés sont particulièrement importants car l'organisme n'en ayant pas la maîtrise totale, ils peuvent représenter un risque élevé surtout si le résultat d'un tel processus est destiné à entrer dans l'œuvre ou le produit fini. Ces processus sont à prendre en compte au sein de l'organisme au travers des interfaces entre l'organisme et son fournisseur, mais aussi et surtout au travers des activités de surveillance appropriées.

Concernant les processus partagés, il ne faut pas faire l'erreur de ne s'intéresser qu'à la partie propre à l'organisme. Dans le cas contraire, le processus est souvent source de conflit entre les deux organismes qui « partagent » ce processus. En effet, comment traiter correctement l'interface entre deux organismes si chacun ignore ce qui se passe de l'autre côté de la frontière ? Le management de tels processus est l'occasion de définir et mettre en œuvre des relations mutuellement bénéfiques entre les deux organismes concernés.

Une étude réalisée par le cabinet Booz-Allen (www.boozallen.com) a permis de montrer qu'une meilleure intégration des fournisseurs pouvait, à elle seule, entraîner une amélioration de 15 à 20 % des performances en matière de coût, qualité et délai. L'amélioration de la qualité du produit est due à une prise en compte au plus tôt de la fabricabilité du produit. Elle se traduit par une réduction des risques de re-design et a donc un effet sur les délais et les coûts.

Vers des relations gagnant-gagnant

Bien que le marché soit aujourd'hui hautement concurrentiel, l'époque du chacun pour soi est en passe d'être révolue. On constate en effet que quelles que soient la taille de l'organisme et l'ampleur du domaine qu'il couvre, celui-ci est tributaire d'un environnement mouvant. Parmi les composantes de cet environnement, on trouve en très bonne place les parties intéressées.

Dans ces conditions, l'organisme ne peut que chercher à stabiliser autant que possible son environnement. Il y parviendra en faisant en sorte que ses relations avec les parties intéressées soient stables et donc mutuellement bénéfiques.

L'entreprise et ses fournisseurs sont interdépendants. Instaurer des relations mutuellement bénéfiques augmente les capacités des deux organismes à créer de la valeur. On établit ici une relation gagnant-gagnant.

Cela revient à :

- mettre en commun des acquis et des ressources avec les partenaires ;
- identifier et choisir les fournisseurs stratégiques ;
- communiquer clairement et ouvertement ;
- partager des informations et plans futurs ;
- établir des activités communes de développement et d'amélioration ;
- inspirer, encourager et reconnaître les améliorations et les réalisations des fournisseurs.

Les processus clés

Qu'appelle-t-on processus clés ?

Il règne dans la littérature une certaine imprécision quant aux qualificatifs que l'on utilise pour désigner des processus qui revêtent une importance particulière et pour lesquels l'organisme souhaite exercer un suivi renforcé. On parle indifféremment de processus clés, critiques, stratégiques.

L'expérience montre qu'une bonne maîtrise des processus suppose que l'on se donne les moyens de moduler les efforts de suivi des processus en fonction de leurs caractéristiques à un moment donné.

Il y a lieu de distinguer trois catégories de processus :

- les processus « stratégiques » qui font le lien avec les objectifs stratégiques de l'organisme ;
- les processus « critiques » qui font le lien avec la notion de risque, quel que soit le risque identifié (ressources humaines, financières, commerciales, technologiques,…) ;
- tous les autres processus.

La distinction entre processus critiques et stratégiques doit se faire en se référant à des critères bien définis pour que le résultat soit crédible et compréhensible par tous. Elle n'a cependant lieu d'être que si elle présente un véritable intérêt pour l'organisme.

Les règles de détermination des processus stratégiques décrites dans le paragraphe suivant sont applicables pour la détermination des processus critiques ; à condition, bien évidemment, de procéder à cette détermination sur la base de critères adaptés au domaine de criticité concerné.

Comment détermine-t-on les processus stratégiques ?

Pour déterminer les processus stratégiques, il faut partir des axes stratégiques de la direction générale formulés en termes quantitatifs (mesures) et qualitatifs (position dominante sur le marché ou satisfaction maximale des clients). Rappelons que les axes stratégiques d'un organisme sont en général les données de sortie d'un processus communément appelé « définition des axes stratégiques et de la politique ».

Les axes stratégiques ayant été identifiés, il s'agit de déterminer dans la liste des processus ceux qui contribuent le plus à l'atteinte des objectifs stratégiques de l'organisme.

Pour cela, la méthode objective la plus simple consiste à utiliser une matrice d'évaluation à deux dimensions.

Supposons que l'organisme ait défini quatre axes stratégiques qui ne présentent pas la même importance en termes d'enjeux pour l'organisme. Il faut alors leur donner un poids. L'attribution des poids peut être linéaire (1, 2, 3) ou mieux encore non linéaire (1, 3, 9) pour accentuer le relief.

Ainsi dans le tableau ci-dessous, P1, P2, P3 et P4 sont les quatre processus de réalisation retenus dans la cartographie de l'organisme.

AS1, AS2, AS3 et AS4 sont les quatre axes stratégiques définis par la direction : AS3 est primordial (pondéré à 9), AS1 et AS4 se situent en deuxième position (pondéré à 3) et AS2 est l'axe stratégique le moins important (pondéré à 1).

Une note (1, 3, 9) est donnée à chaque processus de réalisation en fonction de sa contribution à l'atteinte de chaque axe stratégique. Cette note est pondérée (multipliée par 1, 3 ou 9) en fonction des poids alloués aux axes stratégiques. Les totaux effectués par colonne permettent de dégager le ou les processus stratégiques.

AXES STRATÉGIQUES	POIDS	PROCESSUS DE RÉALISATION			
		Processus P4	Processus P4	Processus P4	Processus P4
AS1	3	3 × 3	3 × 0	3 × 9	3 × 0
AS2	1	1 × 0	1 × 9	1 × 3	1 × 0
AS3	9	9 × 9	9 × 0	9 × 0	9 × 1
AS4	3	1 × 0	3 × 0	3 × 9	3 × 0
Total		90	9	57	9

Vous remarquerez que nous avons supposé dans cet exemple que seuls les processus de réalisation sont à considérer pour la détermination des processus stratégiques. Lorsque cela est le cas, il faut ensuite déterminer quels sont les processus support, les processus de management et les processus de mesure qui concourent au bon fonctionnement du ou des processus de réalisation qui sortiront vainqueur de cette matrice de choix. C'est l'ensemble des processus (réalisation, support, management et mesure) qui doit alors être traité car cet ensemble doit rester cohérent lors d'une analyse ou d'une modification.

Il peut cependant arriver que l'organisme considère que c'est l'amélioration de son fonctionnement qui doit avoir la priorité. Il se peut alors que la même analyse soit faite sur les processus support plutôt que sur les processus de réalisation.

Étant donné l'importance que revêt le choix des processus stratégiques, il doit impérativement être arrêté sous l'entière responsabilité de la direction de l'organisme. La détermination des processus stratégiques constitue un acte fort de la direction.

Pour clore ce chapitre, et pour corroborer nos propos, notons que le référentiel de l'EFQM, dans son critère 2 « politique et stratégie » pose la question suivante :

« Comment la politique et la stratégie sont déployées à travers un ensemble ordonné de processus stratégiques ? »

Nous verrons par la suite comment la cohérence dans le déploiement des objectifs de l'entreprise, depuis ses axes stratégiques jusqu'aux objectifs alloués aux processus permet de manager efficacement les processus.

CAS Air Fan

1. la société - ses marchés - ses produits

Lorsqu'en 2002, Luc Baudry en prit la direction générale, Air Fan figurait au 70e rang des entreprises françaises en termes de rentabilité. Les cent vingt ans d'histoire de l'entreprise, jalonnés par de nombreuses reprises et absorptions, l'avaient dotée d'une large gamme de produits la situant parmi les firmes qui comptent dans le monde sur le créneau étroit du « ventilateur industriel standard de grande taille ».

Quelques mois suffirent au nouvel arrivant pour constater que, si l'entreprise bénéficiait d'une solide trésorerie et d'une rentabilité correcte avec une marge brute d'autofinancement de l'ordre de 7 % du chiffre d'affaires, sa situation stratégique s'avérait plus préoccupante. Le marché des ventilateurs standards de grande taille commençait en effet à être investi par de grandes firmes américaines, issues d'une vague de concentrations, jouant à fond la carte de l'effet d'échelle. Ces entreprises pratiquaient une politique des prix agressive et sans doute destinée à connaître des développements plus importants.

La conviction de Luc Baudry fut bientôt faite : dans la grande bagarre que la profession allait connaître, les survivants seraient ceux qui auraient su être à la fois souples et flexibles. Il en tira pour Air Fan deux conclusions, bientôt transformées en lignes d'actions auxquelles il consacra dès lors tous ses efforts :

- l'équilibre financier devait être restauré par le non-remplacement des départs naturels, devenus relativement importants compte tenu de la courbe des âges de l'entreprise ; l'appel éventuellement massif à des intérimaires maintiendrait ensuite la variabilité d'une bonne partie de ses frais de structure ;

- Air Fan ne trouverait sa rentabilité future et par conséquent sa pérennité qu'en basculant délibérément sur la production unitaire et l'affaire surmesure, quittant ainsi la « plaine du standard » et ses combats frontaux pour le relief plus accidenté du « ventilateur de process et d'ingénierie », marché sur lequel une entreprise de 26 millions d'euros de chiffre d'affaires pouvait se comporter en guérillero et tirer son épingle du jeu.

Quatre ans plus tard, en 2006, ce double mouvement était largement engagé. L'effectif n'était plus que de 190 personnes, l'équilibre financier était largement restauré et Air Fan se situait sur quatre segments de marché :

- Le ventilateur de chantier : domaine du produit standard. Ce segment de marché sur lequel s'affrontent tous les grands mondiaux est presque devenu un marché de « commodités ». Le prix étant devenu l'arme maîtresse, la courbe d'expérience et l'effet d'échelle prennent une importance croissante, avantageant ainsi les grandes firmes au détriment des petites au rang desquelles figure Air Fan. La chute du chiffre d'affaires de l'entreprise sur ce segment, passé en trois ans de 7,7 à 3,4 millions d'euros, apparaît donc dans ce contexte particulièrement significative.

- Le ventilateur de traitement de fumée : porté par la vague écologique. Ce segment est passé dans le même temps de 0,75 à 5,5 millions d'euros de chiffre d'affaires. Air Fan ayant su mettre au point, pour le numéro un mondial du traitement des fumées, un catalogue d'équipements quasi standardisés, cette activité semble désormais à l'abri des aléas de conception et de fabrication.

- Le process et l'ingénierie : royaume du sur-mesure et des commandes unitaires à chiffre d'affaires important. Ce segment connaît une progression remarquable. Air Fan a su s'inscrire dans ce courant favorable avec des ventes passées à 12,6 millions d'euros, soit près de la moitié du chiffre d'affaires de la société.

- Les services : incluant le service après-vente et la vente de pièces de rechange. Ce domaine constitue à l'heure actuelle un pôle essentiel de l'activité de l'entreprise, le chiffre d'affaires correspondant est de 4,5 millions d'euros.

Ce virage stratégique représente pour l'entreprise un défi de première grandeur. Il lui faut en effet se doter au plus vite des armes concurrentielles qui comptent sur ces nouveaux segments ... et cela sous le feu d'une concurrence qui, par son action, contribue à rendre les standards de prix, de qualité, et de délai plus contraignants. Air Fan doit s'aligner, car sous la pression des constructeurs italiens et britanniques, et compte tenu du professionnalisme croissant des acheteurs, les prix du marché baissent (sans grand espoir de réversibilité). Quant aux délais de mise à disposition, ils ont été divisés par deux en deux ans et figurent maintenant au rang des facteurs clés de succès.

Cette année le syndicat professionnel, auquel adhère Air Fan, a réalisé une enquête pour identifier les avantages concurrentiels perçus par les grands comptes. Les trois principaux avantages classés par ordre d'importance sont les suivants :

- la vitesse de mise sur le marché de nouveaux produits (*time to market*) ;

- la fiabilité des produits (en effet le coût d'exploitation est d'autant plus faible que la fréquence des maintenances est faible) ;

- l'aptitude à créer de nouveau produit

Le comité de direction a décidé de prendre en compte ces résultats et a intégré ces résultats dans sa stratégie. Luc Baudry insiste de plus sur l'impérieuse nécessité de développer les nouveaux produits autour d'une architecture modulaire afin que la « customisation » permette de réduire les coûts tout en satisfaisant les clients.

Classement (1 pour le meilleur, 4 pour le plus mauvais) de Air Fan et de
ses concurrents selon les principaux critères de performance

Société Critère	AIR FAN	WIND	VENTIL	ATEUR
Prix	2	1	3	4
Réactivité	3	2	4	1
Fiabilité	2	1	3	4
Innovation	4	3	2	1
S A V	1	4	1	2
Ponctualité	3	1	4	2

L'alignement sur ces standards de performances constitue pour l'entreprise un challenge de première grandeur. Réussir ce challenge est rendu particulièrement difficile par le fait que les armes concurrentielles qu'il lui faut développer pour figurer sur le podium pour ce qui concerne les segments « sur-mesure » et « services », diffèrent très sensiblement de celles qui régissaient le segment « ventilateur standard » et auxquelles Air Fan s'était adapté avec de notables succès.

Portant sur la vente de « produits tarifés », au rythme de presque un ventilateur par jour, l'activité « ventilateur standard » ne demandait que peu d'études, une fois les produits entrés en catalogue. La démarche commerciale, les devis, la fabrication et le service après-vente pouvaient ainsi fonctionner sur des modes stables, avec de faibles plages d'insécurité. Les pièces de rechanges nomenclaturées ne posaient problème que par l'ampleur d'une gamme ultradensifiée (adjonction de lignes de produits issues d'une longue suite d'absorptions).

Le « process » repose au contraire sur le sur-mesure et l'ingénierie. Le suivi étroit d'un client aux volontés pas forcément claires, et souvent changeantes au fil du temps, implique une modification totale des facteurs clés d'une affaire :

- Le commercial ne vend plus un produit, mais l'assurance de répondre à un besoin, voire de résoudre un problème. Il lui appartient de définir ou faire définir avec le maximum de précision, les paramètres clés traduisant attentes, spécificités et contraintes. Il doit veiller à ce que les promesses faites soient en phase avec ce que Air Fan sait et peut réaliser.

- Le devis devient un point névralgique de la relation avec le client, par son ampleur, par sa complexité, et par son caractère « d'ouvreur de route ». De 45 kiloeuros en standard, la commande moyenne passe en process, à au moins dix fois plus ; les 1,2 million d'euros n'étant pas chose rare. Autour du ventilateur, elle prend en compte des problèmes de tuyauterie, de chaudronnerie, d'automatismes, et autres « packaging ». Aussi complet que possible, le devis trace la voie aux études et à la réalisation, qui travailleront selon son schéma de principe, mais aussi à l'intérieur de son enveloppe de prix et de délai.

▷ Les études prennent une ampleur inconnue jusqu'alors mais couvrent aussi des domaines connexes. Ainsi, sur un an, en 2005, pour 2 000 heures consacrées au segment « ventilateur de chantier » et 5 500 au segment « traitement de fumée », le bureau d'études d'Air Fan aura consacré 18 500 heures au process et 7 000 à l'ingéniérie et aux services ; le sous-segment ingéniérie exige de surcroît des « tonnes de spécifications », entraînant le bureau d'études vers un autre type de travaux, devenus très administratifs.

▷ Les achats jouent un rôle essentiel tant sur le plan de la défense des marges que sur celui du respect des délais. Le ventilateur ne représente souvent en études que 20 à 25 % du montant total d'une affaire. Le choix et la maîtrise des fournisseurs et sous-traitants sont ainsi devenus stratégiques alors même que l'importance du packaging accroît le nombre d'intervenants, et que la variété et la complexité des solutions mises en œuvre accentuent leur importance. De plus, jouer le sur-mesure et la flexibilité exige que les fournisseurs de composants clés, comme les fondeurs ou chaudronniers, soient totalement sur le même registre.

▷ La fabrication et surtout le montage deviennent plus étroitement encore dépendants des nomenclatures, plans spécifiques et solutions innovantes. Or, si la fabrication est de nature à s'adapter au sur-mesure, par le biais de ses commandes numériques et centres d'usinage pour peu que le problème de leur programmation soit pris en compte, il ne semble pas qu'il en soit de même du montage pour lequel standard et sur-mesure se télescopent joyeusement. Il faut savoir qu'une installation « process » en fin de montage représente 50 m² au sol sur 4 m de haut ; 50 m² hérissés de véritables « arbres de Noël » de tuyauteries, clapets, vannes et instruments de régulation !

▷ Le service après-vente et les rechanges subissent les conséquences du caractère unitaire des commandes « process ». Ils doivent tenir compte des spécificités des équipements installés et des problèmes non forcément récurrents.

Or, si l'on en juge par les résultats de la société, la maîtrise de ces nouvelles règles du jeu semble à l'heure actuelle loin d'être acquise. Si, en effet, Air Fan réalise des marges brutes de l'ordre de 27 % dans le segment « ventilateurs de chantier » et de 24 % en « ventilateurs de traitement de fumée », le taux de marge brute avoisine les 15 % en « process » et seulement 8 % en « services ». Par ailleurs, l'entreprise n'arrive guère à s'aligner sur les délais exigés en « process », les rares engagements à peu près tenus ne l'ayant été qu'au prix d'acrobaties, voire d'impasses graves ayant fait courir à la firme des risques très importants.

2. Les aspects organisationnels

2.1 La structure d'Air Fan

2.1.1 Organigramme

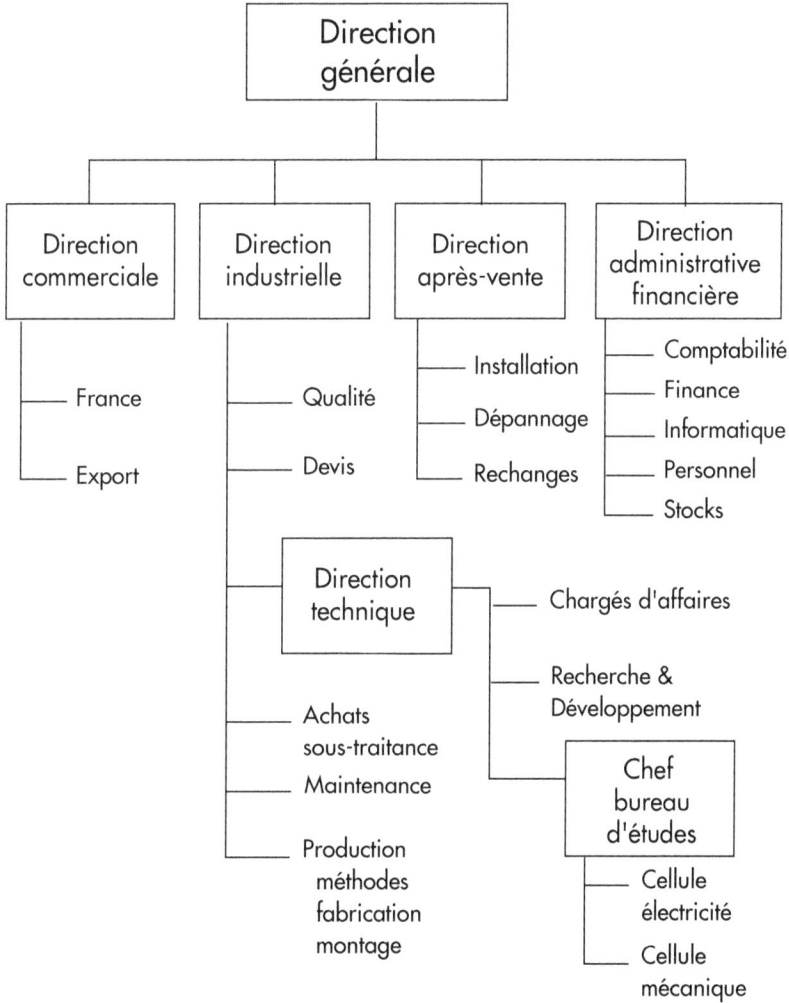

2.1.2 Missions

La direction commerciale est chargée de représenter l'entreprise auprès des clients, de susciter et d'exprimer leurs besoins, puis de défendre les propositions d'Air Fan afin d'obtenir les commandes. Elle compte quatre commerciaux France, quatre commerciaux export et des agents, dans une trentaine de pays, viennent épauler cette force commerciale.

La **direction industrielle** gère tous les aspects opérationnels de l'entreprise : l'élaboration des devis, l'exécution des commandes dans le respect des objectifs de prix de revient, de qualité, de délai, de satisfaction du client jusqu'à l'issue de la période de garantie, la maîtrise de la technique de l'entreprise et la réflexion sur les produits futurs, l'entretien et la maintenance des moyens, les achats et la sous-traitance externe ainsi que la logistique.

Dépendant également de la direction industrielle, la **direction technique** coiffe les quatre chargés d'affaires, seuls interlocuteurs d'un client de la passation de la commande à l'expiration de la garantie. Responsables du respect des délais et de la qualité attendue, mais aussi de la réalisation des marges, ils ont des sous-traitants internes (études, méthodes, fabrication, achats, qualité, service après-vente) et externes (fournisseurs, bureaux d'études, installateurs, sous-traitants divers) et se voient attribuer les affaires selon leur disponibilité.

La direction technique supervise le **bureau d'études** qui effectue les calculs définitifs de dimensionnement, crée les dossiers de plans et les nomenclatures de fabrication, établit toutes les pièces contractuelles annexes (notices, listes de pièces de rechange, dossiers constructeur, et autres documents relatifs à la qualité).

Toujours rattachée à la la direction technique, une **cellule recherche et développement**, forte de quatre projeteurs expérimentés, travaille sur le long terme et l'aéraulique de demain. De 400 heures en 1991 et 2 500 en 2002, le budget de cette équipe est passé à 6 000 heures en 2005... sans toutefois que la direction de l'entreprise n'y retrouve son compte en termes de produits nouveaux directement commercialisables.

Récemment rattachés à la direction industrielle, **les achats** ont pour mission de trouver des fournisseurs possibles, d'analyser leurs capacités et compétences, et de négocier afin d'obtenir les meilleures conditions sur la base des objectifs de coûts et de délais qui accompagnent chaque demande d'achat. L'utilisation d'outils informatiques puissants et le raccordement à des banques de données ont permis de limiter à quatre le nombre d'acheteurs.

La production assure la transformation, en tôlerie, en chaudronnerie, l'usinage et le montage. Elle intervient donc sur la base de plans réalisés par le bureau d'études et est aidée dans sa gestion par l'outil de GPAO exploité par celui-ci. Si le nombre de machines et d'ouvriers a sensiblement diminué au fil du temps, la productivité s'est trouvée considérablement améliorée par l'incorporation de machines à commandes numériques avec magasins d'outils et de centres d'usinages à axes multiples.

Le montage intègre les pièces et éléments venus de l'extérieur, il est organisé en différents ateliers se succédant : montage mécanique et intégration, montage électrique et électronique, gaines de soufflage et instrumentation. Il fait fréquemment appel à des ressources extérieures pour absorber des surcharges ponctuelles.

© Groupe Eyrolles

Le responsable qualité, après le grand élan qui porta toute l'entreprise et lui permit d'obtenir en 2005 la certification ISO 9001, semble avoir quelques difficultés à trouver ses marques entre des exigences parfois intransigeantes et une réalité souvent moins cartésienne.

La direction service après-vente (DAV) a trois rôles différents :

- réaliser l'installation des ventilateurs chez les clients aussi bien pour les produits standards que pour les produits sur-mesure ;

- effectuer les dépannages des différentes installations ;

- gérer le commerce des pièces de rechange.

Les ressources permanentes de la DAV sont utilisées à 80 % pour des tâches de dépannage, celles-ci sont d'autant plus délicates que les dossiers ne sont pas toujours tenus à jour. Dans ce contexte, l'installation des ventilateurs est sous-traitée, mais l'imprécision des dossiers conduit les installateurs à questionner souvent les monteurs, c'est un facteur aggravant pour les délais.

Durant la période de garantie, les interventions sont assurées par les équipes de dépannage. L'absence de réelles prévisions de besoins en pièces de rechange a pour effet d'engorger le bureau d'études ; les lancements en fabrication et les demandes d'achats sont retardés. Cette situation allonge les délais d'approvisionnement et de montage.

La direction administrative et financière, garante des comptabilités générale et analytique, et de la trésorerie, contrôle les niveaux et mouvements de stocks, gère les ressources humaines, et exploite l'informatique.

2.1.3 Ressources humaines

Face à ses nouveaux marchés, l'entreprise manque d'expertise dans des domaines aussi divers que l'automatisme, la régulation ou la tuyauterie. De plus, la pratique de l'anglais, devenu le langage de travail de plus en plus fréquent, constitue dans pratiquement toutes les fonctions un problème de plus en plus préoccupant.

Mais le problème peut aussi être quantitatif, comme au bureau d'études où les intérimaires, devenus structurellement aussi nombreux que l'équipe de base, et de manière conjoncturelle deux fois plus nombreux, ne peuvent valablement assumer le même rôle que des spécialistes du ventilateur ou du packaging.

Par ailleurs, dans de nombreux maillons de la chaîne, au bureau d'études mais plus encore chez les chargés d'affaires ou aux achats, des hommes et des femmes pourtant débordés consacrent un temps précieux à des tâches sans grande valeur ajoutée.

2.1.4 Le fonctionnement

Toute affaire décrochée suit dans l'entreprise le schéma suivant :

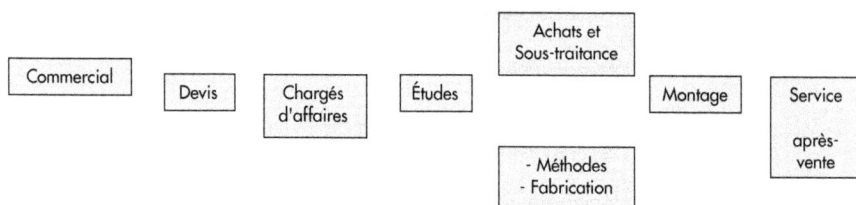

Air Fan offre l'image d'une chaîne scindée en tronçons sans liaison entre eux. Si la jonction entre commercial et service après-vente se fait occasionnellement, en revanche c'est un véritable fossé qui sépare « ceux qui vendent et chiffrent de ceux qui étudient, et de ceux qui réalisent ».

L'entreprise fonctionne de ce fait en « relais », chacun attendant sur la ligne de départ que son prédécesseur ait fini son parcours. Un parcours d'ailleurs trop souvent rallongé par la recherche de compléments à des informations généralement insuffisantes.

2.2 Les systèmes en vigueur

2.2.1 Système de planification

Trop tendues et souvent fausses dès le départ, les prévisions initiales s'avèrent ensuite de plus en plus difficiles à tenir tout au long d'une chaîne dont les derniers maillons « trinquent » fortement. Les délais impartis subissent les conséquences de la répercussion en cascade de lacunes que la pression sur les étapes précédentes n'a fait qu'amplifier. C'est ainsi qu'éclatent au grand jour, de façon trop tardive pour que l'on puisse réagir, les dépassements de délais.

Inexistante à l'heure actuelle, la planification des travaux du bureau d'études, voire des approvisionnements, serait de toute façon difficile à réaliser, faute de bases d'évaluation fiable de chacune de ces activités.

2.2.2 Système d'information et de gestion

Le système de gestion d'Air Fan repose essentiellement depuis le début des années 1990 sur un logiciel : Mapics, qui, avec ses onze modules, s'efforce de couvrir toutes les fonctions et les données qui vont des devis à la comptabilité analytique.

Fait pour une production en série de produits standards, il s'avère de plus en plus inapproprié pour une activité de conception et de fabrication unitaires et le sur-mesure. Faute de compatibilité entre les systèmes Mapics et GPAO, les nomenclatures doivent être partiellement ressaisies et les demandes d'achat font l'objet de trois saisies successives.

2.2.3 Système de communication et de liaison

S'il est prévu en principe, lors de l'obtention d'une commande, un passage de témoin entre le commercial, signataire du contrat et les différentes parties prenantes de sa réalisation, chargé d'affaires, chef du bureau d'études et patron de la production, ces réunions dites de lancement, se font de plus en plus rares, du fait de la non disponibilité des principaux intéressés, au demeurant trop souvent découragés par l'imprécision, voire l'insuffisance des informations transmises.

De ce fait, les passages de relais entre entités laissent fortement à désirer, alors même que les principaux participants n'ignorent pas que c'est dans la première heure qu'une affaire se gagne !

2.2.4 Système de contrôle

Air Fan fonctionne sur la base de Réunions Trimestrielles de Suivi (RTS), sigle qui à sa seule évocation, emplit d'effroi les chargés d'affaires et les responsables du bureau d'études ou de la réalisation. Pour eux les RTS constituent la base même de ce qu'ils appellent « le management par le stress ». Chaque trimestre en effet, les RTS réunissent autour du Directeur Général et sous la houlette du Directeur Administratif et Financier, les Directions Industrielle et Technique, la Direction Service Après-Vente, le Responsable de la comptabilité analytique, les Responsables Bureau d'Études, Achats et Production, et surtout les 4 Chargés d'Affaires qui doivent justifier les retards et dépassements de budget, réalisés ou prévisibles, devant ce qu'ils ont tendance à considérer comme un tribunal.

A cette occasion, pour une trentaine d'affaires, chaque poste de dépenses se trouve comparé au devis initial, corrigé du coefficient tenant compte des concessions qu'il aura fallu consentir pour obtenir la commande.

2.3 Les procédures

2.3.1 Des liaisons et feed-back insuffisants ou inexistants

Pour bon nombre de maillons de la chaîne la communication et la diffusion des informations sont insuffisantes :

- entre devis et bureau d'études, les liaisons n'existent que lorsque des plans sont à faire, dans le cadre de devis étoffés ; les liaisons sont alors informelles et l'affaire peut se trouver engagée sans réel validation des solutions proposées ;
- les liaisons devis-achats sont peu nombreuses, voire peu souhaitées alors que les devis sont souvent trop peu détaillés, voire trop sommaires ;
- alors que les achats s'attendent à ce que le bureau d'études lui transmette un dossier complet, on s'aperçoit souvent trop tard que des pièces manquent et doivent être lancées pour être approvisionnées en catastrophe ;
- les liaisons bureau d'études-production posent également problème. Si naguère la fabrication était quasi systématiquement consultée, elle se trouve maintenant le plus souvent court-circuitée, faute de temps ;

◗ faute de temps, chacun semble avoir perdu l'habitude, voire le goût, de se déplacer, de se rencontrer et de chercher ensemble. De ce fait, on ne se retrouve le plus souvent que lorsque le problème est arrivé et qu'il faut le résoudre en urgence ;

◗ le document établi pour le retour aux devis des prix réels n'est pratiquement jamais utilisé. Les bilans de fin d'affaire ne sont pas réalisés. « Les erreurs commises ne servent pas de leçon ! »

2.3.2 Modifications et innovations non répertoriées

S'il est monnaie courante que les exigences du client se précisent en cours de réalisation et entraînent des engagements irréalistes, il arrive aussi que le détail précis des modifications souhaitées ne parvienne pas au chargé d'affaires concerné. Parallèlement, nombre de modifications intervenues en cours de réalisation ne se trouvent pas enregistrées et répertoriées au bureau d'études ; le système Mapics entraîne en effet quinze interventions différentes pour enregistrer une telle modification. Les chances de reproduire à l'identique sont ainsi des plus faibles. On peut donc au mieux reproduire les mêmes tâtonnements, au pire, déboucher sur d'autres solutions ou réitérer les mêmes erreurs.

3. Les aspects humains et culturels

3.1 Le style de commandement et la motivation

Le style de commandement d'Air Fan semble assez marqué par un « management par le stress ». Ainsi, le récent départ de cinq responsables, dont le chef du bureau d'études, tend à être attribué dans l'entreprise à leur incapacité à supporter plus longtemps une pression devenue trop forte.

Le bureau d'études souffre en particulier d'une surtension permanente qui l'incite à tricher dans l'affectation des heures pointées, à culpabiliser quand il fait du classement, à baisser les bras lorsque la direction lui dit que « l'on peut toujours améliorer la productivité » ;

Sans évolution de carrière prévisible, confronté à une politique salariale drastique et d'autant plus durement ressentie que la cohabitation avec des intérimaires fournit de nombreux points de comparaison, le bureau d'études, doté d'un matériel performant et très apprécié, éprouve le sentiment que l'entreprise n'investit pas en hommes comme elle le fait en équipements.

La motivation s'émousse d'autant plus qu'à ces insatisfactions viennent s'ajouter trois autres problèmes :

◗ un style de management ressenti comme peu motivant ;

◗ une sensation forte qu'il existe un décalage important entre ce que l'on dit et ce que l'on fait : la base n'a pas été impliquée dans la mise en œuvre de l'ISO 9001 ;

▷ un sentiment de quasi injustice devant le constat que l'entreprise est à deux vitesses, avec des fonctions sous pression et mal aimées et d'autres privilégiées, zones de quiétude, voire oasis de tranquillité au cœur de l'enfer (l'oasis de tranquillité correspond à l'équipe de recherche et développement).

3.2 Les hommes et les groupes clés

3.2.1 Les hommes du devis

Écartelés entre les commerciaux à qui vont tous les lauriers en cas de succès et bureau d'études d'une part et réalisation d'autre part, à qui revient la tâche de rester au mieux dans le cadre de ce qu'ils ont estimé, les hommes du devis souhaitent voir leur rôle reconnu, voire revalorisé.

3.2.2 Les chargés d'affaires

Insuffisamment protégés, pas assez respectés, hommes pompiers, voire suiveurs de pièces, ils sont écartelés car transformés par tous en substituts d'un système d'information et de communication déficient, et passent leur temps à colmater les brèches et à parer toutes les insuffisances.

3.2.3 Le bureau d'études

Le bureau d'études effectue 50 % de ses travaux en DAO, donc en travail de réelle conception, et 50 % en saisie d'information et constitution de dossiers, donc en travaux à plus faible valeur ajoutée. Il lui arrive d'avoir à réaliser, en urgence et inopinément, des plans au profit du devis, pour des affaires à haut degré de probabilité de réalisation. L'ingénierie, avec ses tonnes de spécifications qui demandent une approche beaucoup plus administrative, mobilise pratiquement autant de ressources que le process proprement dit.

Le bureau d'études n'ayant pu procéder à une « modularisation » des nomenclatures, on repart pratiquement à zéro pour chaque affaire, y compris pour les ventilateurs de traitement de fumée, et l'on débouche ainsi sur des solutions trop souvent différentes, voire trop sophistiquées, avec une invraisemblable variété de plans (5 000 plans) et de références. On réinvente la roue à chaque fois mais avec des répercussions énormes en production : nouvelles gammes, nouvelles programmations des machines, voire nouvelles pièces de fonderie, etc. mais aussi aux achats et au service après-vente.

En quatre ans, on est passé de 13 000 à 33 000 heures d'études, sans pour autant procéder systématiquement au remplacement des partants. Le bureau d'études compte en moyenne neuf intérimaires permanents, soit pratiquement les deux tiers de son effectif CDI. Or ces intérimaires ne peuvent pas prendre en charge les travaux pointus, et doivent de toute façon être formés, suivis et contrôlés, ce qui absorbe une part non négligeable du temps des dessinateurs de l'entreprise tout en coûtant 28 à 30 euros de l'heure.

Pendant ce temps, alors que de l'autre côté du vitrage l'incendie du court terme fait rage, le service recherche et développement se trouve centré sur le long terme, avec des retombées qui peuvent sembler quelque peu problématiques.

Ayant la sensation d'une agitation permanente, arrêtés en plein milieu d'un travail pour parer au plus pressé, les membres du bureau d'études ont l'impression de se trouver dans un train, mis sur rail et lancé à pleine vitesse par l'un des chargés d'affaires. Le bureau d'études a l'impression d'être chargé de tous les maux.

Le bureau d'études vient de subir en quelques années, des « pertes en ligne » effarantes : de vieux dessinateurs sont partis sans réelle transmission de leur savoir, sans que leurs cahiers et carnets de notes n'aient été transcrits en base d'expérience. L'implantation de la DAO l'a plus encore coupé de ses racines et l'on peut craindre les effets du prochain départ d'un expert dont le recueil du savoir ne semble pas avoir été organisé.

Tout aussi grave, aucune formation réelle des nouveaux arrivants n'a été assurée. Aucun stage au montage ou en ateliers n'a été mis sur pied à leur intention. Et le départ de leur patron direct n'arrange pas les choses : bien des cellules du bureau d'études disent craindre l'absence de la couverture technique qu'il constituait, et son absence rendra plus tangible encore le problème de la non-connaissance par les uns et les autres d'une langue anglaise devenue le langage de travail.

En début de cette année, nous avons dû traiter une affaire process très « sensible » et encore plus urgente que les autres. Pour faire face, une *task force* avait été mise en place afin de regrouper sous l'autorité d'un chargé d'affaires les différents opérationnels : un dessinateur, un interlocuteur du BE en charge de la planification, un acheteur, une personne des méthodes et un chef d'équipe de fabrication ayant une équipe pour fabriquer et monter (cette équipe a aussi en charge le contrôle d'entrée des approvisionnements). Le bilan a été très positif : pas de retard du chargé d'affaires et les retards BE, montage et appro étaient inférieurs à ceux du standard.

Enfin, le bureau d'études se plaint de graves lacunes en moyens de rangement, documentation, bibliothèques, ou simples lignes téléphoniques, alors qu'il dispose d'un équipement de DAO ultraperformant. Ce problème pourrait, en regard d'autres, paraître bien futile si un vieux proverbe chinois ne venait rappeler opportunément « qu'on ne peut demander à un homme de regarder les étoiles lorsqu'il a un clou dans sa chaussure ».

Typologie des processus de Air Fan et détermination des processus stratégiques de l'entreprise

1. Typologie des processus de Air Fan

Quatre processus opérationnels : développer des produits nouveaux ; vendre et fabriquer des produits standards ; réaliser des affaires process et ingénierie (vendre, concevoir, fabriquer, installer, assurer le SAV) ; fournir les services après garantie (dépannage, vente de pièces de rechange…).

Sept processus support : gérer les ressources humaines ; gérer les informations techniques ; gérer les ressources financières et des stocks ; acheter et sous-traiter ; gérer la qualité ; assurer la maintenance et l'entretien ; assurer la comptabilité générale et analytique.

Deux processus de pilotage : établir la politique et la stratégie ; piloter les activités (RTS, réunion trimestrielle de suivi).

2. Détermination des processus stratégiques parmi les processus opérationnels

Il faut tout d'abord déterminer les axes stratégiques d'Air Fan qui sont au nombre de quatre :

- Vitesse de mise sur le marché de nouveaux produits (time to market).
- Fiabilité des produits standards.
- Aptitude à créer de nouveaux produits.
- Modularité des produits.

Ces axes stratégiques doivent être pondérés pour tenir compte de leur importance pour l'entreprise (poids 1, 3 ou 9).

On est alors en mesure de construire la matrice de sélection des processus stratégiques (croisement processus opérationnels en abscisse / axes stratégiques en ordonnée), et de la remplir en répondant à la question : dans quelle mesure tel processus opérationnel permet-il d'atteindre tel axe stratégique défini par la direction ? (notation : 1, 3 ou 9).

Pour identifier le ou les processus opérationnels stratégiques, on somme pour chaque processus le produit du poids de l'axe stratégique par la note attribuée à ce processus pour l'axe stratégique correspondant. Par exemple, pour le processus « Vitesse de mise sur le marché de nouveaux produits » :

$$9 \times 3 + 3 \times 0 + 1 \times 9 + 3 \times 3 = 45$$

MATRICE DE SÉLECTION DES PROCESSUS STRATÉGIQUES	Priorié	Développer de nouveaux produits	Vendre et fabriquer des produits standards	Réaliser des affaires process et ingénierie	Fournir les services après-vente
Vitesse de mise sur le marché de nouveaux produits (time to market)	9	3		9	
Fiabilité des produits standards	3		9		3
Aptitude à créer de nouveaux produits	1	9		3	
Modularité des produits	3	3		1	
Total		45	27	87	9

Les processus stratégiques sont ceux qui correspondent au total le plus élevé, soit pour le cas Air Fan le processus : « Réaliser des affaires process et ingénierie ».

LES IDÉES CLÉS

La liste des processus

→ C'est à l'organisme et à lui seul de déterminer quels sont les processus qui doivent s'inscrire dans son système de management de la qualité, processus qui seront ensuite soumis à surveillance, mesure, maîtrise, analyse et amélioration.

→ Il n'existe pas de liste type.

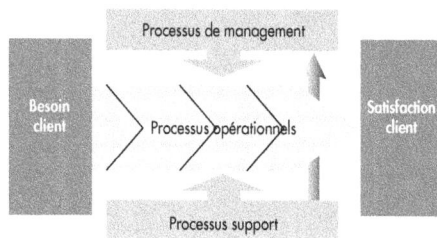

La cartographie

→ La cartographie est une représentation des principaux liens existants entre les différents processus de l'organisme. Comme pour la liste, il n'y a pas de cartographie type.

→ Dans le plus simple des cas, et probablement le plus fréquent, établir une cartographie des processus de l'organisme revient à en dresser une liste ordonnée.

→ Établir une cartographie n'est pas une exigence.

Les processus clés

→ Les processus clés sont ceux qui permettent à l'organisme d'atteindre majoritairement les objectifs stratégiques qu'il s'est définis ou ceux qui présentent des risques importants et sont à ce titre critiques.

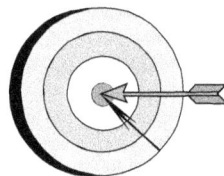

→ Pour déterminer les processus clés, il va s'agir de déterminer le poids de chaque processus par rapport aux objectifs stratégiques, ou à leur degré de criticités.

→ La détermination des processus clés est de la responsabilité de la direction.

→ La détermination des processus clés constitue un acte fort de la direction.

Deuxième partie

La méthode d'optimisation des processus

UN CHOIX FONDAMENTAL

Chapitre 6

Les principes de la méthode d'optimisation des processus

L'entreprise est un ensemble complexe, en interaction permanente avec un environnement mouvant, qui réagit aux perturbations internes ou externes comme un être vivant. Ses performances dépendent des performances individuelles de chacun de ses composants mais ne peuvent pas, en général, lui être reliées de façon simple. Ainsi, l'amélioration ponctuelle du fonctionnement d'un de ses composants (exemple : gain de productivité sur un poste de travail) ne se traduira pas forcément par une amélioration des performances d'ensemble au niveau du produit. En conséquence, dès lors que l'entreprise dépasse le stade embryonnaire, il est illusoire d'escompter une amélioration en optimisant séparément le fonctionnement de chaque élément. Le traitement des problèmes de l'entreprise ne pourra pas se contenter d'approches simples, linéaires, purement rationnelles, voire cybernétiques.

Il est nécessaire de procéder par approche globale du « système entreprise » en utilisant des méthodes relevant de l'analyse systémique, c'est-à-dire prenant en compte les paramètres globalement en tant que partie intégrante d'un ensemble dont les différents composants sont en interdépendance. L'entreprise elle-même est interdépendante de son environnement (clients, fournisseurs, détenteurs de capitaux, pouvoirs publics...).

L'analyse des processus répond aux critères de l'analyse systémique. Dans cette optique, l'entreprise sera décomposable en processus, eux-mêmes décomposables, par niveaux successifs, en sous-processus.

Partant de ce principe il apparaît, en théorie du moins, que l'échelle des niveaux est infinie. L'entreprise elle-même fonctionne comme un processus en interaction avec ses clients, ses fournisseurs, ses concurrents, etc. Ce processus intervenant à son tour dans des processus socio-économiques plus globaux.

Cette « infinité » de niveaux peut paraître décourageante à qui voudrait débuter une analyse des processus. Cette difficulté peut être levée à condition de faire preuve d'humilité et de bon sens, en partant du constat que les niveaux accessibles à un individu ou un groupe de travail, que ce soit pour l'analyse ou l'amélioration, sont en nombre limité, fonction de la situation personnelle des participants (pouvoir dans l'entreprise, niveau socioculturel, objectifs...).

En conséquence, un choix judicieux du niveau de départ de l'analyse est fondamental pour la réussite de l'opération. Bien entendu, il sera profitable d'évaluer l'impact de l'analyse et des décisions qui en découlent sur les niveaux non couverts par l'analyse. Ceci suppose une bonne communication entre les groupes de travail se situant à des échelons décisionnels différents.

Ceci étant, force est de constater que dans une entreprise on peut mettre en évidence un nombre très important de processus. Il est difficilement concevable de vouloir les analyser et, le cas échéant, les optimiser tous dans un même temps relativement court. De plus, il peut s'avérer que l'effort fait pour améliorer un processus soit disproportionné par rapport au gain espéré de son optimisation.

Si donc, par une dynamique permanente d'amélioration, l'entreprise peut espérer à terme améliorer tous les processus, il faut dans un premier temps s'intéresser à quelques processus et de préférence à ceux dont l'amélioration apportera le plus de gain pour l'entreprise. Ce choix de processus « prioritaires » constitue une phase importante de la méthode et ne doit pas être fait au hasard.

Souvent, l'observation de dysfonctionnements est à l'origine du déclenchement d'une modification du processus concerné. Lorsque ce type de modification est réalisé au coup par coup, il y a fort à parier que l'optimisation du processus sera obtenue après une série de tâtonnements coûteux et dans bien des cas démobilisateurs.

Un véritable projet d'optimisation des processus s'inscrit dans la durée. Il résulte d'une démarche volontaire qui vise à l'amélioration permanente, dans une optique de traitement préventif des dysfonctionnements. Il doit fonctionner comme une équipe de projet qui développe la maîtrise de ses processus par l'analyse, la mise en œuvre de solutions, le suivi des performances et l'implication de chacun aux différentes interfaces.

La méthode d'optimisation des processus que nous allons décrire comporte quatre grandes étapes :

- Le choix des processus à traiter en priorité ; cela consiste à les identifier puis à les évaluer pour déterminer ceux dont l'amélioration présente le plus d'intérêt pour l'entreprise.

- L'analyse et l'optimisation du processus choisi en appliquant des méthodes et des outils adaptés au cas à traiter.

- La mise en œuvre du processus en développant les moyens nécessaires pour que cette mise en œuvre se fasse dans les meilleures conditions possibles.

- La maîtrise du processus en se donnant les moyens de repérer et de mesurer ses évolutions (indicateurs).

Comme cela apparaîtra par la suite, il y aura lieu de choisir les outils et les moyens à mettre en œuvre en fonction de la complexité des problèmes à traiter mais aussi du degré de maturité de l'entreprise en matière de management par la qualité. Il est de la responsabilité de la hiérarchie, ou du pilote désigné pour mener à bien une opération d'optimisation des processus, de définir le niveau de détail et de précision avec lesquels la méthode présentée ici doit être appliquée.

Nous allons nous attacher à présenter une méthode de façon aussi complète que possible mais qui, pour les cas simples (de loin les plus nombreux), donnera de bons résultats lorsqu'elle est utilisée en mode « dégradé » ou simplifié. Nous recommandons d'ailleurs de rechercher, dans tous les cas, la simplicité et de n'utiliser des outils quelque peu complexes qu'en cas de nécessité.

LES IDÉES CLÉS

Optimiser les processus

➡ C'est utiliser des méthodes appropriées au sujet à traiter, basées sur le traitement des interfaces.

➡ C'est mettre en place des indicateurs pour mesurer les améliorations et juger des solutions retenues.

Chapitre 7

Choisir les processus à traiter en priorité

Ce choix se fera à partir de la liste des processus établie précédemment.

Comment évaluer un processus ?

Pour être à même de se fixer des priorités quant aux processus à améliorer, il faut procéder au préalable à une évaluation objective des processus par rapport à certains critères jugés stratégiques pour l'entreprise.

Il est important de noter que l'objectif de cette évaluation n'est pas de faire une évaluation dans l'absolu de chaque processus, mais plutôt de se donner les moyens de comparer différents processus entre eux.

Le premier travail consistera à définir un ensemble de critères, pertinents pour l'entreprise, destinés à évaluer les processus. Ceux-ci pourront être par exemple :

- le caractère stratégique du processus (processus clé) ;
- la satisfaction du client ;
- l'intérêt économique, le coût ;
- l'impact sur la sûreté, le niveau de qualité ;
- la complexité ;
- la facilité de mise en œuvre de recommandations ;
- le caractère exemplaire ;
- etc.

Étant donné l'objectif visé, cette évaluation doit se faire assez rapidement, sans occasionner de coûts significatifs, les critères retenus devront être peu nombreux et aisément mesurables.

D'une manière courante, on retient pour ce genre d'exercice trois critères qui sont le plus souvent les suivants :

▸ les enjeux et les risques ;		▸ la satisfaction du client ;
▸ le niveau de qualité ;	ou bien	▸ le niveau de qualité ;
▸ le coût.		▸ le coût.

Les enjeux et les risques

Les enjeux représentent le risque si le processus est mal adapté ou maîtrisé. Ils reflètent par exemple :

▸ sur le court terme, la sûreté et le niveau de disponibilité d'un produit ou encore une perte financière ;

▸ sur le long terme, l'avantage concurrentiel, la rentabilité ou la performance industrielle.

Les enjeux peuvent être classés en trois catégories : faible, moyen ou élevé.

Pour pouvoir tenir compte des enjeux à court terme et des enjeux à long terme, l'évaluation du niveau de l'enjeu est effectué sur une matrice à deux dimensions. Il s'agit de positionner sur cette matrice le processus après l'avoir évalué dans ses deux dimensions (enjeux et risques à long terme, enjeux et risques à court terme) et d'en déduire si au total l'enjeu est élevé, moyen, ou faible.

Nous sommes tout à fait conscients que cette façon de procéder ne peut en aucun cas prétendre à l'exactitude scientifique, elle est cependant tout à fait suffisante pour répondre à notre objectif : fixer des priorités quant aux processus à améliorer. La figure ci-après montre comment une telle matrice peut être utilisée, et comment on interprète le positionnement du processus sur cette matrice.

La synthèse des enjeux

La synthèse des enjeux se fait sur une matrice à deux dimensions.

Ainsi :

▸ le processus (B), représentant un enjeu fort à long terme et un enjeu faible à court terme, se situe sur la diagonale de la matrice, on considère alors qu'il représente un risque global moyen ;

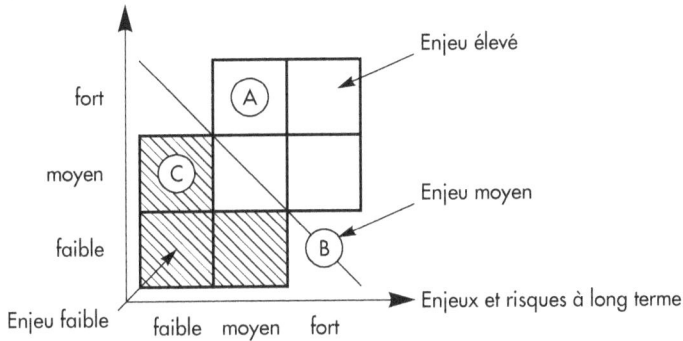

le processus (C) est supposé représenter un faible risque à long terme et un risque moyen à court terme. Au total, se situant au-dessous de la diagonale de la matrice, on admettra que ce processus représente un risque faible ;

à l'inverse, le processus (A) représentant un enjeu moyen à long terme et un enjeu fort à court terme, il se situe au-dessus de la diagonale de la matrice. Il représente donc au total un enjeu élevé.

Exemples d'enjeux stratégiques forts :

la maîtrise des activités relevant du processus constitue ou constituera une barrière concurrentielle ;

la maîtrise des activités relevant du processus implique un savoir-faire spécifique au métier ;

la perte de contrôle du processus entraînerait des pertes financières très importantes ou un préjudice grave et durable.

Exemples d'enjeux stratégiques moyens :

les activités relevant du processus sont proches du métier de l'entreprise mais il existe des exemples où ces activités sont en partie sous-traitées ;

l'avantage concurrentiel procuré par ces activités va disparaître à moyen terme ;

le préjudice causé par la perte de contrôle du processus serait d'abord financier.

Exemples d'enjeux stratégiques faibles :

l'activité et le savoir-faire sont banalisés ;

il existe de nombreux intervenants sur ce marché.

Il ne faut pas oublier, dans cette analyse des enjeux, de tenir compte des coûts induits par le processus ; coûts qui peuvent constituer un élément déterminant des enjeux. Ils sont souvent difficiles à appréhender et dans la plupart des cas à évaluer. Parmi les coûts potentiels induits, on peut citer la perte d'image pour l'entreprise, les conséquences de procès éventuels, le coût de reconquête de la clientèle, la démotivation du personnel confronté à un processus difficile à mettre en œuvre, etc.

La satisfaction du client

La mesure de la satisfaction du client peut être obtenue par différents moyens tels que :

- Une enquête auprès du client. Celle-ci sera d'autant plus significative qu'elle aura été menée par un tiers. En effet, le client aura de la sorte moins de réticence pour donner son opinion et livrer le fond de sa pensée.

- Une gestion performante et une analyse régulière des réclamations des clients. Le nombre de réclamations, pondéré par leur degré d'importance, peut permettre de mesurer la satisfaction du client.

- L'examen du carnet de commandes, relatif à un client donné, peut aussi constituer un élément important d'évaluation de la satisfaction du client ; ceci à condition que l'on tienne bien compte du facteur environnement, une baisse du volume de commandes ne veut pas forcément dire que le client est mécontent de ce qui lui a été fourni.

Toutefois, on sent bien qu'il peut y avoir une part importante de subjectivité dans l'appréciation que l'on a du degré de satisfaction du client. Même si l'on ne recherche pas une grande précision dans l'évaluation du processus, il faut rester prudent et n'utiliser ce critère que lorsqu'il est véritablement essentiel pour l'appréciation du processus étudié, ou lorsque sa mesure est évidente et sans ambiguïté.

Le niveau de qualité

La qualité est définie comme : *« L'aptitude à satisfaire les besoins à l'achat et à l'usage, au meilleur coût, en minimisant les pertes et en faisant mieux que la concurrence*[1]. »

Il s'agit là aussi de classer la qualité du résultat de chaque processus en trois catégories qui seront les catégories standards (par pudeur nous n'utilisons pas dans ce cas le terme faible), moyenne ou élevée.

Trois approches sont couramment utilisées pour effectuer ce travail :

---

1. James Teboul, Éditions d'Organisation, *La dynamique qualité.*

1. À partir de la satisfaction du client interne ou externe, qui consiste à savoir si les exigences contractuelles ou les attentes explicites sont satisfaites mieux que par un concurrent éventuel ;

Pour que cette approche soit efficace, il faut être à même de pouvoir répondre à des questions du type :

- le client dispose-t-il du produit fini dont il a besoin ?
- quels sont les critères qualité du client ?
- quelles évaluations le client fait-il à partir de ses critères qualité ?

2. À partir de ratios de performance observés dans la profession pour le même type d'activité ; il s'agit de positionner l'entreprise par rapport à la concurrence. Les critères d'évaluation sont dans ce cas très dépendants du type d'activité :

- niveau des encours clients, taux de placement des découverts (gestion de trésorerie) ;
- absence de litiges, délais de livraison (logistique) ;
- nombre d'anomalies relevées (fabrication).

3. À partir du positionnement du processus examiné par rapport à un processus analogue mis en œuvre dans sa propre entreprise ou des entreprises situées dans des secteurs d'activité différents.

Dans le principe, cette évaluation devrait dans ce cas résulter d'une opération de benchmarcking. Dans la réalité, l'évaluation du processus ne nécessite pas à ce stade une telle démarche, il faut savoir se contenter de ce qui est connu ou de notoriété publique sans enquête complémentaire.

Le coût

Enfin, le coût du processus sera évalué à partir des coûts directs liés au processus (salaires, bureaux, outils informatiques, etc.), indépendamment des coûts induits par le processus qui eux, comme nous l'avons vu précédemment, sont à considérer en termes d'enjeux.

Pratiquement, pour faire cette évaluation, il est nécessaire d'utiliser des techniques simples et de se baser sur des estimations, en conservant à l'esprit qu'il s'agit avant tout de classer en trois catégories (faible, moyen, élevé), et non pas de connaître, le coût réel du processus.

Une des techniques que l'on peut utiliser, si la détermination du coût présente quelques difficultés, est la règle des cinq M (Main-d'œuvre, Matériel, Méthodes, Matière, Milieu). Cette règle consiste à donner une évaluation de ces cinq postes pour en déduire une évaluation globale. Lorsque cela est possible il faut aussi tenir compte des coûts visibles et mesurables de non-qualité tels que : pénalités de retard, coûts des rebuts, coûts des retouches, coûts des réparations, coûts du reconditionnement, etc.

Par la suite, lorsque les processus prioritaires auront été choisis, cette analyse des coûts du processus devra être faite de façon plus précise car elle conditionnera pour une bonne part les choix qui devront être faits quant à la structure du processus.

Comment fixer les priorités ?

Ayant effectué l'évaluation des différents processus sélectionnés, il s'agit alors de déterminer quels sont les processus prioritaires. Pour cela, nous allons utiliser la même méthode que pour déterminer le niveau de l'enjeu, à savoir un ensemble de matrices facilitant le choix.

Afin d'être aussi concret que possible nous allons, pour expliquer la façon de faire, reprendre l'exemple des trois critères d'évaluation précédents : l'enjeu ou le risque, la qualité et le coût. Nous rappelons que, selon la nature de l'entreprise et le contexte dans lequel elle se trouve d'autres critères pourront être choisis.

Étant donné la difficulté qu'il y a à représenter facilement une matrice à trois dimensions et à positionner des éléments sur cette matrice, nous préconisons l'utilisation de trois matrices à deux dimensions. Il faut noter que la schématisation et son interprétation se compliquent lorsque l'on utilise plus de trois critères d'évaluation. C'est pourquoi, sauf exception justifiée, il est recommandé de se contenter de deux ou trois critères d'évaluation. Dans les cas rares où plus de trois critères sont nécessaires, il est plus simple de pratiquer une itération sur la sélection en considérant successivement des groupes de deux ou trois critères plutôt que de vouloir pratiquer la sélection sur l'ensemble des critères à la fois.

Si l'on en revient à notre exemple d'évaluation d'un processus, nous avions constaté que le processus (A) représentait un risque global élevé (enjeu élevé), tandis que le processus (B) représentait un risque moyen (enjeu moyen) et que le processus (C) représentait un risque faible (enjeu faible). Pour situer ces trois processus en termes de coût et de qualité, il suffit de les placer sur une des trois matrices à deux dimensions représentant chacune un type d'enjeu (élevé, faible, moyen).

Ainsi, comme le montre la figure ci-après :

- Supposons que le coût du processus (A) soit élevé et que son niveau de qualité soit standard, nous le positionnerons en (1). Si son coût est faible et son niveau de qualité standard, nous le positionnerons en (2).

- Si le processus (B) a un coût élevé et un niveau de qualité de service moyen il sera positionné sur la seconde matrice en (3) ou bien en (4) s'il a un coût moyen et un niveau de qualité standard.

- Autre exemple, si le processus (C), représentant un enjeu faible, est d'un coût et d'un niveau de qualité moyens il sera positionné en (6) ou encore en (5) s'il est d'un coût élevé et d'un niveau de qualité fort.

Les processus ayant été positionnés sur les matrices d'évaluation, il s'agit maintenant de décider des priorités de traitement en fonction des objectifs de l'entreprise. Ainsi :

- Si les objectifs prioritaires de l'entreprise sont l'amélioration de la qualité et la diminution des coûts, il faudra d'abord agir sur le processus placé en (1) (enjeu élevé, coût du processus élevé, qualité standard), puis le processus placé en (4). Les autres processus seront traités par la suite.

- Si l'objectif prioritaire de l'entreprise est l'amélioration de la qualité, ce sont les processus placés en (1), (4) et (2) qui devront faire l'objet d'une analyse pour être améliorés.

- Si l'objectif prioritaire de l'entreprise est l'amélioration des coûts de fonctionnement, donc des coûts des processus, ce sera aux processus placés en (1), (3) et (5) qu'il faudra tout d'abord s'intéresser.

Le choix des processus prioritaires

Le classement visera avant tout à choisir les processus prioritaires.

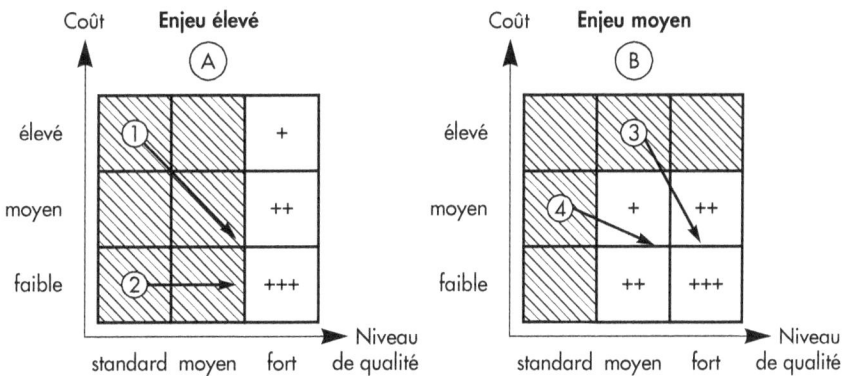

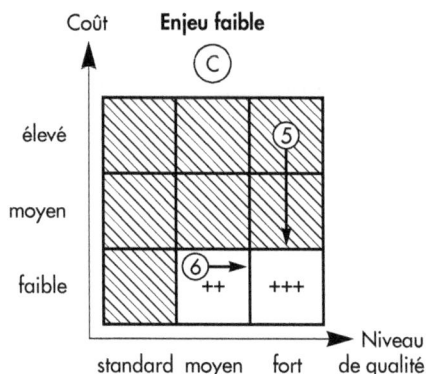

Processus :

① Priorité à l'amélioration de la qualité et à la réduction des coûts.

② Priorité à l'amélioration de la qualité avec accroissement éventuel du coût.

③ et ④ Baisse des coûts et amélioration du niveau de service.

⑤ Réduction du coût avec éventuelle baisse du niveau de service.

⑥ Laisser en l'état.

Les processus qui seront étudiés en priorité devront :

- être ciblés (objectifs, personnel impliqué), pour créer une dynamique d'amélioration avec du personnel motivé et impliqué ;

- être facilement appréhendés et pouvoir servir d'action pilote ;

- permettre la mesure et l'obtention de résultats visibles à court terme.

Leur choix dépendra des objectifs affichés, des priorités et du diagnostic effectué.

Cependant on peut dire, sans trop de risques de se tromper, que lorsque l'enjeu est élevé, l'objectif à poursuivre est d'améliorer la qualité du résultat du processus à coût constant, voire avec une légère augmentation du coût.

Si en revanche l'enjeu est faible, l'objectif est de réduire le coût et l'on pourra admettre dans certains cas une légère réduction du niveau de qualité.

Le choix de priorités permet d'étaler dans le temps l'analyse et l'amélioration des processus. Cependant à terme tous les processus devront être analysés et, le cas échéant, améliorés.

Contrairement à ce que l'on pourrait croire, un processus clé n'est pas obligatoirement prioritaire. Il ne faudrait pas, par exemple, que la recherche d'amélioration conduise à des travaux trop importants qui décourageraient les bonnes volontés.

Coût **Enjeu élevé**

A

élevé

①

moyen

faible ② → +++

Niveau
de qualité

standard moyen fort

Coût **Enjeu moyen**

B

élevé ③

moyen ④

faible +++

Niveau
de qualité

standard moyen fort

Coût **Enjeu faible**

C

élevé ⑤

moyen

faible ⑥ → +++

Niveau
de qualité

standard moyen fort

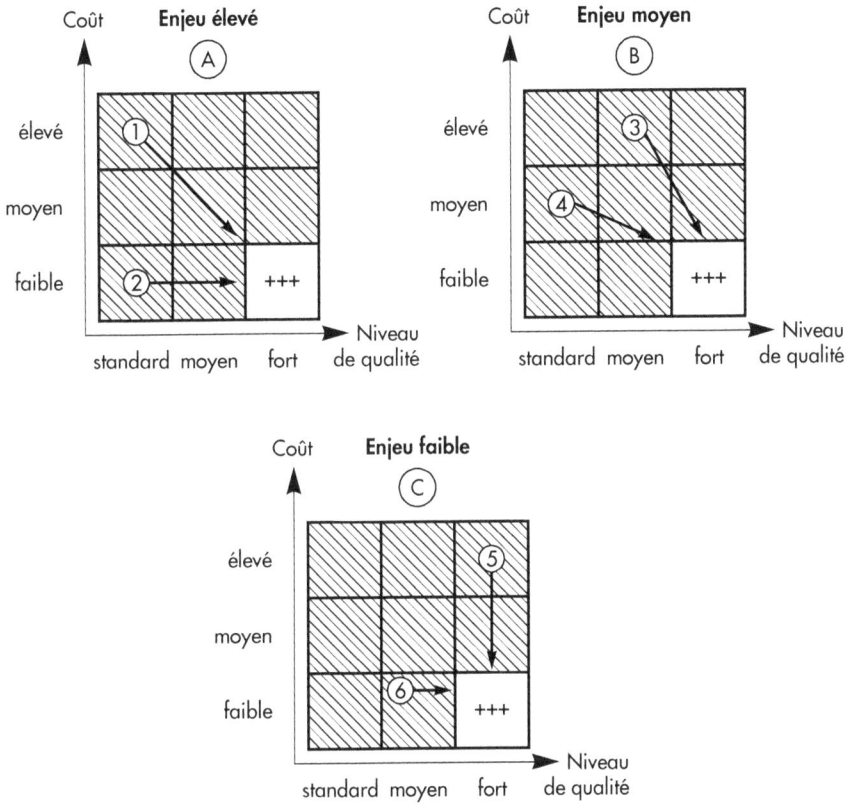

La méthode développée ci-après va consister à effectuer l'analyse détaillée du processus choisi, à rechercher des idées d'amélioration pour toutes les opérations sur lesquelles ont été relevés des dysfonctionnements, à évaluer et sélectionner les améliorations puis à définir les modalités de mise en œuvre et de suivi du processus dans sa nouvelle forme.

LES IDÉES CLÉS

Évaluer les processus

Pour évaluer les processus à optimiser, trois critères sont couramment utilisés :

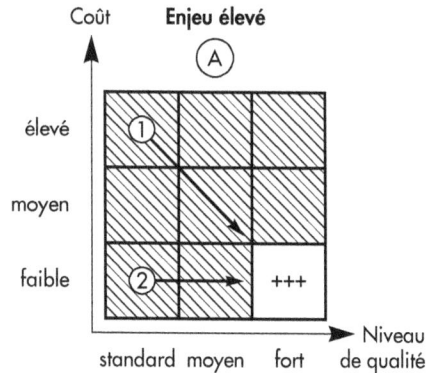

➡ *L'enjeu :* représente le risque si le processus est mal maîtrisé (l'enjeu peut être élevé, moyen ou faible).

➡ *Le niveau de qualité :* se définit comme l'aptitude à satisfaire les besoins à l'achat et à l'usage, au meilleur coût, en minimisant les pertes et en faisant mieux que la concurrence (le niveau de qualité peut être fort, moyen ou standard).

➡ *Le coût :* évalué à partir des coûts directs induits par le processus lui-même : salaires, outil de travail, etc. (le coût peut être élevé, moyen ou faible).

Fixer les priorités

➡ Lorsque l'enjeu est élevé, l'objectif à atteindre pourrait être d'améliorer la qualité du processus en tolérant une légère augmentation du coût. Lorsque l'enjeu est faible, l'objectif pourrait être de réduire le coût en admettant une légère réduction du niveau de qualité.

➡ À terme, tous les processus devront être améliorés.

Chapitre 8

Caractériser le processus choisi

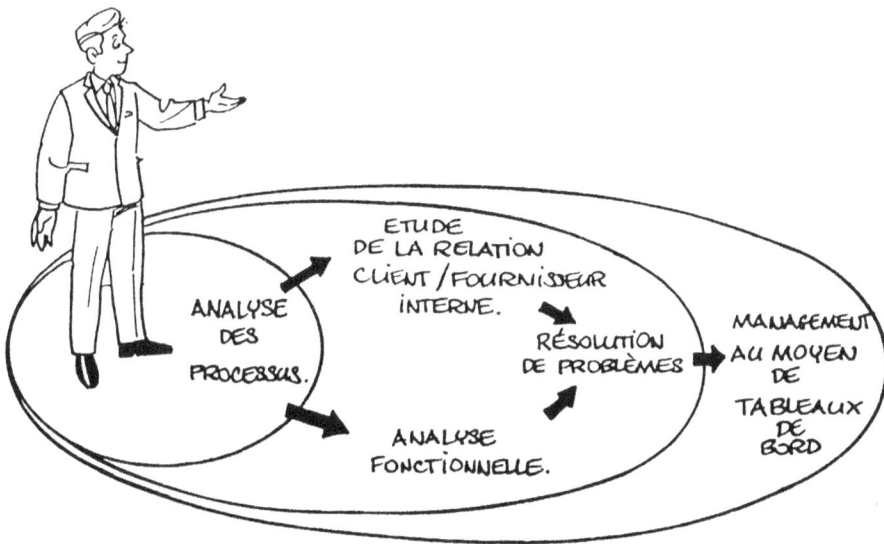

Identifier et décrire un processus

Pour identifier un processus il faut pouvoir le décrire de façon précise. Cette description, pour être complète, doit expliciter deux types d'informations :

- celles qui permettent de délimiter le périmètre d'action et les caractéristiques du processus ainsi que celles liées à « son environnement interne » d'une part ;

- les informations liées à l'environnement externe d'autre part.

Les informations qui permettent de délimiter le périmètre d'action du processus, les caractéristiques intrinsèques du processus, ou encore les données liées à son « environnement interne »

Il s'agit de :

- ses limites en termes de début et de fin. Il arrive souvent que la définition des bornes du processus résulte d'un accord entre les personnes qui auront à l'étudier.

Dans le cas d'un processus de passation des commandes, par exemple, est-ce que les actions qui conduisent à l'établissement de la demande d'achat, émise par un service de l'entreprise, font partie du processus ou bien suppose-t-on que le processus commence à l'arrivée de la demande d'achat chez l'acheteur ? Les deux cas sont possibles il suffit, par convention, d'en choisir un.

- sa dénomination qui doit être suffisamment claire pour qu'il n'y ait aucune ambiguïté quant au sujet et au domaine traités. Il est indispensable que la dénomination soit courte et si possible qu'elle induise les limites du processus.

Une dénomination du type, « processus de qualification et de surveillance des fournisseurs dans le cadre de la fabrication et de la commercialisation d'un nouveau modèle d'automobile », est particulièrement imprécise et couvre un domaine extrêmement vaste. En effet, s'agit-il du processus de mise sur le marché d'un nouveau modèle de voiture automobile et, dans ce cadre, s'agit-il de définir le sous-processus de qualification des fournisseurs dès la phase de conception ? On pourrait aussi imaginer qu'il s'agit du processus de maintien de la qualification des fournisseurs à partir du moment où la chaine de fabrication est lancée.

- la (ou des) finalité(s) du processus. Il s'agit de décrire avec précision le produit et/ou le service résultant de la mise en œuvre du processus.

« La commande et la documentation associées, à savoir la spécification de définition du produit, les conditions administratives d'achat et la prescription concernant la documentation à fournir », constituent une bonne description du produit résultant de la mise en œuvre du processus de passation d'une commande. Par opposition, « les éléments permettant de passer la commande », constitue une expression beaucoup trop vague des finalités du processus.

De la même façon, parler du processus d'emballage dans une entreprise dont le métier principal est l'emballage ne peut pas correspondre à une réalité opérationnelle dans la mesure où chaque type d'emballage correspond à un processus particulier.

- la liste des données d'entrée et de sortie du processus. Là encore, l'analyse des interfaces pourra conduire à faire évoluer cette liste ;
- la liste des actions et des acteurs susceptibles d'intervenir dans le processus, ainsi que de la description des liens entre actions d'une part, et entre actions et acteurs d'autre part. Il va de soi que cette liste évoluera au fur et à mesure que la description du processus se précisera.

Si l'on considère le processus d'établissement et d'émission d'une commande, nous pourrons avoir :

- acteurs : bureau d'études, chargé d'affaires, acheteur, fournisseur, service qualité… ;
- actions : spécifier la fourniture, consulter, choisir, vérifier la commande, émettre la commande, gérer les accusés de réception de la commande...

Les données liées à « l'environnement externe » du processus

- Comment se situe le processus dans son environnement ? Il est important de connaître le ou les processus amont, le ou les processus aval et de décrire les liens entre ces différents processus. Ces informations vont permettre de vérifier que l'identification du processus à étudier est la bonne, en particulier en confirmant les limites du processus.
- Quelle est la liste des contraintes et des évolutions prévisibles de l'environnement de l'entreprise, en explicitant leur impact sur le processus ? On trouvera par exemple dans une telle liste :
  - réglementation/renforcement des contraintes réglementaires en matière de pollution notamment ;
  - loi informatique et liberté/extension du champ d'application de la loi.

Définition du périmètre et de l'environnement du processus

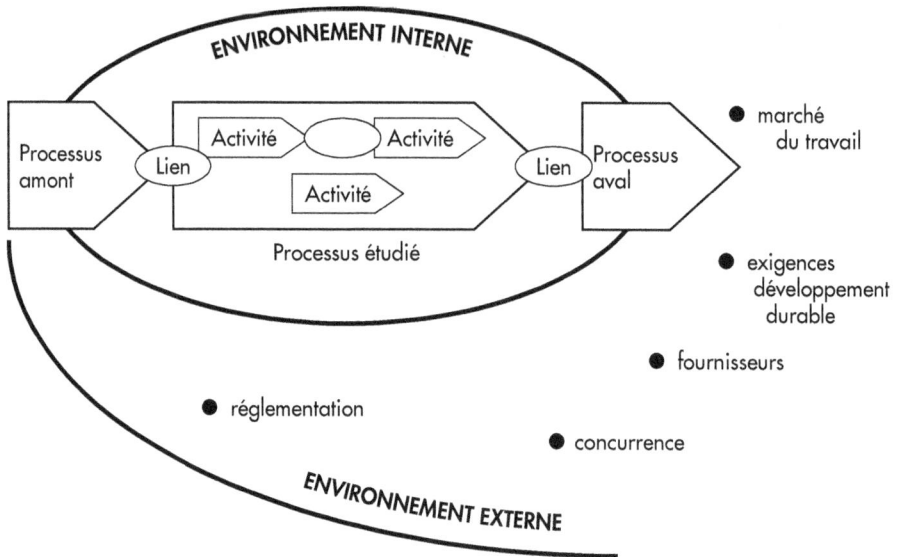

Définir les ressources

Pour exercer pleinement son activité une personne doit être mise dans des conditions favorables à l'exercice de cette activité. Cela suppose donc que la définition d'une activité soit accompagnée d'une définition des ressources nécessaires à sa réalisation telles que des ressources matérielles ou financières et dans tous les cas des ressources informationnelles (données) et humaines (compétences).

Les données

Des données sont produites et utilisées, à chaque étape de l'élaboration et de l'évolution d'un produit, dans le cadre de son processus de réalisation, mais aussi des processus support ou de management associés. Il ne peut à l'évidence pas y avoir de maîtrise des processus sans une parfaite maîtrise des flux d'informations et plus précisément de données qui représentent l'essence même du fonctionnement des processus.

Il ne suffit donc pas de décrire l'enchaînement des tâches, il faut aussi, et c'est parfois le plus important, s'assurer que chacun dispose bien des données dont il a besoin pour effectuer une tâche et que les données résultant de la tâche sont bien celles qui sont attendues en aval.

Maîtriser le cycle de vie des données

Une même donnée peut évoluer au cours du déroulement d'un processus. Il faut donc pouvoir distinguer son état de maturité tout au long de son cycle de vie et lui affecter un certain nombre d'attributs pour préciser par exemple l'utilisation que l'on veut ou l'on peut en faire en fonction de son niveau de maturité.

Pour qu'un processus puisse être efficace, il est donc impératif de déterminer pour chaque tâche les données à produire, sur quels supports, et avec quels attributs (état de maturité, applicabilité, conditions d'utilisation…).

Assurer la maîtrise des données

Enchaîner des tâches et les évaluer n'a aucun sens si l'on ne tient pas compte des données qui font que la tâche est réalisable et des données qui permettent de s'assurer que la tâche a bien une valeur ajoutée dans le déroulement du processus.

Pour assurer cette maîtrise des données, l'organisme doit disposer d'une description aussi précise que possible de ses processus pour déterminer qui fait quoi, qui a besoin de quoi, dans quelles conditions et à quel moment.

C'est lors de l'analyse initiale des processus de l'organisme que sont déterminés, pour chacune des tâches constituant un processus, les « fournisseurs » de données d'entrée (données qui vont permettre de réaliser la tâche) et les « utilisateurs » de données de sortie (données résultant de la tâche). Mais la maîtrise des données doit aussi s'inscrire dans le cadre d'une démarche d'amélioration permanente de la qualité des processus et de leurs produits. En effet chaque évolution de tâche, de méthode ou d'outil permettant de réaliser la tâche est susceptible de modifier les données correspondantes. Tout changement doit être l'occasion de s'assurer de la valeur ajoutée des données dans le nouveau contexte ainsi créé.

Pouvoir communiquer la bonne donnée à la personne concernée au bon moment et en toute sécurité est un des objectifs principaux de la qualité. Ceci nécessite entre autres :

- de connaître et de retrouver facilement le support de référence pour une donnée, ce qui suppose que l'on ait établi un lien entre donnée et support et que l'on dispose de l'exhaustivité des données et de leurs supports ;
- de définir et mettre en œuvre des procédures pour maîtriser la création et les évolutions des données comme de leurs supports, et de conserver la trace de ces évolutions ;
- de pouvoir démontrer, en particulier aux clients, l'efficacité de la gestion des données associées à un produit ou un service et bien sûr de veiller à ce que cette gestion se fasse au moindre coût ;

- de disposer de moyens de transmission fiables de façon à véhiculer les données de l'émetteur vers le destinataire sans détérioration et sans risque de détournement ;
- d'assurer la pérennité des moyens (méthodes et outils) de gestion des données.

Garantir une information exhaustive

La garantie d'exhaustivité ne pourra être obtenue que moyennant la définition de règles bien précises concernant l'identification, la validité et l'applicabilité des données, l'attribution de responsabilité quant à la gestion, au classement et à la mise en archives de ces données mais aussi la mise en place d'une organisation appropriée.

Maîtriser la traçabilité

La traçabilité constitue un des principes de base de l'assurance de la qualité. Cette exigence a deux objectifs :

- le premier est celui de la reproductibilité d'une opération. Il ne suffit pas d'avoir réalisé correctement cette opération une fois, encore faut-il se donner les moyens de renouveler l'opération dans les meilleures conditions de qualité ;
- le second vise à pouvoir remonter aux causes d'un dysfonctionnement, d'un défaut ou d'une anomalie.

On conçoit aisément qu'il ne peut y avoir de traçabilité sans la définition et la mise en œuvre d'un bon système d'identification et de gestion de la donnée et/ou de son support. Contrairement à ce que nombre de personnes s'imaginent, la définition d'un système d'identification et de gestion des données et de leurs supports doit répondre à des règles précises. Ceux qui pensent que la définition d'une codification, d'un mode de classement, de règles d'approbation... est à la portée du premier venu se trompent lourdement et peuvent, s'ils n'y prennent pas garde, entraîner l'organisme dans une aventure qui lui coûtera cher.

Mettre à disposition des données fiables

La fiabilité des données est une condition *sine qua non* du bon fonctionnement d'un processus. Il ne suffit pas de diffuser une donnée pour qu'elle soit utilisable par celui qui la reçoit. Il est indispensable d'associer à cette donnée toutes les informations qui vont permettre au destinataire de connaître les conditions dans lesquelles il peut utiliser cette donnée. Des règles doivent être établies pour caractériser le degré de fiabilité de la donnée. Cela fait déjà bien longtemps que ce type de règles existe dans les bureaux d'études où l'on associe à un document un attribut qui définit les conditions de son utilisation (par exemple : PRE pour un document préliminaire, BPE : bon pour exécution ou BPC : bon pour commande).

Mais la fiabilité des données doit être confirmée dans bien des cas par la vérification de la cohérence de plusieurs données. Pour s'assurer de cette cohérence, il y a lieu de définir des méthodes de vérification et dans les cas les plus complexes il faudra faire appel à la gestion de configuration.

Il faut donc s'efforcer, à l'occasion de la description d'un processus, de préciser dans quelles conditions les données résultant d'une tâche doivent être mises à disposition des utilisateurs potentiels.

Permettre une transmission sélective

Quels que soient le moyen et la méthode utilisés pour transmettre des données, il faut tenir compte d'un principe essentiel : la diffusion des données doit être pertinente. Trop d'information tue l'information, et le manque d'information est un facteur de risque important.

Fournir des données à une personne qui n'en a pas l'utilité peut être aussi grave, sinon plus, que d'omettre de fournir une donnée à quelqu'un qui en a besoin. Dans le second cas, il y a de fortes chances pour que la donnée soit réclamée, alors que dans le premier cas de figure il y a le risque qu'une donnée soit utilisée à mauvais escient.

Lors de la description des processus, une attention toute particulière doit être apportée à la diffusion des informations en veillant à éliminer les diffusions dont l'utilité n'est pas totalement prouvée.

Assurer la pérennité des informations

Voilà un sujet qui ne devrait pas nécessiter de longs développements puisque tout le monde sait ce qu'est un archivage, comment il est constitué et comment il doit être géré. Comment se fait-il alors que classements et archivages sont synonymes de problèmes dans les entreprises ? Rares sont les sujets pour lesquels autant d'arguments (on devrait dire excuses) ont été développés pour justifier les archivages défaillants.

Il faut en la matière tenir compte de deux éléments :
- la mise en archives des documents et la conservation des données ont un coût qui en général n'est pas négligeable. Tout doit donc être fait pour que ce coût soit le plus faible possible. Cela passe par la définition de ce qui doit être conservé en précisant le pourquoi (obligation légale, savoir-faire, obligation con-

tractuelle…), le comment (sous quelle forme, où, combien de temps…), le quand (à quel moment faut-il mettre en archives le document ou la donnée) et le qui (la responsabilité de mise en archives peut être différente de la responsabilité d'émission) ;

▸ les règles de destruction doivent être définies dès le départ faute de quoi les tris *a posteriori* risquent de conduire à des difficultés qui se traduisent en général par des erreurs et dans tous les cas par des coûts excessifs.

Quelles que soient les obligations d'un organisme, il n'aura aucune difficulté à trouver les règles adaptées à ses besoins. Ces règles existent et ont pour la plupart été largement appliquées et évaluées. En revanche, il appartient à l'organisme de choisir le type de support (papier, électronique…) sur lequel les données seront archivées.

La mise en archives est trop souvent négligée, elle doit être définie et prise en compte lors de l'analyse des processus. C'est l'occasion idéale pour s'assurer que toutes les dispositions ont été prises pour que cette mise en archives se déroule dans les meilleures conditions possibles.

Les compétences

Il arrive encore souvent que l'on enferme les salariés dans des postes strictement définis par des descriptions de fonctions qui ne prennent pas en compte la totalité des compétences du salarié, et qui ont tendance à brider la créativité et l'innovation.

Avec l'évolution des méthodes de management des connaissances (Knowledge Management : KM) et des incitations réglementaires ou normatives telles que celles des normes ISO de management de la qualité, nous entrons dans un système économique où la gestion des ressources humaines et tout particulièrement des compétences contribue fortement à la création de valeur. Grâce à la maîtrise des compétences, on va chercher à faire plus et mieux avec moins de ressource.

Compétences et activités d'un processus

La description d'un processus de gestion des compétences n'est pas forcément indispensable. En revanche, il n'est pas possible d'ignorer la dimension compétences lors de l'analyse d'un processus quel qu'il soit.

En effet, l'analyse des processus consiste, entre autres, à s'assurer que dans l'enchaînement des tâches constituant le processus, on a la compétence appropriée pour effectuer chaque tâche. Cela peut paraître assez simple à première vue, mais dans la réalité l'optimisation du couple compétences/tâches se révèle être assez complexe pour au moins deux raisons :

- l'expérience montre qu'une suite de tâches optimisées ne correspond pas forcément à un processus optimisé. Il arrive en effet assez souvent qu'il vaille mieux ne pas optimiser certaines tâches, et parfois même les dégrader, pour améliorer l'efficacité globale du processus. Il vaut mieux, dans ce contexte, éviter de faire appel à des compétences sous-employées ;

- la maîtrise des compétences exprimées, c'est-à-dire des compétences résultant d'une formation ou d'une expérience ne présente pas de difficulté majeure. Il n'en est plus de même des compétences non exprimées qui résultent, pour une part du savoir-faire, mais aussi pour une part importante de la capacité d'innovation et de créativité.

L'analyse des interfaces, en faisant appel à des méthodes telles que la relation client/fournisseur interne (RCFI), contribue à mieux définir les compétences nécessaires à la réalisation des activités concernées.

Le management des compétences

Ce sujet est dans bien des cas crucial, au point que certaines entreprises sont conduites à définir un processus de management des compétences ou encore un processus que l'on pourrait appeler « processus de *mobilisation* du personnel ».

L'entreprise doit aujourd'hui être en mesure d'évoluer rapidement. Gérer les compétences, c'est se donner les moyens de disposer, en un lieu donné et au bon moment, du personnel ayant les meilleures compétences possibles pour répondre aux besoins d'un client.

La définition de ce type de processus se révèle indispensable lorsque la compétence revêt un caractère stratégique pour l'entreprise.

Compétences et organisation

La dimension organisationnelle doit favoriser le développement des compétences. La question se pose de savoir quel est le type d'organisation le mieux adapté au bon fonctionnement des processus. Faut-il que l'organisme soit totalement organisé « en processus » en faisant disparaître l'organisation classique par métiers ? Ou, à l'inverse, ne pas mettre en place une organisation processus ? Comme toujours la vérité se situera entre ces deux positions extrêmes.

L'organisation métier, quelle que soit l'organisation en processus mise en place, reste tout à fait indispensable car elle offre un cadre au développement des compétences collectives pour un métier donné. Et ce sont bien des personnes compétentes dans leur métier qui auront à prendre en charge les activités qui composent un processus.

Ce sujet est l'objet d'un débat qui n'est pas prêt de se terminer car il ne peut exister une seule solution, il appartient à chaque organisme de définir le modèle organisationnel qui est le mieux adapté à ses besoins.

Ressources matérielles, financières et logicielles

Nous parlons ici des ressources supplémentaires spécifiques à la mise sous contrôle du processus, c'est-à-dire celles qu'il faudrait rajouter par rapport aux moyens déjà mis en place pour l'exécution proprement dite de toutes les actions nécessaires au bon fonctionnement du processus.

D'une manière générale, ces ressources supplémentaires s'avèrent limitées, on peut citer par exemple :

- Les ressources matérielles :
  - dispositifs de contrôle et de mesure ;
  - matériel de communication ;
  - moyens audiovisuels ;
  - dispositifs afférents à la maîtrise statistique des biens et services produits par le processus ;
  - matériel pédagogique.
- Les ressources financières :
  - budget d'investissement ;
  - moyens de sous-traitance.
- Les ressources logiciel :
  - logiciel de représentation des processus ;
  - logiciel de workflow ;
  - logiciels afférents aux ressources matérielles et financières.

Cela dit, comment déterminer ces ressources en adéquation avec les besoins ?

Sans éliminer la possibilité d'adjonction de ressources au cas par cas en fonction des constats liés à la vie du processus, il est préférable de procéder méthodiquement suivant un schéma similaire à celui donné précédemment pour les données :

- définition des ressources nécessaires pour chaque tâche ;
- consolidation au niveau du processus pour assurer l'exhaustivité de la couverture des besoins et l'absence de redondances non souhaitées ;
- consolidation *in fine* pour l'ensemble des processus en vue notamment d'éviter des doublons ;
- validation des ressources et ajustements éventuels dans le cadre de l'amélioration continue.

LES IDÉES CLÉS

L'analyse des processus est un moyen pour assurer :

→ *La maîtrise des données*

Il ne peut pas y avoir de maîtrise des processus sans une parfaite maîtrise des flux de données qui caractérisent le fonctionnement des processus. Enchaîner des tâches et les évaluer n'a de sens que si l'on maîtrise les données qui font que la tâche est réalisable dans de bonnes conditions.

→ *La maîtrise des compétences*

Pour la réalisation d'une tâche, une compétence non adaptée au besoin (trop ou pas assez de compétences) a des conséquences sur l'efficacité du processus.

→ *La maîtrise des ressources matérielles et logicielles*

L'adéquation des moyens aux besoins est nécessaire pour faire en sorte que le processus soit efficace.

Décrire le déroulement du processus

Arrivé à ce point du déroulement de la méthode, on doit déjà être à même de décrire les principaux dysfonctionnements perçus. En effet, au cours des réflexions, voire des discussions qui ont permis d'identifier le processus, certains dysfonctionnements ont probablement été cités pour venir en appui d'une explication ou d'une démonstration. Sans entrer dans les détails, on a tout intérêt à lister ces dysfonctionnements car cela peut contribuer à confirmer ou préciser la définition du processus.

Il faut alors s'assurer que l'on dispose bien de l'essentiel des informations descriptives du processus en se posant quelques questions complémentaires :

» Y a-t-il interaction entre les acteurs et les actions listées ? En d'autres termes, y a-t-il des acteurs auxquels aucune action n'est associée ? A-t-on listé des actions sans que l'on puisse dire par qui elles sont prises en charge ? Si la réponse à l'une de ces deux dernières questions est positive, il faut procéder à une vérification auprès des principaux intéressés avant d'éliminer de la définition du processus les acteurs et/ou les actions qui sont dans ce cas.

» Le domaine d'application du processus a-t-il été explicité ? Y a-t-il des conditions spécifiques de mise en œuvre liées au domaine d'application ? Cette question permet de confirmer qu'il s'agit bien d'un processus du domaine que l'on a décidé d'analyser.

» Doit-on faire disparaître certains dysfonctionnements et ainsi améliorer globalement le fonctionnement du processus ? Ou bien peut-on dire dès cette phase qu'il y a lieu de redéfinir le processus ? Tout en étant conscient que la réponse à cette question peut ne pas être évidente à ce stade, il est indispensable de se la poser car elle va conditionner le choix de la méthode à utiliser (degrés de finesse), et par conséquent les moyens à mettre en œuvre pour analyser et améliorer le processus.

Il faut maintenant se doter d'une représentation graphique du processus qui va permettre d'examiner son déroulement sur des données objectives. Nous recommandons à ce stade de bâtir un logigramme (voir 3e partie « les outils pour améliorer les processus »).

Au bout de cette première étape, nous sommes maintenant censés disposer de toutes les données amont indispensables à l'analyse du processus. Cette analyse fait l'objet de l'étape suivante de la méthode.

Il est alors temps, avant d'aller plus loin et pour éviter de se lancer dans des études coûteuses dont le retour sur investissement ne serait pas assuré, de procéder à :

» l'évaluation de la charge globale de l'étude.

Il peut s'avérer que la charge nécessaire pour l'étude et l'amélioration d'un processus soit relativement élevée. Elle peut alors être répartie dans le temps en décomposant le processus en sous-processus jusqu'au niveau souhaité et en étudiant, dans un premier temps séparément, ces sous-processus. L'étude complète demandera alors plus de temps mais cette façon de procéder présente l'avantage d'aboutir rapidement à de premiers résultats.

Ainsi le processus « Réaliser des affaires process et ingénierie » du cas Air Fan peut être décomposé en sous-processus de la façon suivante :

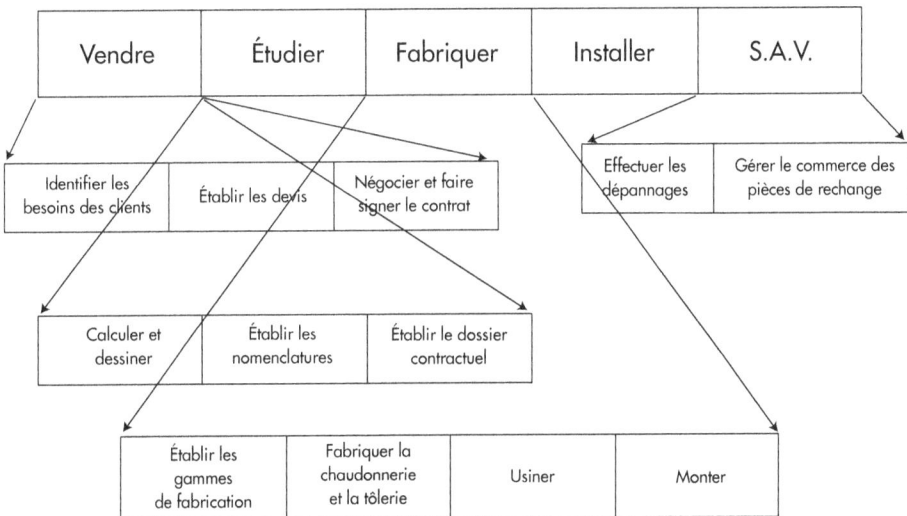

- la définition du calendrier et des charges (préciser les dates clé, les points d'avancement...) ;
- la constitution de la structure de pilotage de l'étude (groupe de travail, intervenants...), sachant que dans beaucoup de cas la constitution d'un groupe de travail ne se justifie pas.

Nous verrons par la suite que la maîtrise des processus nécessite la désignation d'un responsable du processus qui assurera une veille quant à son évolution. Il est souhaitable que cette désignation intervienne dès le début de l'analyse du processus.

Exemples

EKOCAS

La société Ekocas, société pétrolière d'exploitation, a décidé d'examiner le fonctionnement de son ingénierie à travers les services qu'elle peut apporter à ses centres d'exploitation, et tout particulièrement à ses plates-formes en mer.

Un incident survenu récemment sur la plate-forme Alpha 3 est l'occasion rêvée de traiter ce problème sur un exemple concret.

Dans la nuit du 23 décembre, l'équipe de quart constate une fuite sur une pompe du circuit principal de l'unité d'extraction n° 2. Après quelques heures de recherche des documents techniques permettant d'engager une opération de réparation, il s'avère que la plate-forme ne dispose pas des éléments techniques suffisants pour effectuer cette réparation en toute sécurité, éléments en possession du service central de documentation qui gère la configuration à Paris. L'unité correspondante est alors isolée, et différentes actions sont engagées. Il s'agit :

- d'informer le ministère de l'Environnement norvégien ;
- de demander à la direction générale d'envoyer un expert pour effectuer une expertise et établir un rapport de diagnostic et de recommandation ;
- de mettre au courant des éventuels glissements de délai dans la production le service planification à Paris ;
- de veiller à ce que, à travers le service commercial, nos clients soient informés, le cas échéant, des retards de livraison qui pourraient s'ensuivre.

L'expert, arrivé le 25 décembre, diagnostique une avarie de la pompe due à un problème de conception.

Sur les bases des conclusions de l'expert, le chef de la plate-forme demande l'ouverture d'une instruction de modification. Pour ce faire, il établit un dossier de demande d'instruction de la modification (DDI) comprenant :

- la fiche de demande d'instruction ;
- le constat de l'incident ;
- les plans de l'installation ;
- les incidences sur l'environnement.
- ainsi qu'une note (N) pour en informer le projet Alpha 3.

Le dossier de demande d'instruction de modification est envoyé à la commission des modifications qui se réunit une fois par mois.

Cette commission est composée de la manière suivante : cellules techniques (pompes, circuit), sûreté, projet, représentant de la plate-forme, secrétariat.

Selon la procédure en place, celle-ci doit statuer et décider de la suite à donner. Si cette suite est positive, la commission désigne un pilote de la modification et lui remet le dossier d'instruction (DI). En cas d'avis défavorable de la commission, l'instruction de la modification est annulée, et le chef de plate-forme averti de cette décision par une note d'information (N).

Au cours de la réunion de cette commission qui s'est tenue le 4 janvier, le chef de projet Alpha 3 fait valoir l'urgence qu'il y a à procéder à l'instruction dans des délais très courts. Ces propositions sont retenues malgré les réticences de l'ingénieur de sûreté. La date du 15 mai est arrêtée pour la remise en marche de l'unité d'extraction n° 2.

Un pilote est alors désigné, à qui la commission remet, le jour où elle donne son avis favorable, le dossier d'instruction de la modification (DI) et le délai maximum d'instruction à ne pas dépasser (3 semaines).

Aussitôt, le pilote enclenche l'instruction. Il prend contact avec le chef de plate-forme afin d'obtenir les informations (I) suivantes :

- une confirmation sur la liste des plans en configuration ;
- le planning de la production ;
- les éléments (noms, compétences) sur le personnel susceptible de réaliser l'intervention ;
- les conditions d'accès et de logement des équipes d'intervention.

Puis, le pilote, après avoir consulté les quatre cellules concernées (pompes, circuit, sûreté, achat) et transmis à celles-ci, 3 jours maximum après avis favorable de la commission :

- la partie du dossier d'instruction propre à leurs activités (DI 1, DI 2, DI 3, DI 4),
- une fiche d'instruction (FI),
- un délai de réponse (2 semaines)

est chargé d'obtenir, de la part de ces cellules, un dossier (D1, D2, D3, D4) couvert d'une fiche d'évaluation (FE) comprenant :

- la solution technique,
- l'évaluation coût/délai des prestations

ceci au plus tard 15 jours après qu'elles ont reçu le dossier d'instruction, soit avant le 21 janvier, date à laquelle il devra commencer à établir la synthèse (Sy) de ces différents dossiers, de façon à ce que la commission ait en main, 3 semaines maximum après avoir donné un avis favorable, soit pour sa réunion du 2 février :

- les éléments de décision concernant les aspects techniques, sûreté, coûts, délais, sous forme d'une note de synthèse ;
- une proposition de mise en œuvre sous forme d'une fiche de modification.

Grâce à l'efficacité du pilote et malgré les difficultés rencontrées pour obtenir les éléments des cellules concernées, la commission a statué sur ce cas le 2 février et donné un avis favorable.

Dans le cas contraire (avis défavorable), le pilote aurait été :

- soit chargé de réintégrer au dossier les éléments complémentaires que devaient lui livrer les cellules concernées ;
- soit chargé d'avertir le chef de plate-forme et les cellules concernées, par une note d'information (N), que la demande de modification était refusée.

La décision d'engager la modification est transmise le jour même au chef de projet. Celui-ci reçoit, de la commission des modifications, le dossier de la modification (DM) instruit comprenant :

- spécification de besoin,
- spécification de travaux,
- cahier des charges fonctionnel,
- synthèse technique,
- évaluation des coûts,
- évaluation du temps de réalisation,

et du pilote les informations (Ip) suivantes :

- éléments (noms, compétences) sur le personnel susceptible de réaliser l'intervention,
- conditions d'accès et de logement des équipes d'intervention.

Le chef de projet notifie la modification aux cellules concernées (circuit, pompes, sûreté, achat, ainsi qu'aux cellules travaux) sous forme d'une fiche de notification (FN), au plus tard 15 jours après réception du dossier de la modification instruit. Il avertit de cette notification, par une note d'information (N), le pilote et le chef de plate-forme.

De plus, le projet Alpha 3 informe, par une note en diffusion à toutes les plates-formes similaires, de la modification qui sera effectuée sur sa plate-forme.

Le service travaux, ayant reçu cette notification le 15 février, enclenche immédiatement toutes les opérations de mise en œuvre en spécifiant à chaque cellule technique (pompes, circuit), les conditions d'études de réalisation de la modification.

Les équipements visés (pompes, vannes et supports) ayant récemment fait l'objet d'un appel d'offres, les approvisionnements nécessaires ont pu être très rapidement négociés.

Le service qualité a cependant fait valoir que l'agrément (acceptation) du fournisseur ne pourra être validé qu'à la suite d'un complément d'audit.

La désignation du chef de chantier s'est trouvée compliquée par les nombreuses commandes obtenues en Chine qui ont mobilisé une grande partie des forces vives des départements montage et essais de la division ingénierie.

Le service du personnel s'est chargé de constituer une équipe de chantier en faisant appel à du personnel de la division Afrique. Une formation en immersion totale d'une semaine a été nécessaire pour que ces personnes puissent dialoguer en anglais avec l'encadrement norvégien de l'équipe plate-forme.

Le 20 avril, l'équipe chantier ainsi constituée a pu entreprendre les travaux de modification, après avoir installé un matériel informatique sophistiqué leur permettant d'accéder en temps réel à la base de données techniques installée à Paris.

Le 15 mai, la modification étant terminée, le circuit est essayé et l'unité d'extraction n° 2 d'Alpha 3 remise en service.

Le 15 novembre, le projet reçoit une lettre du client qui s'étonne très vivement de n'avoir toujours pas reçu de facture concernant la modification effectuée par Ekocas sur sa plate-forme Alpha 3.

Toujours à l'écoute de ses clients, et convaincue par la démarche qualité totale, la société Ekocas décide de lancer une étude dans l'optique d'optimiser le processus de facturation. Un groupe de travail est constitué. Après une séance de remue-méninges, le groupe de travail a réussi à décrire peu à peu le processus de manière détaillée et en a fait une représentation sous forme de logigramme.

Liste des processus du cas Ekocas

À la lecture du texte de ce cas, on peut identifier sept processus qui sont les suivants :

- le processus de transmission de l'information aux entités concernées, dans le cadre de l'affaire ;
- le processus d'analyse de l'incident ;
- le processus d'instruction de la modification ;
- le processus d'information des autres projets ;
- le processus de réalisation de la modification ;
- le processus de remise en service ;
- le processus de facturation.

Identification et description du processus d'instruction d'une modification

Si nous nous intéressons plus particulièrement au processus d'instruction de la modification, il nous faut alors :

- déterminer son début → établissement du dossier de demande d'instruction ;
- déterminer sa fin → réception de la notification par le pilote et le chef de plate-forme ;
- préciser quel est le produit du processus → notification de mise en œuvre ou décision d'abandon ;
- rechercher les acteurs du processus → le chef de plate-forme, le pilote, la commission des modifications, les deux cellules techniques circuit et pompes, la cellule sûreté, la cellule achat, le chef de projet Alpha 3 ;
- établir la liste des actions qui s'enchaînent pour constituer le processus → établissement de la demande d'instruction, réunion de la commission, désignation d'un pilote et définition de sa mission, diffusion du dossier d'instruction, enclenchement de l'instruction, instruction par les cellules, établissement de la synthèse, réunion de la commission pour statuer, information du chef de plate-forme et des cellules concernées en cas d'avis défavorable de la commission, notification de la modification, information du pilote et du chef de plate-forme de la notification faite. Il faut noter que nous avons choisi de considérer la réunion de la commission comme une

action, nous aurions pu au contraire considérer que l'action, pour ce qui concerne la commission, était le fait de « choisir et décider ». Nous avons choisi la simplification pour ne pas avoir à prendre en compte, au moins dans un premier temps des sous-processus correspondant aux différentes possibilités de choix ;

▶ recenser la liste des données d'entrée et des données de sortie du processus :

- dossier de demande d'instruction (DDI) de modification comprenant : la fiche de demande d'instruction, le constat de l'incident, les plans de l'installation, les incidences sur l'environnement ;

- note d'information (n) ;

- dossier d'instruction (DI) de la modification ;

- informations (I) suivantes : confirmation sur la liste des plans en configuration, planning de la production, éléments (noms, compétences) sur le personnel susceptible de réaliser l'intervention, conditions d'accès et de logement des équipes d'intervention ;

- fiche d'instruction (FI) remise aux cellules ;

- dossiers (D) remis par les cellules ;

- fiche d'évaluation (FE) ;

- synthèse (SY) établie par le pilote, comprenant : les éléments de décision concernant les aspects techniques, sûreté, coûts, délais, sous forme d'une note de synthèse, une proposition de mise en œuvre sous forme d'une fiche de modification ;

- dossier de la modification (DM) instruite comprenant : les spécifications de besoin, les spécifications de travaux, le cahier des charges fonctionnel, la synthèse technique, les évaluations des coûts, les évaluations des temps de réalisation ;

- informations du pilote (Ip) ;

- fiche de notification (FN).

Le logigramme correspondant figure au chapitre 13.

Étudions un autre exemple choisi dans un tout autre domaine.

CLINIQUE DES LORGNETTES

La clinique des Lorgnettes située à Saint-Amant-les-Oies peut accueillir jusqu'à 30 patients en chambres individuelles ou à deux lits. Elle comporte un bloc opératoire avec deux salles d'opération, un service de radiologie, un service de cardiologie et un service d'urgences. La gestion de la clinique est assurée par le service administratif. Les analyses prescrites par les praticiens qui exercent dans la clinique sont effectuées par un laboratoire extérieur.

Le 15 août, monsieur Dufoix se rend à la clinique pour se faire examiner. Depuis plusieurs jours, il a une douleur persistante au dos. En arrivant à la clinique, il passe tout d'abord au service des admissions qui lui fait remplir une fiche d'admission, et lui fixe un rendez-vous avec le praticien spécialiste, un rhumatologue en l'occurrence.

Le service des admissions transmet le dossier médical au praticien, et la fiche d'admission au service administratif.

Le jour du rendez-vous, monsieur Dufoix se rend à la consultation du praticien ; celui-ci lui prescrit des analyses ainsi qu'un examen radiologique. Ce dernier examen n'est en général pratiqué que lorsque cela se révèle être absolument indispensable. Muni de son ordonnance radio, monsieur Dufoix se rend au service radiologie qui prend les clichés radio, et les développe. Le service radiologie transmet les clichés développés au praticien et établit une fiche radio qu'il envoie au service administratif.

Le lendemain, monsieur Dufoix, muni de la liste des analyses à effectuer, se rend dans un laboratoire extérieur pour faire faire les analyses qui lui ont été prescrites. C'est le service administratif qui reçoit les résultats et la facture du laboratoire et qui transmet les résultats des analyses au praticien. Il envoie un chèque au laboratoire extérieur en règlement de la facture.

Au vu des résultats d'analyse, et des clichés radio, le praticien décide de la nécessité ou pas d'une intervention chirurgicale et en donne, le cas échéant, une description au bloc opératoire.

Le bloc opératoire fixe la date de l'intervention et la communique au praticien. Le jour prévu, le bloc opératoire effectue l'anesthésie du patient. Le praticien réalise l'intervention chirurgicale. Le bloc opératoire réanime le patient et, l'opération étant terminée, transmet la fiche d'opération au service administratif.

Le praticien examine chaque jour le patient. Lorsqu'il le juge possible, il délivre une autorisation de sortie au patient. Ce dernier repasse alors aux admissions où il remet l'autorisation de sortie après l'avoir visée.

Les admissions transmettent l'autorisation de sortie visée au service administratif. Ce dernier établit les factures pour la Sécurité sociale et la mutuelle du patient. De la sorte, monsieur Dufoix n'aura pas eu à payer directement le prix de son intervention.

Si monsieur Dufoix est satisfait des services rendus par la clinique, un certain nombre de plaintes ont été déposées par des patients après leur séjour à la clinique en vue de subir une opération.

Des patients se sont plaints de ne pas avoir été suivis quotidiennement par le chirurgien après leur opération. D'autres ont signalé que leurs pansements n'avaient pas été régulièrement renouvelés. Il semblerait aussi que les médicaments administrés à certains patients aient provoqué des malaises, une erreur de médication pourrait en être l'origine.

D'autres inconvénients ont été ressentis par des patients : praticien non disponible au rendez-vous fixé, renouvellement d'examens radiologiques déjà pratiqués, convocation pour des examens supplémentaires oubliés initialement, report de date d'opération sans aucune justification.

De leur côté, les praticiens ont aussi quelques raisons de se plaindre : des rendez-vous ont été pris pour eux sans qu'ils en soient avisés ; ils ont reçu des dossiers médicaux incomplets ou plusieurs jours après avoir examiné leur patient ; le service radiologie leur a transmis des radios floues donc non interprétables et parfois ne correspondant pas à leur demande ; de nombreux résultats d'analyses leur sont parvenus hors des délais requis.

Le laboratoire extérieur, critiqué pour ses délais de transmission des résultats d'analyse, jugés trop longs, s'est plaint quant à lui de recevoir des ordonnances souvent illisibles.

La Sécurité sociale, qui a constaté que la durée moyenne d'hospitalisation dans la clinique des Lorgnettes était de huit jours pour une moyenne nationale de six jours, a demandé des explications au directeur de la clinique. Ce dernier a rencontré les responsables des différents services ; aucun d'entre eux n'a pu lui apporter une réponse satisfaisante, mais chacun en a profité pour exprimer ses propres insatisfactions, à savoir :

▶ L'administration se plaint de recevoir des résultats d'analyse pour des patients dont elle n'a pas reçu de fiche d'admission ; elle ne sait donc pas à quel praticien transmettre le résultat et doit faire des recherches auprès du service des admissions. En outre, il s'est avéré que des lits étaient inoccupés alors que l'autorisation de sortie du patient, visée par celui-ci, restait introuvable. La facture était alors établie pour une sortie à la date de découverte de l'inoccupation des lits.

▶ La radiologie se plaint de recevoir de la part des praticiens des demandes d'examens radio comportant une codification erronée des examens demandés, ce qui les oblige à reprendre les clichés.

▶ Le bloc opératoire regrette d'avoir à retourner au praticien des descriptifs opératoires pour complément d'information.

Liste des processus du cas clinique des Lorgnettes

Les processus sont au nombre de huit, à savoir, un processus général qui est le processus de séjour à la clinique et sept sous-processus du premier :

▶ le processus d'admission ;
▶ le processus de consultation ;
▶ le processus d'examen radiologique ;
▶ le processus d'examen pratiqué à l'extérieur de la clinique ;
▶ le processus d'intervention chirurgicale ;
▶ le processus de sortie de clinique ;
▶ le processus de facturation.

Identification et description du processus de séjour à la clinique

Si nous nous intéressons au processus de séjour à la clinique, il nous faut alors :

- déterminer son début → admission ;

- déterminer sa fin → facturation ;

- préciser quel est le produit du processus → prise en charge d'un patient afin de lui prodiguer les soins nécessaires ;

- rechercher les acteurs du processus → le service admission, le praticien, le service radiologie, le bloc opératoire, l'administration, le laboratoire extérieur ;

- établir la liste des actions qui s'enchaînent pour constituer le processus → réaliser l'admission (établir une fiche d'admission, fixer un rendez-vous, transmettre le dossier au praticien), effectuer la consultation et prescrire les examens, effectuer les examens, prendre les clichés radio et les transmettre au praticien, décider de la nécessité ou non d'une opération et en fixer la date le cas échéant, procéder à l'opération, suivre le patient, autoriser la sortie, procéder aux opérations de sortie, facturer.

On notera que nous avons séparé l'action « autoriser la sortie », de l'action « procéder aux opérations de sortie », ceci car le décideur et l'exécutant sont deux personnes différentes appartenant à des services différents. Nous aurions pu faire de même en ce qui concerne le déroulement de l'opération et décomposer en anesthésie, intervention, réanimation, mais nous serions alors entrés dans la description d'un sous-processus. À titre d'exemple, nous avons indiqué entre parenthèses les principales actions qui constituent le sous-processus d'admission.

- recenser la liste des données d'entrée et des données de sortie du processus →

- fiche d'admission (FA) ;

- dossier médical (DM) ;

- ordonnance pour analyses (Ord) ;

- ordonnance pour examen radiologique (ORx) ;

- clichés radio (CRx) ;

- fiche radio (FRx) ;

- résultats d'analyses (Ran) ;

- facture du laboratoire externe (Fact) ;

- chèque (Chq) ;

- fiche d'opération (Fop) ;

- autorisation de sortie (AS) ;

- facture pour mutuelle et Sécurité sociale (Fms).

Le logigramme correspondant figure au chapitre 13.

LES IDÉES CLÉS

Identifier les processus

→ *Définir les processus :* un processus comporte des fonctions à remplir par des actions, des acteurs (personnels/cellules) et des documents et outils correspondants.

→ *Vérifier qu'il s'agit bien de processus :* ensemble d'interactions de fonctions/acteurs/documents progressant par étapes au sein d'une chaîne d'activités.

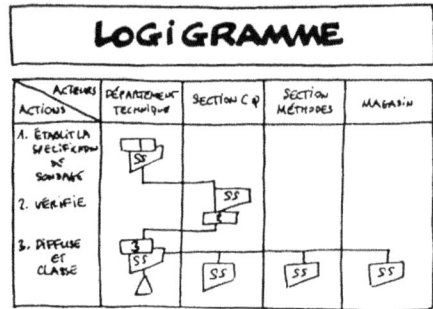

→ *Construire le logigramme :* enchaînement des activités d'un processus.

Chapitre 9

Optimiser le processus

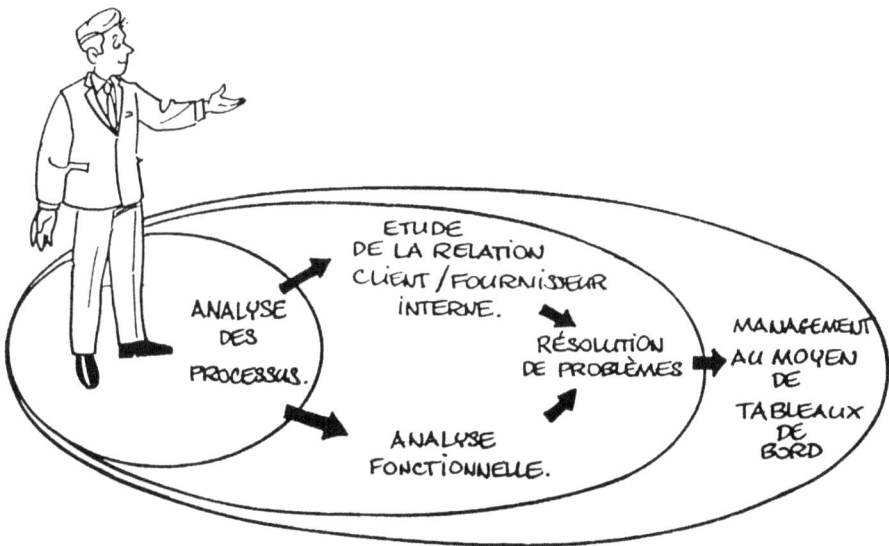

ANALYSE DES PROCESSUS.

ETUDE DE LA RELATION CLIENT / FOURNISSEUR INTERNE.

ANALYSE FONCTIONNELLE.

RÉSOLUTION DE PROBLÈMES

MANAGEMENT AU MOYEN DE TABLEAUX DE BORD

Évaluer les performances du processus

Cette évaluation va permettre de décrire de façon objective les irrégularités constatées dans le déroulement du processus et les dysfonctionnements dans les activités qui le composent.

L'évaluation des performances du processus se décline selon quatre niveaux :

▶ la mesure des performances actuelles au regard des performances attendues ;

▶ la détermination des indicateurs pertinents de mesure de la performance de chaque activité ;

▶ l'évaluation des performances actuelles de chaque activité au regard de celles attendues ;

▶ l'identification des activités critiques.

Mesure des performances actuelles du processus au regard des performances attendues

Partant des résultats de l'identification du processus et en particulier de la description de sa (ou ses) finalité(s), à savoir le produit ou le service attendu, il faut dans un premier temps déterminer les critères d'appréciation de la performance du processus et les hiérarchiser en fonction de l'intérêt qu'ils représentent pour l'entreprise dans le domaine analysé.

Exemples de critères d'appréciation de la performance d'un processus

TYPE DE PROCESSUS	PRODUCTION	SERVICES	COMMERCIAL	INGÉNIERIE
	Planification	Fiabilité	Contact avec clients	Tenue des délais
CRITÈRES	Conformité	Coût	Commandes reçues	Respect du budget
	Coût de production	Flexibilité	Information siège	Réserves client
	Flexibilité	Satisfaction client		Retour expérience

Disposant d'un ensemble de critères de performance du processus, on est à même de définir des indicateurs de mesure pertinents de cette performance (voir 3e partie « Les outils pour améliorer les processus » le chapitre « Mise sous contrôle d'une activité »). Ces indicateurs doivent être établis en concertation avec les personnes concernées par le résultat de la mesure. Ils doivent être simples, précis et fidèles, sans excès de formalisme.

Nous sommes alors en situation de mesurer la performance actuelle du processus et donc de la comparer à la performance attendue. En d'autres termes, nous nous sommes ainsi donné le moyen de mesurer l'écart entre l'objectif à atteindre et la situation actuelle.

Il va de soi que le résultat de cette mesure fixera le niveau d'engagement nécessaire pour atteindre l'objectif. Nous nous plaçons ici dans le cas où l'écart est suffisamment important pour justifier une action conduisant à l'amélioration du processus.

Il va alors falloir rechercher dans le déroulement du processus quelles sont, parmi les activités qui le composent, celles qui présentent des défaillances.

Détermination des indicateurs de mesure pertinents de la performance de chaque activité

Ayant déterminé, lors de l'étape d'identification du processus, l'ensemble des activités qui interviennent dans son déroulement, nous sommes à même de définir les critères d'appréciation de la performance de chaque activité et d'y associer des indicateurs pertinents.

Pour cela il faut :

▪ Déterminer les critères d'appréciation de la performance de chaque activité.

Si par exemple nous considérons le processus conduisant à l'obtention d'une commande (processus commercial), il correspond à un ensemble d'activités pour lesquelles nous pouvons déterminer des critères d'appréciation de la performance.

Exemples de critères d'appréciation de la performance des activités

ACTIVITÉ	ACTIVITÉ 1 Prospection	ACTIVITÉ 2 Compte rendu	ACTIVITÉ 3 Offre	ACTIVITÉ 4 Prise de commandes
	Volume de contacts	Délai de remise	Délai de réponse	%/offre
CRITÈRES	Suites aux contacts	Fidélité	Conformité	Conformité/offre
	Perception clients		Qualité	

⬗ En déduire les indicateurs de mesure pertinents en fonction du poids straté-gique ou économique que l'on donne aux différents critères. Ces indicateurs vont permettre de mesurer la performance actuelle de chaque activité.

Évaluation des performances actuelles de chaque activité au regard de celles attendues

Il ne sert à rien de mesurer la performance actuelle de chaque activité si nous ne sommes pas en mesure de la comparer à un objectif pour en tirer des enseigne-ments et le cas échéant mener des actions d'amélioration. L'objectif doit être fixé en tenant compte de différents facteurs parmi lesquels on peut citer : la perfor-mance de ce type d'activité dans d'autres processus ou dans d'autres entreprises (benchmarking), le poids de cette activité dans le processus d'ensemble, le carac-tère stratégique de l'activité.

Il est alors possible de mesurer ou d'évaluer pour chaque activité l'écart entre la contribution attendue et la contribution actuelle de l'activité au processus. Nous disposerons ainsi d'un ensemble d'informations objectives qui permettront de décider des actions prioritaires à mener.

Identification des activités critiques

Une fois évaluées les performances actuelles des activités en regard de celles atten-dues, nous sommes à même, de par le résultat obtenu, d'identifier les activités critiques. Bien évidemment il faudra avoir auparavant défini les critères qui permettent de dire qu'une activité est critique.

Comme pour tout ce qui précède, il faudra aller au plus simple et ne pas chercher des combinaisons de critères ou des critères dont la définition fait intervenir diffé-rents paramètres. Dans bien des cas, nous avons tout intérêt à nous limiter à un seul critère, le plus simple et le plus courant restant à l'évidence le coût.

Cas particulier de l'approche par le seul critère coût

La mesure des performances d'un processus et des activités composant ce processus peut être basée sur le seul critère coût. La démarche consiste alors à :

- identifier les composantes du coût du processus en utilisant, par exemple, une décompo-sition en activités du type de celle présentée ci-dessus ;
- quantifier le coût de chaque activité ;
- quantifier le coût du processus.

Si cette quantification s'avère difficile, voire impossible, il faut alors évaluer les coûts par rapport à une échelle qualitative telle que : prohibitif, très important, important, moyen, faible, négligeable.

Partant des éléments ainsi recueillis, il faudra ensuite décider sur quelle activité il y a lieu d'agir pour atteindre un objectif, fixé à l'avance, de coût du processus. Pour faciliter la prise de décision, il pourra être utile de se poser les questions suivantes :

- – Y a-t-il risque à moyen ou à long terme ?

  Quel est le niveau de performance du processus chez la concurrence ?
- – Y a-t-il des activités parasites c'est-à-dire sans valeur ajoutée pour le client ? (exemple : rapports inutilisés)
- – Y a-t-il des activités redondantes ? Si oui, cette redondance est-elle justifiée ?

Dans tous les cas, et quelle que soit la méthode retenue pour évaluer les performances des processus et des activités, il conviendra de :

- Tenir compte du paramètre coût dans l'analyse fonctionnelle du processus qui sera faite par la suite. Le paramètre coût doit être rapproché de la valeur ajoutée de la fonction interne correspondante du processus. Cette valeur ajoutée doit être estimée par rapport à la qualité perçue par le client ; en effet, le processus peut voir son coût diminuer sans que cela ait une incidence quelconque sur la satisfaction du client.

- Procéder dans la mesure du possible à une consolidation portant sur l'ensemble des processus, dans une logique systémique, afin de ne pas optimiser le coût d'un processus au détriment des autres, ou pire, en dégradant le coût global du produit. Il faut cependant noter que dans certains cas, la dégradation du coût d'un processus peut avoir un effet positif sur le coût global du produit ; il ne s'agit donc pas d'appliquer aveuglément une stratégie d'amélioration de tous les processus.

Analyser le fonctionnement des activités et rechercher les dysfonctionnements

C'est d'abord au niveau des activités repérées comme étant critiques qu'il faut concentrer ses efforts, car c'est là que l'on a de fortes chances de déceler des dysfonctionnements. Il faut cependant noter que l'on peut aussi avoir des dysfonctionnements sur des activités considérées comme non critiques ; en particulier, deux activités considérées comme non critiques peuvent dans leur enchaînement présenter des dysfonctionnements.

LES IDÉES CLÉS

Évaluer les performances du processus

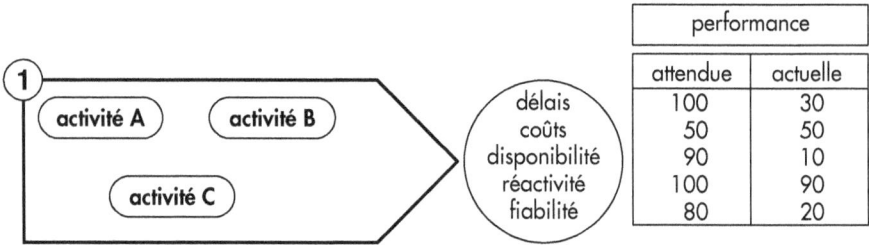

	performance	
	attendue	actuelle
délais	100	30
coûts	50	50
disponibilité	90	10
réactivité	100	90
fiabilité	80	20

Mesurer les performances actuelles du processus au regard de celles attendues

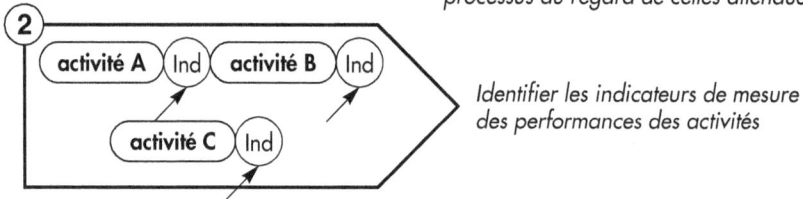

Identifier les indicateurs de mesure des performances des activités

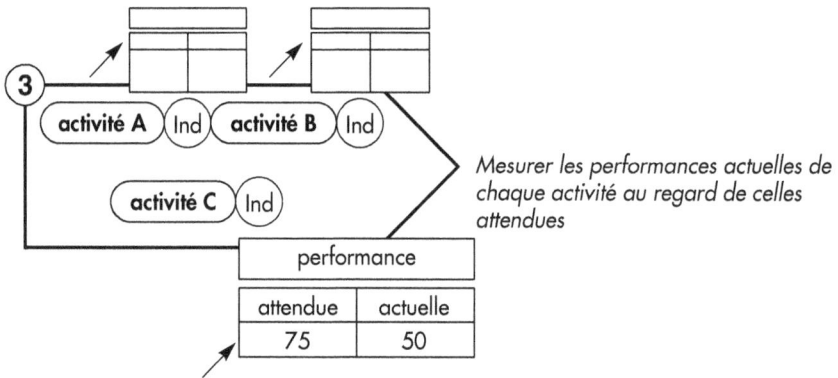

Mesurer les performances actuelles de chaque activité au regard de celles attendues

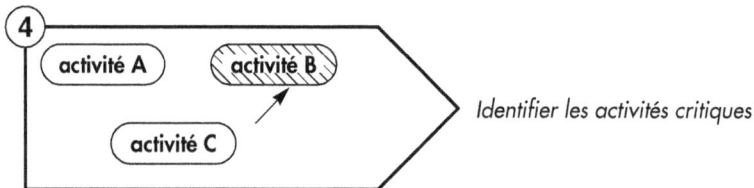

performance	
attendue	actuelle
75	50

Identifier les activités critiques

Pour analyser le fonctionnement des activités et être à même d'identifier les dysfonctionnements, il faut disposer d'une description de l'organisation de chaque activité critique en termes de mode d'animation (pilotage, planification) et d'organisation (procédures, ressources humaines, matériels associés à l'activité...).

On procède alors à un recensement des dysfonctionnements d'organisation ou d'animation en décrivant pour chacun d'eux son impact sur les performances de l'activité. Ce recensement s'effectue dans la plupart des cas en définissant et en mettant en œuvre des indicateurs. La quantification du dysfonctionnement grâce à l'indicateur va permettre de hiérarchiser ces dysfonctionnements pour analyser et faire disparaître en priorité ceux dont l'impact sur la performance de l'activité est important (diagramme de Pareto).

Qu'est-ce qu'un indicateur qualité ?

» Un indicateur qualité est un élément observable permettant de mesurer ce que l'on fait par rapport à ce que l'on doit respecter ou optimiser.

– Ce que l'on doit respecter : les besoins du client et les résultats qu'il attend.

– Ce que l'on doit optimiser : l'efficacité du processus orienté vers la satisfaction du client et le bon fonctionnement de l'entreprise.

» Les indicateurs de gestion permettent d'évaluer la performance en termes de dépensé/réalisé par rapport au budgété.

» Les indicateurs qualité permettent d'évaluer les différents paramètres qui contribuent à la satisfaction du client. Des indicateurs peuvent être placés à chaque étape de la chaîne qualité : *qualité attendue, qualité spécifiée, qualité conçue, qualité réalisée, qualité maintenue, qualité perçue.*

Ayant sélectionné les dysfonctionnements les plus significatifs, il faut alors en analyser les causes (diagramme d'Ishikawa).

Nous disposons ainsi, à la suite de ces différentes opérations, de tous les éléments d'information permettant de définir puis de mettre en œuvre les améliorations susceptibles de faire disparaître les dysfonctionnements et d'améliorer globalement les performances du processus.

La fiche de management du processus

Avant le passage à la phase suivante qui est l'optimisation du processus, nous recommandons l'établissement d'une fiche que nous appelons « fiche de management du processus ». Son objectif est d'avoir une vue synthétique de l'ensemble des éléments descriptifs du processus analysé précédemment. Ces éléments devront toujours être classés et regroupés en deux catégories : les éléments relatifs aux « caractéristiques » du processus (nom, finalité, données d'entrée, données de sortie...), et les éléments relatifs à sa « métrologie » (objectifs associés au processus et indicateurs de suivi de ces objectifs).

La fiche de management d'un processus est évolutive car elle dépend de la maturité de l'entreprise dans sa démarche processus.

Le premier exemple donné ci-après, outre les deux aspects « caractéristiques » et « métrologie » du processus met particulièrement l'accent sur l'identification des points forts et des points à améliorer, ceci suite à des remontées d'informations en provenance du terrain.

Modèle de fiche de management de processus

NOM DU PROCESSUS : Page 1	NOM DU PROCESSUS : Page 2
CARACTÉRISTIQUES DU PROCESSUS	**MÉTROLOGIE DU PROCESSUS**
Finalité :	**Objectifs associés au processus** (besoins et attentes des clients du processus, déploiement des objectifs définis par la direction) :
Données d'entrée :	**Indicateurs de performance du processus :**
Données de sortie :	**Appréciation du risque de non atteinte des objectifs et/ou d'insatisfaction du client du processus** (risque = gravité* × occurence**)
Client(s) :	
Description des principaux sous-processus du processus :	**DONNÉES DE PILOTAGE** Pilote (si désigné) :
Liens fonctionnels (processus amont, processus aval...)	**Points FORTS** (suite à analyse du processus, remontées du terrain, retour d'expérience) / **Points à AMÉLIORER** (suite à analyse des dysfonctionnements remontés du terrain, retour d'expérience)
	* **Échelle de gravité :** 1 à 3 : un standard de performance non atteint / 4 à 6 : plusieurs standards non atteints / 7 à 10 : objectifs non atteints, pouvant aller jusqu'à l'arrêt du processus — ** **Occurrence** 1 à 3 : possible mais jamais vu / 4 à 5 : observé au moins une fois / 6 à 9 : observé plus d'une fois / 10 : une fois sur deux

Le second exemple, quant à lui, est orienté vers la cohérence voulue et démontrée dans le déploiement des objectifs de l'entreprise, depuis les grands axes stratégiques jusqu'aux objectifs alloués au processus. Cet exemple s'applique plus particulièrement au management des processus clés, et en particulier à ceux qui contribuent majoritairement à l'atteinte des objectifs stratégiques de l'entreprise. L'identification de ces processus clés a été traitée dans un des chapitres précédents. Cette fiche concerne de préférence les organismes pour lesquels la démarche processus est bien intégrée au management global.

Modèle de fiche de management de processus

NOM :	Date :	Version : Page 1
Pilote :		
Finalité :		
Axes stratégiques de rattachement :		
Données d'entrée :	Données de sortie :	
Entités contribuant au processus :		
Objectifs de performance du processus :	1. 2. 3.	
Indicateurs de performance du processus :	1. 2. 3.	
Références applicables :		
Liens fonctionnels (non exhaustif) :		

NOM :		Date :	Version : Page 2
INDICATEURS DE PROCESSUS			
Nom de l'indicateur :			
Mode de calcul :			
Origine de l'information :			
Responsable	Fréquence	Mode de diffusion	Destinataires
Nom de l'indicateur :			
Mode de calcul :			
Origine de l'information :			
Responsable	Fréquence	Mode de diffusion	Destinataires
Nom de l'indicateur :			
Mode de calcul :			
Origine de l'information :			
Responsable	Fréquence	Mode de diffusion	Destinataires
Nom de l'indicateur :			
Mode de calcul :			
Origine de l'information :			
Responsable	Fréquence	Mode de diffusion	Destinataires

Application du second modèle de fiche de management présenté ci-dessus aux processus : « Établir une offre et négocier un contrat » et « Acheter un produit, un service ou une matière première ».

Fiche de management pour un exemple de processus
« Établir une offre et négocier un contrat »

NOM : Établir une offre et négocier un contrat	Date : 12/02/02	Version : 0 Page 1
Pilote :	Xavier Martin	
Finalité :	Proposer une offre rentable et adaptée aux besoins des clients	
Axes stratégiques de rattachement :	Axe n° 1 : maintenir notre part de marché au niveau mondial pour le produit XY	

Données d'entrée :	Données de sortie :
– Consultation – Réglementation – Action de benchmarking	– Contrat signé – Retour d'expérience – Identification des causes de rejet

Entités contribuant au processus :	CP, PROD, AC, Q, PRJ
Objectifs de performance du processus :	1. Obtenir que 80 % des offres soient transformées en commandes 2. Respecter les délais de réponse aux offres 3. Maîtriser le coût de l'offre en deçà de 3 % du montant de l'offre
Indicateurs de performance du processus :	1. Pourcentage d'offres transformées en commandes 2. Pourcentage d'offres transmises dans les délais 3. Coût de l'offre/montat de l'offre
Références applicables :	Doc 25 : « Guide pour l'établissement d'une offre »
Liens fonctionnels (non exhaustif) :	Processus réalisation d'une affaire Processus de fabrication

NOM : Établir une offre et négocier un contrat	Date : 12/02/02	Version : 0 Page 2

INDICATEURS DE PROCESSUS

Nom de l'indicateur : pourcentage d'offres transformées en commandes

Mode de calcul : comptabilisation des offres transformées en commandes

Origine de l'information : carnet d'offres/carnet de commandes

Responsable	Fréquence	Mode de diffusion	Destinataires
V. Dousset	Mensuelle	Tableau de bord	Encadrement

Nom de l'indicateur : pourcentage d'offres transmises dans les délais

Mode de calcul : ratio

Origine de l'information : chargés d'affaires

Responsable	Fréquence	Mode de diffusion	Destinataires
M. Cintrat	Mensuelle	Affichage	Encadrement

Nom de l'indicateur : coût de l'offre/montant de l'offre

Mode de calcul : comptabilisation des dépassements (au-delà de 3 %)

Origine de l'information : contrôle de gestion

Responsable	Fréquence	Mode de diffusion	Destinataires
P. Durand	Mensuelle	Rapport mensuel	Encadrement

Nom de l'indicateur :

Mode de calcul :

Origine de l'information :

Responsable	Fréquence	Mode de diffusion	Destinataires

Fiche de management pour un exemple de processus « Acheter un produit, un service ou une matière première »

NOM : Acheter un produit, un service ou une matière première	Date : 28/03/02	Version : 1 Page 1
Pilote :	Pierre Henri	
Finalité :	Procurer aux services utilisateurs les produits, les services ou matières premières dans le respect de nos règles d'approvisionnement	
Axes stratégiques de rattachement :	1. Améliorer notre compétitivité 2. Garantir la régularité, la qualité et la performance des approvisionnements	

Données d'entrée :	**Données de sortie :**
– Gestion des stocks pour réapprovisionnement – Besoin exprimé – Budget décidé	Contrat ou commande signé et exécutable

Entités contribuant au processus :	TA, PROD, AC, Q, ST
Objectifs de performance du processus :	1. Aucun avenant supérieur à 3 % du montant de la commande initiale au fournisseur 2. Respect du délai d'approvisionnement 3. Zéro litige avec les fournisseurs
Indicateurs de performance du processus :	1. Nombre d'avenants supérieurs à 3 % du montat initial 2. Nombre de jours de retard 3. Nombre de litiges avec les fournisseurs
Références applicables :	Règles d'approvisionnement internes
Liens fonctionnels (non exhaustif) :	Processus réalisation d'une affaire Processus de fabrication

NOM : Acheter un produit, un service ou une matière première	Date : 28/03/02	Version : 1 Page 2

INDICATEURS DE PROCESSUS

Nom de l'indicateur : nombre d'avenants supérieurs à 3 % du montant initial

Mode de calcul : comptabilisation

Origine de l'information : contrôle de gestion

Responsable	Fréquence	Mode de diffusion	Destinataires
J. Bas	Mensuelle	Rapport mensuel	Encadrement

Nom de l'indicateur : nombre de jours de retard

Mode de calcul : ratio

Origine de l'information : service qualité

Responsable	Fréquence	Mode de diffusion	Destinataires
D. Vancell	Mensuelle	Affichage	Encadrement

Nom de l'indicateur : nombre de litiges avec les fournisseurs

Mode de calcul : comptabilisation

Origine de l'information : service qualité

Responsable	Fréquence	Mode de diffusion	Destinataires
P. Dupont	Mensuelle	Rapport mensuel	Encadrement

Nom de l'indicateur :

Mode de calcul :

Origine de l'information :

Responsable	Fréquence	Mode de diffusion	Destinataires

Fiche de management du sous-processus « Réaliser les études pour une affaire de process et d'ingénierie » du cas Air Fan

	Page 1 / 2

NOM DU PROCESSUS :

Réaliser les études pour une affaire de process et d'ingénierie

---

CARACTÉRISTIQUES DU PROCESSUS

Données d'entrée (E) :
   Devis négocié et commande obtenue
   Réalisations antérieures pour des fonctionnalités analogues

Données de sortie (S) :
   Plans et spécifications, nomenclatures, dossier contractuel

Client (s) :
   Production, achats, chargé d'affaires

Description des principales phases du processus (P) :
   - Calculer et dessiner
   - Établir les nomenclatures
   - Établir le dossier contractuel
Ressources :
   - Humaines : 77 % (9 intérimaires + 13 CDI)
   - Financières : 25 500 heures/an
   - Matérielles (équipements – logiciels) : Mapics (nomenclatures),
GPAO, DAO
   - Informations (connaissances – savoir-faire – métiers…) : 1 expert

Contraintes (normatives – réglementaires…)
ISO 9001 (planification des activités de conception, identifier les données d'entrée, identifier les données de sortie, effectuer des revues de conception, mener des activités de vérification et de validation de la conception).

Page 2 / 2

MÉTROLOGIE DU PROCESSUS

Objectifs associés au processus (besoins et attentes des clients du processus) :
- Réduire de moitié le nombre de dépassements de délais
- Assurer le remplacement de l'expert, envisager les formations nécessaires

Indicateurs de performance du processus (Ip) :
- Comptage des dépassements de délai
- Comptage du nombre de dossiers incomplets ou non approuvés fournis aux achats et à la fabrication

Appréciation du risque de non-atteinte des objectifs et/ou d'insatisfaction du client du processus (risque = occurrence** x gravité *)
- Dépassement de délai : 10 x 5 = 50
- Modifications après livraison 7 x 2 = 14

DONNÉES DE PILOTAGE : pilote (si désigné) : chef du BE

Points FORTS	Points à AMÉLIORER
Ouverture technique	Retour d'expérience
	Modularité des nomenclatures
	Gestion des priorités
	Formation des nouveaux arrivants

* Échelle de gravité :	**Occurrence :
*1 à 3 : un standard de performance non atteint	** 1 à 3 : possible mais jamais vu
4 à 6 : plusieurs standards non atteints	4 à 5 : observé au moins une fois
7 à 10 : objectifs non atteints, pouvant aller jusqu'à l'arrêt du processus	6 à 9 : observé plus d'une fois
	10 : une fois sur deux

Rechercher des solutions aux dysfonctionnements

Les étapes précédentes de la méthode ont permis, pour un processus donné, de décrire les dysfonctionnements qui ont une incidence sur les performances du processus et de déterminer les effets et les causes de ces dysfonctionnements.

Nous disposons donc de tous les éléments d'analyse qui vont permettre de proposer puis de mettre en œuvre des améliorations.

Pour rechercher des solutions aux dysfonctionnements, nous disposons d'un certain nombre de méthodes ; chacune de ces méthodes est plus ou moins adaptée au problème à traiter et correspond à un domaine d'application particulier. Pour illustrer ce propos, considérons les différentes composantes d'un processus et imaginons qu'une, ou plusieurs de ces composantes, présente des dysfonctionnements :

◗ Si le dysfonctionnement concerne une **activité** données, il faudra faire appel à la **méthode de résolution de problèmes** (MRP).

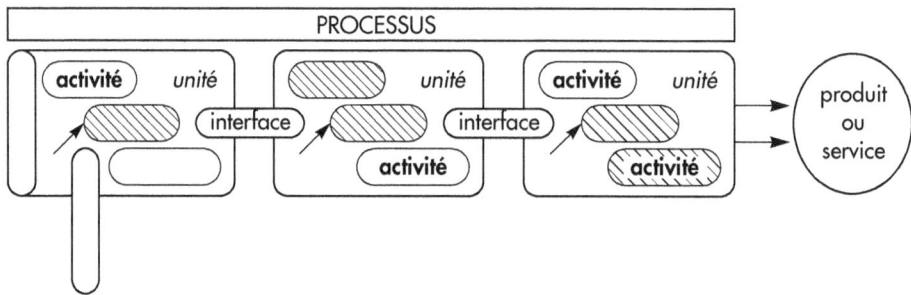

La méthode devra être appliquée, chaque fois que nécessaire, à toutes les activités pour lesquelles une amélioration est souhaitée.

◗ Si le dysfonctionnement se situe à une **interface** entre deux unités ou entre le processus analysé et un autre processus, c'est **la relation client/fournisseur interne** (RCFI) qui est la mieux adaptée à la recherche de solutions pour faire disparaître le dysfonctionnement.

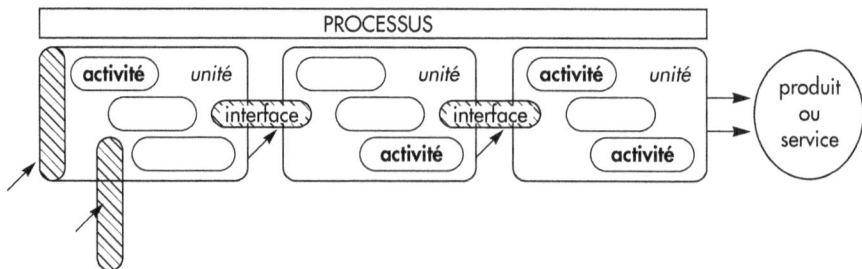

Si l'on ne peut pas, à coup sûr, déterminer que le dysfonctionnement se rapporte à une tâche ou une interface, et si l'on situe le dysfonctionnement sur une **portion du processus**, il faut alors faire appel à **l'analyse fonctionnelle** pour acquérir la certitude que le problème sera bien examiné dans son ensemble.

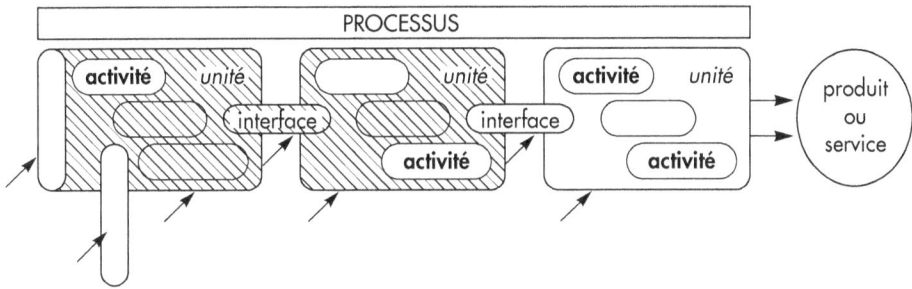

Dans bien des cas, la méthode de résolution de problème et/ou la relation client/fournisseur interne sera (ou seront) utilisée(s) au cours du déroulement de l'analyse fonctionnelle, ceci pour traiter finement le dysfonctionnement d'une tâche ou d'une interface.

Il est également possible de faire appel à l'Analyse des Modes de Défaillance, de leurs Effets et de la Criticité (AMDEC). L'utilisation de cet outil constitue une suite logique de l'analyse fonctionnelle qui a été menée.

L'AMDEC est un outil préventif dont le caractère systématique entraîne la mise en œuvre de moyens importants, aussi sera-t-il réservé aux processus stratégiques de l'entreprise.

S'il n'a pas été possible de déterminer la zone du processus dans laquelle se situe le ou les dysfonctionnements, c'est tout le processus qu'il faudra revoir et probablement redéfinir.

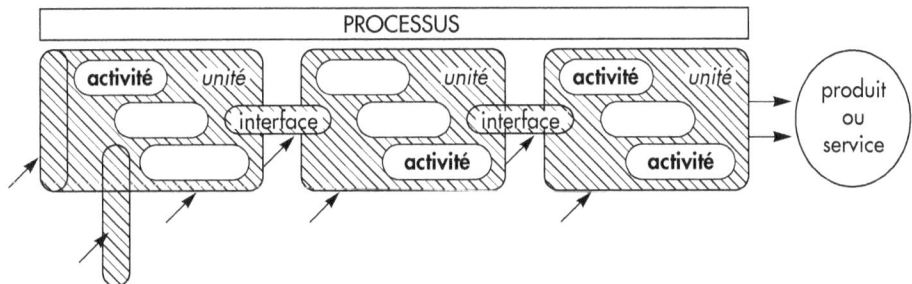

La redéfinition d'un processus doit commencer par une solide analyse fonction-nelle dont le résultat pourra être confirmé par l'utilisation d'autres méthodes et outils dont un certain nombre sont décrits dans le chapitre suivant. Nous n'examinerons pas ce cas dans le détail, car on peut le ramener sans difficulté au cas précédent.

La méthode de résolution de problèmes

Cette méthode ainsi que les multiples outils qui sont liés à chacune de ses phases font l'objet d'une description détaillée dans la 3e partie « Les outils pour amélio-rer les processus ».

La méthode de résolution de problèmes peut se décomposer en neuf phases :

- choisir le sujet ;
- collecter les données ;
- rechercher les causes probables, déterminer la cause réelle ;
- rechercher des solutions, choisir la meilleure ;
- planifier les actions ;
- mettre en place la solution ;
- vérifier que le problème disparaît ;
- s'assurer que le problème ne réapparaîtra pas ;
- considérer les conséquences et les retombées du problème.

Phase 1 : choisir le sujet

Le recensement des dysfonctionnements sera effectué par « brainstorming » ou « déballage d'idées ». C'est donc le plus souvent un travail de groupe. De façon à définir et circonscrire chaque sujet (dysfonctionnement) avec précision, il est important de procéder à des regroupements pour les dysfonctionnements qui sont liés.

Après avoir désigné un leader ou un animateur le groupe va éliminer, dans un premier temps, les sujets (dysfonctionnements) dont l'impact sur les perfor-mances de l'activité, et donc sur la satisfaction du client interne sont jugés les moins importants.

Dans un second temps, les sujets (dysfonctionnements) ainsi retenus seront évalués en termes de :

- Complexité ; le groupe est-il en mesure d'appréhender tous les aspects du pro-blème ? d'aboutir à une solution ?

- Autonomie du groupe ; le groupe est-il dépendant d'autres activités (entités) pour l'analyse du problème, la recherche des solutions, et leur mise en œuvre (chaîne clients/fournisseurs internes) ?
- Possibilité de mesure ; peut-on mettre en œuvre un indicateur ? ou évaluer une amélioration ? De manière générale, il s'agira ici du suivi de l'indicateur qualité sur lequel un accord a été obtenu lors de la négociation avec le client interne. Cet indicateur qualité à l'interface pourra ensuite être décliné en indicateur(s) interne(s) de suivi.

Le choix s'opère alors par consensus avec l'aide, le cas échéant, du vote pondéré ou de l'analyse multicritères. Il est fondamental que tous les membres du groupe aient pu s'exprimer totalement pour atteindre un consensus authentique dans ce choix du sujet (dysfonctionnement) à traiter. Le groupe se soude, les membres se rendent solidaires dès ce stade ; ils définissent en commun un projet.

Phase 2 : collecter les données

Le groupe travaille à partir de faits. Ayant choisi son problème, il rassemble en priorité toutes les informations utiles. Quels sont les événements observés ? Dans quelles conditions ? À quel endroit ? Par qui ?

Sur le plan quantitatif, des relevés de données sont mis en place ; les observations sont multipliées par les membres du groupe en étudiant les dossiers, la documentation, les variations du procédé, les taux de défauts, les contrats (formalisés ou non) clients/fournisseurs. Dans tous les cas, on demeure factuel.

Un système de mesure doit alors être défini qui permette de caractériser le problème, d'en suivre l'évolution en fonction du temps, de se fixer des objectifs. Il peut s'agir de la reprise intégrale de l'indicateur d'interface fixant les exigences avec le client interne ou de la déclinaison de celui-ci en indicateur(s) interne(s) de suivi.

Il faut, au cours de cette phase, s'assurer que tous les membres du groupe ont atteint le même niveau d'information, que toutes les informations disponibles ont bien été rassemblées et enfin que toutes les fonctions ou activités concernées sont bien représentées dans le groupe.

Phase 3 : rechercher les causes probables – déterminer la cause réelle

À partir des données factuelles, il va s'agir de :

- Construire le ou les diagramme(s) causes/effet : un diagramme général qui met en évidence toutes les causes possibles, puis, éventuellement des diagrammes auxiliaires pour approfondir des détails du diagramme principal (cause des causes). Le diagramme causes/effet représente une synthèse organisée et orientée de toute l'information disponible. Il porte en lui la clé du problème et les éléments de la solution. C'est pourquoi l'animateur du groupe et tous les membres se doivent de prendre le plus grand soin à sa construction – sans craindre jamais de passer un temps inutile.

- Analyser chaque cause identifiée pour juger de son impact sur l'effet constaté. Est-ce réellement une cause possible ? Peut-on mettre en évidence des variations concomitantes ? Quel est son importance relative par rapport aux autres causes ? Est-elle indépendante des autres causes ? Etc.

Les décisions retenues se font toujours sur la base du consensus avec l'aide ou non du vote pondéré.

- Remonter, une cause étant retenue, à son origine (à l'étape du processus concernée) et la caractériser le plus complètement possible : observations, nouvelles collectes de données, expérimentation, questionnaires, comparaisons, etc.

L'intervention des non-membres du groupe peut, à ce stade, se révéler très intéressante non seulement par l'apport (bénéfique) des données et informations qu'ils détiennent, mais aussi par le fait de les associer à la recherche des solutions et de les faire participer à l'opération en cours.

Ces données et informations sont collectées, analysées et traitées en utilisant les outils classiques (feuilles de relevés, histogrammes, diagramme de Pareto, graphiques...).

- Retenir, parmi toutes les causes analysées et considérées comme possibles, la ou les causes les plus probables.

- Se fixer des objectifs, en présumant de la cause du problème et de ses origines. À quel résultat veut-on parvenir ? Dans quel délai ? Dans quelles conditions ?

Phase 4 : rechercher des solutions – choisir la meilleure

C'est là, plus encore que dans les phases précédentes, que s'exerce la puissance créative du groupe.

En présence de tous les éléments (connaissance du problème, de ses manifestations, de ses causes, de l'origine de ses causes, des objectifs à atteindre), les membres du groupe recherchent les actions correctives envisageables.

- Ils étudient les avantages et les inconvénients des solutions envisagées en fonction de critères prédéfinis pour cette analyse (contribution aux performances du processus, faisabilité, coût et délai de mise en œuvre...). Ils anticipent les obstacles : quels facteurs de résistance va-t-on rencontrer ?

- Ils choisissent la solution.

- Ils établissent un plan d'expérimentation pour vérifier leurs hypothèses, s'assurer que la solution présentement adoptée ne va pas engendrer d'autres effets pervers.

- Ils déterminent les contrôles à mettre en place pour éviter la réapparition du phénomène (quoi ? qui ? où ? quand ? comment ?). L'impact que peuvent avoir ces contrôles sur les activités doit être préalablement évalué (avantages, inconvénients, risques, facteurs moteurs et facteurs freins…).

- Ils font approuver leur solution par le management concerné.

Toute décision au sein du groupe est prise sur la base du consensus, en s'appuyant éventuellement sur un vote pondéré, une analyse de Pareto, une analyse multicritères.

Phase 5 : planifier les actions

Connaissant ce qu'il veut obtenir, le groupe de travail va établir son plan d'action. Il doit veiller, dans la mesure du possible, à faire participer les personnes concernées par l'activité mais ne faisant pas partie du groupe de travail, de façon à éviter leur exclusion totale.

Le plan d'action liste les différentes phases de mise en œuvre et leurs points de contrôle, la définition des tâches et des responsabilités, le calendrier, les objectifs intermédiaires et finals.

Le plan d'action doit obtenir l'approbation du niveau hiérarchique habilité à prendre la décision formelle. Pour ce faire, le groupe fera une présentation au management pour obtenir son accord avant toute mise en œuvre.

Le plan d'action peut prendre la forme d'une fiche de proposition de modification de processus.

Phase 6 : mettre en place la solution

Le plan d'action approuvé doit être mis en place par le groupe. Tous les membres participent concrètement à la réalisation des objectifs. La progression est analysée au cours de réunions périodiques (examen de l'adéquation au besoin du client interne). La plus grande attention est portée à l'évolution des indicateurs de satisfaction du client (interne).

Phase 7 : vérifier que le problème disparaît

En d'autres termes, atteint-on les objectifs fixés ? Sinon, pour quelles raisons ? Y a-t-il lieu de lancer des actions complémentaires ? La solution mise en place est-elle efficace ?

Le groupe trouve ici la preuve qu'il s'est attaché aux vraies causes, et que l'ensemble des décisions prises s'avèrent répondre effectivement au problème.

Phase 8 : s'assurer que le problème ne réapparaîtra pas

Le groupe va mener ici une action préventive, dont le but sera la maîtrise du processus. Cette action pourra notamment passer par l'écriture d'une procédure de verrouillage de l'activité (voir chapitre « Mettre en œuvre les améliorations »).

Phase 9 : considérer les conséquences et les retombées du problème

La correction ou l'élimination d'un problème peut en créer un autre. Le groupe analysera donc tous les aspects susceptibles d'être influencés par les modifications et contrôles introduits dans le processus.

Par ailleurs, la solution à un problème donné trouve, dans la majorité des cas, des possibilités d'extension sur un autre site, dans un processus similaire. Le groupe pourra alors s'attacher à trouver des prolongements à son action.

Finalement, les causes délaissées à un moment donné parce que jugées secondaires ne pourraient-elles pas apporter des améliorations additionnelles ?

N'est-il pas intéressant également de revenir à la première étape et de reconsidérer le problème ? Ne serait-il pas souhaitable de s'attacher maintenant aux dysfonctionnements dont les conséquences ont été jugées, dans un premier temps, moins importantes au regard des performances attendues et définies avec nos clients internes ?

Il s'agit ici de rentrer dans une logique de progrès et d'amélioration continue. Mais attention : il ne s'agit pas de s'attaquer à des problèmes dont l'énergie dépensée pour les résoudre serait sans commune mesure avec les bénéfices attendus suite à la mise en œuvre d'actions d'amélioration.

Appliquons cette méthode aux trois cas « Ekocas », « Clinique des Lorgnettes » et « Air Fan ».

Ekocas

Nous allons nous intéresser au problème de facturation suite à la mise en œuvre de la modification.

Il s'agit dans un premier temps de poser le problème tel qu'il apparaît le 15 novembre.

La meilleure façon de poser le problème est d'utiliser le questionnement systématique de la méthode du QQOQCCP.

QUEL est le problème ?

Le client n'a pas reçu de facture concernant la modification effectuée par Ekocas sur sa plate-forme Alpha 3.

QUI est concerné par le problème ?

Les acteurs du processus de facturation : projet Alpha 3, gestion, comptabilité, finances, cellules travaux, commercial.

OÙ est apparu le problème ?

Au service commercial qui reçoit une lettre du client.

QUAND est apparu le problème ?

Le 15 novembre.

COMMENT est apparu le problème ?

Lettre client.

COMBIEN de fois est apparu le problème ?

Une fois.

Le problème posé par ces dysfonctionnements est d'importance, les meilleures prouesses techniques peuvent toujours être gâchées par une tâche administrative courante mal exécutée. Le facteur aggravant en l'espèce est la place de la tâche de facturation en fin de processus.

S'il est vrai que la deuxième chance de faire une première bonne impression est rare, il est également vrai qu'une seconde mauvaise impression est souvent définitivement la dernière.

Dans cette situation compromise, EKOCAS possède cependant un atout majeur : les informations relatives aux dysfonctionnements recueillies par un groupe de travail. Ces précieuses données ont fait l'objet d'une préanalyse qui s'est traduite par un classement suivant deux critères :

- la fréquence d'apparition qui s'apparente à une probabilité ;
- les effets des dysfonctionnements qui constituent une mesure de ces dysfonctionnements (temps d'allongement du délai de facturation par type de dysfonctionnement).

Il va falloir compléter l'analyse des dysfonctionnements afin de définir un plan d'action. Tout ne pouvant être traité en même temps et immédiatement, la première priorité est de définir les priorités !

Deux types d'analyse doivent dans la mesure du possible, ce qui est le cas ici, être menées : l'analyse de la fréquence et l'analyse de la criticité.

Informations relevées par le groupe de travail

	Nombre par an	Temps d'allongement du délai de facturation
Facture illisible	15	5 jours
Mauvais adressage de la facture	13	10 jours
Erreur de saisie	22	5 jours
Absence de certaines pièces administratives	7	15 jours
Montant erroné	5	8 jours
Utilisation d'un mauvais imprimé de facturation	3	6 jours
Incorporation d'avenants non acceptés par le client	20	25 jours
TOTAL	**85**	

Analyse de la fréquence

Pour faire cette analyse de fréquence, nous allons classer les types d'erreurs par ordre de fréquences décroissantes puis, grâce à ce classement, établir un diagramme de Pareto.

Classement des dysfonctionnements par fréquence

		Nombre par an	%	% cumulés
1	Erreur de saisie	22	26	26
2	Incorporation d'avenants non acceptés par le client	20	24	50
3	Facture illisible	15	18	68
4	Mauvais adressage de la facture	13	15	83
5	Absence de certaines pièces administratives	7	8	91
6	Montant erroné	5	6	97
7	Utilisation d'un mauvais imprimé de facturation	3	3	100

Le diagramme de Pareto va permettre de mieux visualiser l'ordre d'importance des causes réelles.

On constate à partir de ce graphique que près de 70 % des dysfonctionnements résultent de trois causes, l'erreur de saisie, l'incorporation d'avenants non acceptés par le client et la rédaction de factures illisibles.

Cette analyse de fréquence, très simple à conduire dès lors que les données sont disponibles, est indispensable, tant il est vrai que les erreurs ou les pannes répétitives, même bénignes irritent et ont un fort impact sur la qualité perçue.

Cumul des pourcentages de dysfonctionnements par type de dysfonctionnement

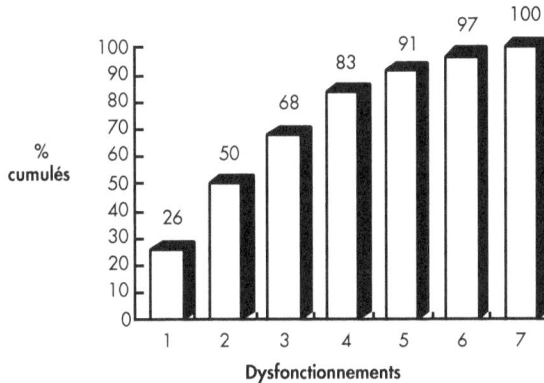

Il est toutefois nécessaire, dans la majorité des cas, de compléter l'analyse de fréquence par une analyse de criticité qui prend en compte les effets (en ce qui nous concerne, allongement du délai de facturation) et la gravité des dysfonctionnements constatés. Ce type d'analyse est impératif lorsque l'on examine un processus technique dans des secteurs ou des domaines à risques (nucléaire, spatial...) ; elle est très utile dans beaucoup d'autres cas dès lors que les enjeux sont élevés.

Analyse de criticité

La cible visée est constituée des dysfonctionnements les plus fréquents et dont les conséquences, en termes de délais pour ce qui nous concerne, ne peuvent être négligées.

Il nous faut tout d'abord classer les dysfonctionnements par rapport à deux échelles :

échelle de fréquence :

– dysfonctionnements 1 et 2   très fréquents   nombre de dysfonctionnements ≥ 20/an

– dysfonctionnements 3 et 4   fréquents   20/an ≥ nombre de dysfonctionnements ≥ 10/an

– dysfonctionnements 5, 6 et 7 peu fréquents 10/an ≥ nombre de dysfonctionnements ≥ 1/an

Les numéros des dysfonctionnements correspondent aux numéros d'ordre apparaissant sur le tableau d'analyse des fréquences.

Il n'y a pas de règle précise pour définir l'échelle de fréquence, celle-ci doit être établie en tenant compte du contexte dans lequel se trouve l'entreprise et surtout des objectifs en matière d'amélioration.

échelle de gravité :

– dysfonctionnement 2	très grave (retard supérieur à 20 jours)
dysfonctionnements 4 et 5	graves (retard compris entre 10 et 20 jours)
– dysfonctionnements 1, 3, 6 et 7	peu graves (retard inférieur à 10 jours)

Les dysfonctionnements sont ensuite classés dans la matrice de criticité comme indiqué ci-dessous :

Fréquence / Gravité	Très fréquent	Fréquent	Peu fréquent
Très grave	②		
Grave		④	⑤
Peu grave	①	③	⑥ ⑦

Zone 1   Zone de dysfonctionnements inacceptables. Les problèmes d'avenants erronés sont à traiter d'urgence.

Zone 2   Zone de dysfonctionnements qui doivent être traités dans les meilleurs délais (erreur de saisie et adressages)

Zone 3   Zone de dysfonctionnements non prioritaires, à traiter ensuite.

Le problème à résoudre en priorité sera donc celui que pose l'incorporation des avenants non acceptés par le client (dysfonctionnement 2).

Réaliser un remue-méninges pour imaginer des solutions

Les solutions imaginées ont été les suivantes :

- Mettre en place un répertoire pour gérer les avenants (S1).
- Mettre en place un système d'accusé de réception des avenants (S2).
- Traiter chaque avenant comme une commande propre (S3).
- Sensibiliser les acteurs du processus (S4).

Réaliser une matrice multicritères et choisir la solution à mettre en œuvre

Les critères de choix retenus sont :

- Le coût de mise en œuvre de la solution (C1).
- Le délai de mise en œuvre (C2).
- La fiabilité de la solution (C3).

Ces critères sont pondérés de la façon suivante (pondération de 1 à 4) :

$$C1 : 2 ; \quad C2 : 1 ; \quad C3 : 4$$

Il s'agit ensuite de donner une note (de 1 à 5) à chaque solution envisagée en fonction des critères retenus. On multiplie ensuite cette note par le poids du critère, puis on additionne les notes obtenues par solution. La solution ayant obtenue le plus grand nombre de points est retenue.

Critères \ Solutions	Poids	S_1	S_2	S_3	S_4
Coût	2	$1 \times 2 = 8$	$5 \times 2 = 10$	$1 \times 2 = 2$	$4 \times 2 = 8$
Délai	1	5	3	1	5
Fiabilité	4	$2 \times 4 = 8$	$4 \times 4 = 16$	$5 \times 4 = 20$	$2 \times 4 = 8$
Total		21	+ 29	23	21

La solution S_2 est retenue.

Clinique des Lorgnettes

Le directeur de la clinique des Lorgnettes, qui a entendu parler de la qualité totale au cours d'un récent congrès, décide de mettre en place cette démarche dans son établissement, ceci pour trouver des solutions aux problèmes rencontrés. Il constitue une équipe d'amélioration à laquelle il assigne l'objectif suivant : « Améliorer le fonctionnement de la clinique pour ramener la durée moyenne du séjour de huit à six jours. »

Un groupe de travail est alors constitué, où chaque entité opérationnelle de la clinique est représentée : admissions, praticien, radiologie, bloc opératoire, administration.

Recherche des causes probables

Il s'agit de rechercher toutes les causes qui font que la durée moyenne d'hospitalisation à la clinique est de huit jours alors que la moyenne nationale est de six jours. Pour effectuer cette recherche, le groupe de travail utilise le diagramme d'Ishikawa.

Les principes d'un tel outil sont donnés dans la 3e partie « Les outils pour améliorer les processus ».

Identification des causes réelles et majeures

Après avoir posé le problème et recherché les causes probables des dysfonctionnements signalés, l'équipe d'amélioration, qui a suivi une formation pour être à même de résoudre le problème, se rend sur le terrain pour vérifier les hypothèses. Les relevés faits à partir des informations disponibles dans les différents services donnent les résultats qui sont consignés ci-dessous.

Résultats des investigations de l'équipe d'amélioration portant sur l'année 1997 :

- Opérations réalisées : 582.
- Plaintes des patients pour absence de suivi quotidien : 119.

- Plaintes des patients pour non-renouvellement de pansements : 25.
- Malaises suite à absorption de médicaments : 6.
- Patients souffrant toujours de leurs troubles après leur opération : 8.
- Rendez-vous patients-praticiens reportés : 105.
- Examens radio refaits pour cause de radio floue : 87 (sur 252).
- Ordonnances retournées, illisibles : 18.
- Report de dates d'opération : 179.
- Demandes de pièces manquantes dans les dossiers médicaux : 14.
- Résultats d'analyse hors délais : 53.
- Fiches d'admission non parvenues à l'administration : 23.
- Autorisations de sortie égarées : 45.
- Ordonnances radio avec codes erronés : 19.
- Descriptifs opératoires inexploitables : 7.
- Dossier médical reçu trop tard : 59.

À partir de ces résultats d'investigation, et sur la base du diagramme d'Ishikawa, l'équipe d'amélioration va pouvoir identifier les causes réelles relatives à une durée trop longue d'hospitalisation. Ces causes réelles sont regroupées dans un tableau.

Diagramme d'Ishikawa : hiérarchisation des causes probables

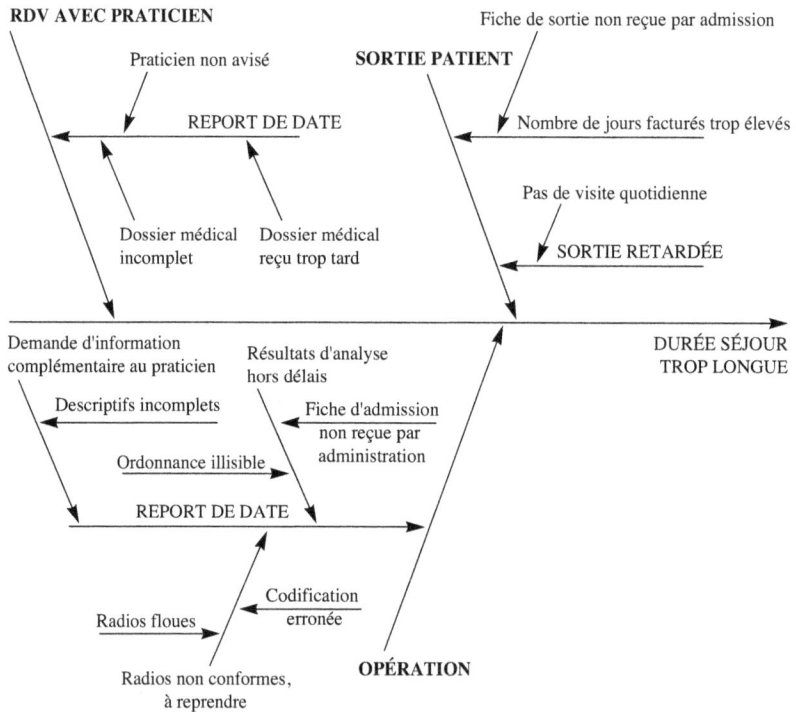

La construction du diagramme de Pareto permet ensuite d'identifier les causes majeures.

Tableau des causes classées par ordre d'importance décroissante

Causes de dysfonctionnements	Nombre	%	% cumulés
Pas de visite quotidienne	119	28	28
Radios floues	87	21	49
Dossier médical reçu trop tard	59	14	63
Fiche de sortie non reçue par l'administration	45	10	73
Praticien non avisé	32	8	81
Fiche d'admission non reçue par l'administration	23	5	86
Codification erronée	19	5	91
Ordonnance illisible	18	4	95
Dossier médical incomplet	14	3	98
Descriptifs incomplets	7	2	100
TOTAL	423		

Diagramme de Pareto

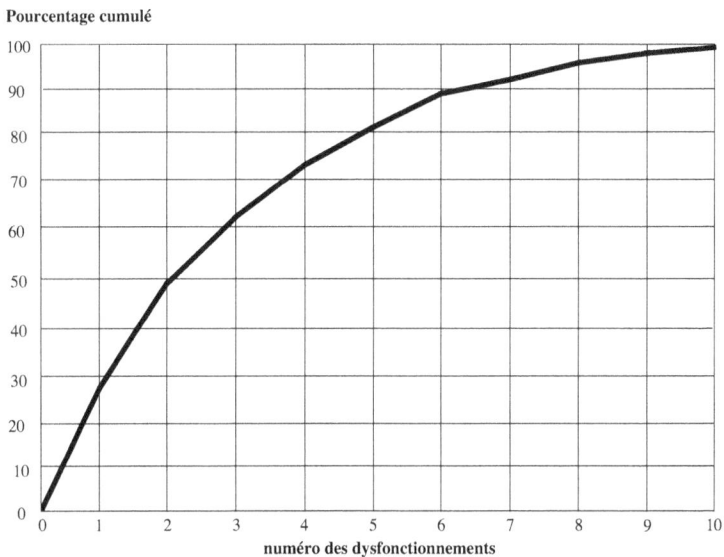

Intitulés des dysfonctionnements :

1 - pas de visite quotidienne
2 - radios floues
3 - dossier médical reçu trop tard
4 - fiche de sortie non reçue par l'administration
5 - praticien non avisé
6 - fiche d'admission non reçue par l'administration
7 - codification erronée
8 - ordonnance illisible
9 - dossier médical incomplet
10 - descriptifs incomplets

Ce diagramme montre qu'environ 60 % des dysfonctionnements résultent de trois causes : l'absence de visite quotidienne du praticien après l'opération, des radios floues et enfin des dossiers médicaux reçus par les praticiens plusieurs jours après avoir examiné leurs patients.

Recherche des solutions

C'est donc sur ces trois causes en priorité que le groupe d'amélioration devra se pencher pour rechercher des solutions afin de diminuer la durée du séjour à la clinique des Lorgnettes.

La recherche des solutions pourra se faire alors par remue-méninges, leur compatibilité avec les objectifs fixés par une matrice de compatibilité et enfin leur choix par une analyse multicritère.

Air Fan

Le processus « réaliser des affaires process et ingénierie » ayant été identifié comme un processus stratégique pour l'entreprise Air Fan, il est d'autant plus important de s'assurer de sa maîtrise, voire de son amélioration.

Mesures qualité enregistrées en 2005

		janv.	fév.	mars	avril	mai	juin	juil./août	sept.	oct.	nov.	déc.	Total
retard de devis process	nbre	10	15	18	5	23	7	12	21	17	9	0	137
retard cotation standard	nbre	1	2	0	3	1	0	4	2	3	2	0	18
coût garantie	MF	4	2	3	10	2	3	0	2	3	5	0	34
retard appro standard	jours	6	3	3	5	7	2	1	3	0	8	0	38
retard appro process	jours	10	9	7	4	18	4	7	11	10	5	0	85
coût pénalités société	MF	1,3	0,6	0,2	0,7	3	1,8	0,2	0,5	1,1	0,9	0	10,3
retard livraison standard	jours	2	5	7	23	2	8	4	11	10	17	0	89
retard livraison process	jours	25	35	10	27	42	18	56	12	14	28	0	267
retard BE standard	jours	5	5	9	12	2	20	2	8	11	12	0	86
retard BE process	jours	12	13	4	22	22	4	7	16	7	26	0	133
retard montage standard	jours	1	1	2	0	4	6	1	2	1	0	0	18
retard montage process	jours	4	3	2	5	10	3	5	6	2	2	0	42

* 90 % des pénalités sont dues au process.
** 80 % des coûts de garantie ont pour origine le process.
*** Les chargés d'affaires ont un retard de 7 jours en moyenne pour lancer une affaire process.

Ces mesures font apparaître un dysfonctionnement du processus en matière de délai et donc un risque d'insatisfaction du client.

L'analyse des mesures effectuées nous permet de décomposer le retard de livraison de la façon suivante :

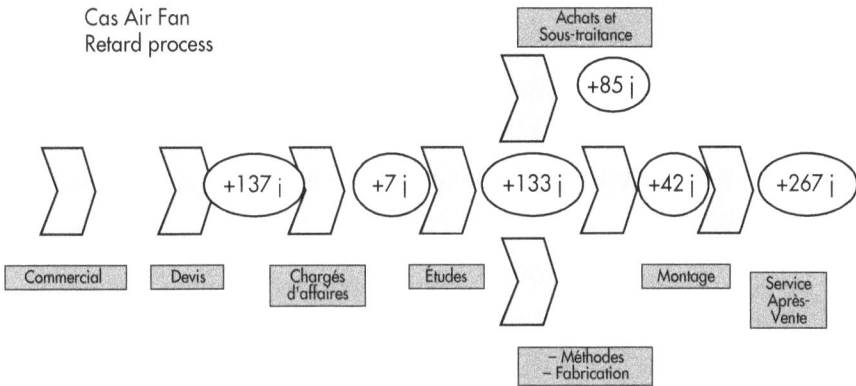

Cas Air Fan
Retard process

Analyse des fréquences des dysfonctionnements relevés

Le diagramme de Pareto nous permet de mettre en lumière l'activité critique vis-à-vis du délai dans le processus « réaliser des affaires process et ingénierie », soit l'activité « études ».

PROCESS

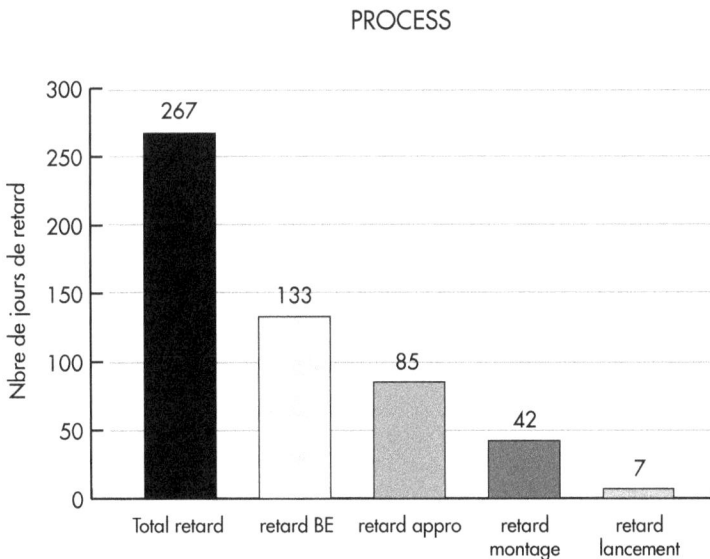

Il est donc décidé de lancer une démarche d'amélioration continue au sein du bureau d'études, afin de déterminer les causes à l'origine des retards identifiés.

Le texte du cas présenté nous permet de relever, dans sa partie « Le bureau d'études », les dysfonctionnements ci-après :

- Il n'y a pas de planification.
- Beaucoup d'intérimaires sont présents.
- Il n'y a pas de liaison entre l'entité chargée des devis et le bureau d'études.
- Il n'y a pas de retour d'expérience organisé.
- Il n'y a pas de gestion de la documentation.
- Il n'y a pas de transmission organisée du savoir.
- Il y a beaucoup de tâches administratives.
- Il n'y a pas assez de moyens.
- Il se pose des problèmes de compétence du personnel (anglais…).
- Il n'y a pas de chef (directives, objectifs…).

Recherche des causes probables

Un groupe de travail est mis en place pour rechercher des solutions. Ce groupe a imaginé des solutions en s'inspirant de la règle des 5 M (Méthode, Mesure, Milieu, Matière, Moyens, Main-d'œuvre).

Méthode

- développer une organisation projet autour de chaque affaire ;
- l'organisation doit privilégier la simultanéité des tâches (par opposition à un fonctionnement type guichet) ;
- déployer une méthode rigoureuse pour piloter les étapes de l'ingénierie (jalons, objectifs…).

Mesure

- construire un tableau de bord « affaires » avec les composantes : délais, coûts, charges, compétences ;
- mesurer le niveau de satisfaction des clients ;
- créer des indicateurs sur les données techniques (nombre d'articles, de gammes, de nomenclatures, de modifications…).

Moyens

- « purger », simplifier l'architecture des données techniques ;
- redéfinir le mode de gestion de la GPAO ;
- mettre à disposition les moyens bureautiques adéquats.

Main-d'œuvre

- renforcer temporairement le BE par des ressources R & D ;
- dresser un bilan des compétences disponibles pour les trois prochaines années et réviser la politique ressources humaines (intérim) ;
- recruter un manager expérimenté pour le BE.

Matière

- élaborer une architecture modulaire des produits.

Milieu

- organiser le recueil d'information des forces et faiblesses des concurrents.

La mise en place de tout ou partie des solutions proposées par le groupe de travail devrait permettre de réduire les retards dus aux activités du bureau d'études, d'améliorer le processus "réaliser des affaires process et ingénierie" et ainsi de limiter les retards de livraison subis par le client final.

Conclusion

Les groupes de travail, parfaitement définis dans leurs objectifs et leur mode opératoire, dotés de méthodes et d'outils éprouvés constituent, pour l'entreprise, une force permanente et continue de propositions de solutions et de mise en place d'améliorations. Ces groupes trouvent leur maximum d'efficacité dans la recherche de l'optimisation des performances internes des processus, à la condition qu'un meneur de jeu ou « facilitateur » veille en permanence à la bonne application de la méthode, en l'occurrence la méthode de résolution de problème (MRP).

LES IDÉES CLÉS

Qu'est-ce que la résolution des problèmes ?

→ L'analyse des processus met en évidence des dysfonctionnements. Il convient d'écarter d'emblée les faux problèmes et d'agir vite sur les microproblèmes par des actions correctives immédiates. Les problèmes réels importants ou complexes sont à traiter par des groupes de travail ad hoc ou par des méthodes individuelles nécessitant en général des itérations successives.

→ Le choix des problèmes à traiter en priorité peut s'effectuer en croisant des critères d'importance (prioritaire, moyenne, secondaire) avec des critères de complexité (difficile, délicat, facile). Un problème d'importance prioritaire et de complexité difficile doit relever d'un traitement immédiat par un groupe de travail.

Les relations clients/fournisseurs internes

Les principes de la méthode

La mise en évidence de relations clients/fournisseurs internes répond à plusieurs objectifs :

- apporter un meilleur produit ou service à son client interne, et donc au client final ;
- améliorer les flux de production et de prestation ;
- éviter les chevauchements de responsabilité et améliorer l'organisation interne ;
- améliorer la communication interne ;
- optimiser le coût du processus.

Le concept de relation client/fournisseur interne conduit à ne plus représenter l'unité de travail par son lien de dépendance hiérarchique, mais par sa contribution à l'activité de l'entreprise dans le cadre d'un processus défini. L'entreprise devient alors un ensemble de microentreprises qui ont entre elles des relations de client à fournisseur.

En fonction du niveau du processus étudié, l'unité de travail peut représenter une entité (groupe d'acteurs) ou un individu à son poste de travail. Dans la suite du texte, par souci de simplification, nous appellerons « acteur » indifféremment un groupe d'acteurs ou la personne à son poste de travail.

Un certain nombre de questions se posent alors pour lesquelles la réponse n'est pas évidente pour tous :

Quels sont mes clients ?

Il est fréquent d'en oublier un ou plusieurs, quelquefois le principal. L'ingénieur commercial, par exemple, n'a pas que des clients externes, il a aussi des clients internes : la production qui a besoin d'un délai, de quantités, d'un numéro de produit, les services financiers qui attendent une facture, etc.

Ou bien, compte tenu du nombre de clients, un doute survient...

Quel est mon vrai client ?

Pour le service des essais en train de mettre la dernière main à un équipement avant sa livraison au client externe, le vrai client n'est-il pas la fonction assurance qualité dont la position conditionne la livraison ? Ou la fonction distribution à laquelle on amène physiquement l'équipement ? Ou bien le service après-vente qui l'installe et le remet au client externe ? La réponse est qu'il faut considérer toutes les fonctions avec lesquelles existe ou doit exister une interface formelle, ne serait-ce que la remise d'un bordereau.

Quels sont les besoins de mes clients ?

L'embarras devient un peu plus sérieux. Dans bien des cas on ne sait pas, on se trompe, on ne les cite que partiellement. Plus grave, on constate qu'ils ont changé à l'insu des intéressés. De vagues procédures existent là où le processus requiert beaucoup plus de rigueur et de précision.

Comment sont exprimés les besoins ?

Au niveau de l'entreprise, ce peut être un contrat, un cahier des charges, une commande détaillée, des objectifs stratégiques, etc. Au niveau de l'entité, ce peut être des spécifications, des normes, des instructions, des règles de conception, etc. Au niveau de l'individu, ce peut être une instruction de fabrication, des règles de sécurité, etc. Dans tous les cas, le besoin client devra être formellement exprimé, établi en accord avec le fournisseur ou accepté par lui, compris de lui.

Ensemble, acteur (entreprise, entité, individu) et client vont négocier une spécification qui caractérisera le produit qu'attend le client. Le rôle de l'acteur consiste à expliquer qu'avec les éléments dont il dispose, ses capacités, il peut faire cela mais ne peut pas faire ceci. Une discussion s'entame autour des éléments quantifiables de la spécification du client, pour aboutir à une spécification négociée. C'est la relation client/fournisseur. De même l'acteur, vers l'amont, va négocier avec son fournisseur en tant que client pour aboutir à une autre spécification négociée.

Quand nous disons spécification, nous voulons dire tout ce qui est quantifiable, vérifiable et ce sur quoi on peut se mettre d'accord. Il ne s'agit pas de termes vagues, mais de faits précis tels que des quantités, des délais, des euros, des caractéristiques de produit... Tous ces éléments doivent pouvoir être suivis par des indicateurs de mesure.

Mais attention, la négociation doit bien évidemment tenir compte du coût des exigences et des spécifications de chacun. La prise en compte systématique du paramètre coût constitue un garde-fou indispensable contre des exigences qui sont parfois abusives.

Une fois négociée, une spécification se respecte : c'est un engagement mutuel. Dans l'entreprise, on utilisera, de préférence, le terme **exigences** en lieu et place de **spécifications**, mais le raisonnement reste le même : il faut chiffrer ces exigences qui représentent le besoin du client interne, et appliquer des indicateurs de suivi de ces exigences. Il est important de noter que ces indicateurs devront être suivis par le fournisseur interne. Il s'agit, en effet de mesurer pour agir, c'est-à-dire de prévenir toute source de dérive afin de respecter les exigences internes sur lesquelles on s'est engagé.

Souvent, dans les entreprises, les spécifications sont implicites et, de ce fait, donnent lieu à des discussions inutiles, des incompréhensions, des erreurs, des itérations trop nombreuses ; elles offrent surtout la possibilité de fuir avec des mots, ou encore de passer un temps précieux à se justifier ou à alimenter des contentieux.

Établir des spécifications, c'est **écouter l'Autre** avec son langage, traduire sa demande dans notre propre langage pour être sûr de l'avoir bien compris ; c'est aussi savoir dire « non », et le justifier. Chacun d'entre nous ne vit que parce qu'il a des clients, et le client est « roi ».

Les questions vont alors s'enchaîner et donner lieu à une analyse interne d'activité :

- Comment satisfaire le besoin exprimé ?
- Ai-je une mesure adéquate en place ?
- Comment acquérir les données ? Qui doit effectuer l'acquisition ?
- Comment obtenir un indicateur représentatif du besoin ? Un indicateur de satisfaction du client interne ?
- Où se situe le niveau actuel de qualité ? l'objectif ?
- Quelles sont les causes d'erreur ?
- Quelle est leur origine ?

L'intérêt d'une telle démarche est pour chacun de retrouver sa valeur ajoutée. Elle permet, par une analyse systématique et régulière de rester vigilant : mon travail est-il utile, conforme et efficace ? Il s'agit en d'autres termes d'une chasse au gaspillage.

Elle fait appel à de la pédagogie avant toute chose car beaucoup de fournisseurs dans l'entreprise sont des partenaires obligés.

Cette analyse faite systématiquement permet de mener une réflexion avec un éclairage nouveau sur l'organisation et le fonctionnement de tout processus. Elle conduit dans beaucoup de cas à lui redonner de l'efficacité avec peu de ressources. L'entreprise devient ainsi une **chaîne** de clients/fournisseurs. Le client ultime est à droite, l'utilisateur à l'extrême droite de cette chaîne.

Cette démarche, au fur et à mesure qu'elle gagne toute l'entreprise, modifie profondément les relations entre les individus, les services, les fonctions pour la simple raison qu'elle oblige à des contacts, des négociations formelles qui clari-

LA RELATION CLIENT/FOURNISSEUR INTERNE
⬇
UN COMPORTEMENT QUOTIDIEN

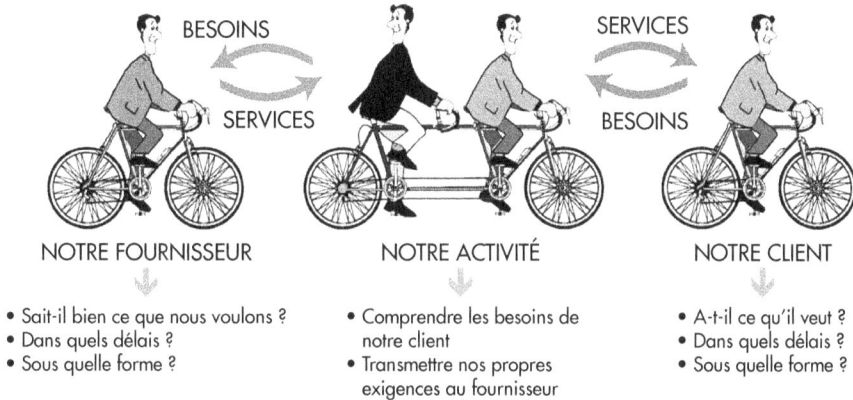

NOTRE FOURNISSEUR	NOTRE ACTIVITÉ	NOTRE CLIENT
• Sait-il bien ce que nous voulons ? • Dans quels délais ? • Sous quelle forme ?	• Comprendre les besoins de notre client • Transmettre nos propres exigences au fournisseur	• A-t-il ce qu'il veut ? • Dans quels délais ? • Sous quelle forme ?

fient tous les échanges. Elle dissipe les malentendus, les incompréhensions, elle élimine et supprime les rivalités, les vieilles querelles. Car encore trop fréquemment dans nos organisations, la fonction ou le service voisin est perçu comme un « adversaire » et non comme un « client ».

L'énergie ainsi libérée, qui était stérilement dissipée pour leur propre protection par des acteurs défensifs, se concentre désormais sur les interfaces de l'organisation pour un meilleur rendement des processus et une plus grande satisfaction des personnes.

De nombreux exemples peuvent être relatés qui illustrent le fait. Contentons-nous de citer la déclaration suivante du responsable d'un service comptable : *« Avant, pour un comptable tous les acheteurs étaient des bons à rien et pour un acheteur tous les comptables avaient la même réputation. Aujourd'hui, tout va mieux, on se rencontre systématiquement toutes les semaines, on traite ensemble nos affaires, on se met d'accord sur ce que chacun doit faire et les relations sont excellentes ! »* De fait, ces deux services comptabilité et achats ont pratiqué pleinement la relation client/fournisseur et se sont définis un objectif commun : l'amélioration de la qualité du processus de facturation. L'indicateur qualité mis en place a été le taux de factures enregistrées sans erreur dès la première émission. En moins de deux ans, on est passé de 75 % à 95 %, et on projette bien sûr d'aller plus loin.

La mise en œuvre de la méthode : le contrat de service

La méthodologie de mise en place de la relation client/fournisseur interne est présentée en détail dans la 3e partie « Les outils pour améliorer les processus ».

Dans la pratique, en fonction du travail à réaliser (analyse d'un processus dans son ensemble, amélioration d'interfaces ponctuelles...), la méthode pourra être modulée. En particulier, il sera possible d'établir ou non en fin de négociation un contrat entre les différentes parties présentes. Ce contrat, lorsqu'il existe, constitue une manifestation de la relation client/fournisseur qui se matérialise sous la forme d'un document formel. Il prend le nom de contrat de service.

Le contrat de service est un engagement formel pour les deux parties. Il devient le document de référence pour toute difficulté relationnelle, litige ou conflit interfonctions. Il ne peut être complété ou modifié qu'avec l'accord des deux acteurs signataires du contrat. Tout le personnel impliqué dans la relation client/fournisseur doit être informé sur le contenu du document.

Le contrat de service est d'autant plus utile, que les unités actrices sont plus autonomes, plus décentralisées. Une entité établit autant de contrats de service qu'elle a d'entités clients et fournisseurs. Un contrat unique est établi dans tous les cas, que l'entité soit client ou fournisseur (relation unilatérale), ou qu'elle soit client et fournisseur (relation bilatérale).

Le contrat de service, développant la relation client/fournisseur, comporte tous les avantages de celle-ci. Il oblige à préciser avec rigueur les interfaces, les relations interfonctionnelles, ce qui conduit à :

▷ un décloisonnement qui améliore les relations humaines ;

▷ une optimisation des processus et donc une efficacité accrue.

Exprimant les besoins clients de façon exhaustive et précise, il est une excellente base pour des actions d'amélioration de la qualité des activités identifiées dans le processus.

Notons enfin que l'établissement de ce contrat de service doit être l'occasion de mettre en place des indicateurs, orientés satisfaction du client, et acceptés par les deux parties en présence.

ATTENTION : si l'on n'y prend pas garde, le système des contrats peut conduire à une très grande lourdeur administrative, à figer plus de choses qu'il ne faudrait et à induire un coût supplémentaire qui augmenterait le coût global du produit. Ce qu'il faut retenir, c'est bien évidemment le principe ; quant à la forme, il faut l'adapter au contexte propre à l'entreprise et au sujet à traiter.

La mise en œuvre de la méthode : les actions d'amélioration

Nous venons de voir que la relation client/fournisseur, *via* une négociation débouchant, si besoin, sur un contrat de service, permet de préciser avec rigueur les relations interfonctionnelles et de se mettre d'accord sur les exigences aux interfaces d'un processus en vue d'optimiser celui-ci. Ces exigences étant définies, il va être nécessaire, pour la cellule fournisseur désireuse de les respecter, de mettre en place, au sein de la cellule, des actions d'amélioration de la qualité afin de satisfaire son client interne.

Ces actions peuvent être basées sur une **analyse interne d'activité** qui, pour certaines de ses étapes, fait appel à différents outils de la méthode de résolution de problème.

L'activité critique à optimiser étant identifiée (étape 1), **la seconde étape** est primordiale : il va s'agir de constituer un **groupe de travail** réunissant les personnes concernées par cette activité. En effet, le travail en groupe est l'un des meilleurs moyens pour intéresser le personnel à la démarche. Mais attention, pour être efficace le groupe ne doit pas comporter un nombre trop important de participants.

Les quatre postulats suivants sont à la base du travail en groupe :

- L'entreprise a besoin de toute son intelligence.
- L'encadrement n'a pas le monopole de l'intelligence.
- Chaque individu a un rôle à jouer dans l'entreprise.
- Libérer le potentiel de chaque individu constituant le groupe améliorera l'efficacité.

L'efficacité du travail en groupe repose essentiellement sur les faits suivants :

- Recueillir l'avis de chacun sur un problème (enrichir le sujet avec les idées et les analyses de chacun).
- Confronter les points de vue des participants (adopter une vision et un langage commun).
- Susciter la créativité en multipliant les idées originales (souvent 1 idée + 1 idée = 3 idées).
- Impliquer chaque individu dans un processus d'analyse, de critique et de décision (le rendre solidaire d'une action collective).
- Répondre à une motivation sociale : l'homme vit en société, y échange des idées, c'est une attitude naturelle.

Le travail en groupe n'est pas si facile. Cela demande du temps, de la discipline et de l'humilité. Pour que ce travail se déroule dans de bonnes conditions, il faut l'organiser de telle sorte qu'un certain nombre d'étapes soient franchies dans un ordre donné et en utilisant des outils appropriés.

Le groupe de travail étant constitué, la **troisième étape** va consister à identifier les éléments qui caractérisent le processus, à savoir : sa description acteurs/actions, les moyens matériels nécessaires à sa mise en œuvre (matériels, outils, machines, locaux...), les compétences indispensables pour assurer son bon fonctionnement, enfin les indicateurs qui vont permettre de vérifier que le processus donne bien le résultat attendu.

Ne rien oublier dans cette phase est essentiel. Il est parfois difficile de classer un élément dans tel ou tel domaine ; ce n'est pas fondamental. La connaissance d'une donnée est plus importante que son classement.

Les étapes suivantes consistent à :
- Recenser les dysfonctionnements liés à chacun des éléments identifiés précédemment.
- Décrire leurs impacts sur les performances de l'activité au regard des performances attendues et définies avec les clients internes.
- Hiérarchiser les dysfonctionnements et ne garder que ceux dont l'impact sur les performances de l'activité, et donc sur la satisfaction du client interne est important. (Choix du ou des problème(s) à traiter en priorité.)

Il s'agit alors de traiter chaque dysfonctionnement de façon individuelle en lui appliquant une méthode basée sur la recherche des causes. Cela consiste à :
- Collecter les données, rassembler les informations sur ces dysfonctionnements.
- Rechercher les causes probables de ces dysfonctionnements.
- Déterminer la ou les cause(s) réelle(s).
- Rechercher des solutions.
- Choisir la meilleure. Pour faire ce choix, qui n'est pas toujours simple, il faut éventuellement procéder à une ou plusieurs itérations en évaluant par exemple les conséquences de la mise en œuvre de la solution retenue sur les coûts, la qualité ou encore les délais.
- Planifier les actions qui vont permettre de mettre en œuvre la solution retenue.
- Définir les indicateurs qui vont permettre de mesurer l'intérêt présenté par la solution.
- Mettre en place la solution.
- Vérifier que le(s) dysfonctionnement(s) disparaît(issent).
- S'assurer que le problème ne réapparaîtra pas.

Considérer les conséquences et les retombées du problème.

Ces différentes étapes constituent pour la plupart la trame de la méthode de résolution de problème. Ajoutons que l'esprit imaginatif du groupe adapte et améliore, dans bien des cas, l'efficacité de ces outils de base pour répondre aux besoins spécifiques qui sont les siens.

Appliquons maintenant cette méthode au processus d'instruction d'une modification pour Ekocas et au processus d'admission à la clinique des Lorgnettes (voir annexe).

Ekocas et le processus d'instruction d'une modification

La mise en œuvre de la relation client/fournisseur interne va s'effectuer en deux phases :

a) établissement des fiches RCFI par les acteurs du processus

b) concertation, négociation éventuelle et mise en place d'indicateurs qualité.

Établissement des fiches RCFI par les acteurs du processus

Les cinq acteurs du processus : le chef de plate-forme, la commission des modifications, le pilote, les diverses cellules techniques et le projet vont, dans un premier temps et sans se concerter, remplir les fiches RCFI dont un modèle est proposé ci-après. Il s'agit de répondre aux questions suivantes :

- Quelle est ma mission (dans le processus) ?
- Quels sont mes clients ?
- Quels sont les besoins de mes clients (quoi, comment, quand) ?
- Quels sont mes fournisseurs ?
- Quels sont mes besoins vis-à-vis de mes fournisseurs (quoi, comment, quand) ?

L'utilisation de ce cas en exercice requiert la création de cinq groupes de travail représentant les cinq acteurs du processus. Afin que la seconde phase de l'exercice qui consiste à se mettre d'accord sur les exigences aux interfaces entre les différents acteurs soit concrète, nous avons rassemblé des informations complémentaires concernant les différents acteurs, permettant de préciser les besoins qu'ils auront à exprimer sur les fiches RCFI, puis au cours de la négociation (voir en annexe).

À titre d'exemple, les deux fiches établies pour répertorier les relations du pilote avec ses clients et ses fournisseurs sont données ci-dessous, sachant que le pilote, pour mener à bien sa mission aura besoin :

- **de la part du chef de plate-forme :**
  - de l'état des lieux, après incident, de l'installation ;
  - de la provenance des matériels endommagés (constructeur, année) ;
  - de l'état des stocks en magasin sur la plate-forme.

> **de la part de la commission des modifications :**
  - de l'avis sur les cellules à consulter.

> **de la part des cellules techniques :**
  - d'une note sur les éventuels problèmes d'interface (cette note est attendue, que ces problèmes existent ou pas) ;
  - de la liste des documents touchés par la modification.

Relation client/fournisseur interne (RCFI)
RCF 1

Pilote

Vos clients	Vos besoins		
	Quoi ?	*Comment ?*	*Quand ?*
• *Cellules techniques*	• *Partie du dossier d'instruction propre à leurs activités (DI 1, DI 2, DI 3, DI 4)* • *Fiche d'instruction (FI)* • *Délai de réponse* • *Note d'information en cas de refus de la notification par la commission*		• *3 jours après décision de la commission*
• *Commission des modifications*	• *Synthèse technique (SY) des différents dossiers remis par les cellules :* *– éléments de décision* *– proposition de mise en œuvre*		• *3 semaines après l'avis favorable de la commission*
• *Chef de plate-forme*	• *Note d'information en cas de refus de la modification par la commission*		
• *Chef de projet*	• *Conditions d'accès et de logement des équipes d'intervention* • *Éléments (noms, compétences) sur le personnel susceptible de réaliser les travaux*		

Le modèle de fiche utilisé n'est pas standardisé, chaque entreprise doit adapter ce modèle pour répondre au mieux à ses besoins. Nous avons choisi pour l'exemple un modèle simplifié. Au chapitre traitant des outils d'amélioration de la qualité nous proposons une fiche plus complète qui permet de traiter la relation client/fournisseur dans ses moindres détails.

Dans la plupart des cas, pour arriver à une fiche définitive, il faudra procéder à un certain nombre d'itérations. En effet, on peut difficilement imaginer que les relations entre acteurs soient binaires. Au fur et à mesure que l'on progresse dans l'établissement de la fiche, on est amené à mieux préciser les premiers besoins exprimés.

L'ensemble des fiches corrigées du cas Ekocas et du cas clinique des Lorgnettes vous est proposé en annexe ; elles sont précédées des informations complémentaires nécessaires à leur établissement.

Relation client/fournisseur interne (RCFI)
RCF 2

Pilote

Vos clients	Vos besoins		
	Quoi ?	*Comment ?*	*Quand ?*
• **Commission des modifications**	• *Dossier d'instruction de la modification (DI)* • *Avis sur les cellules à consulter* • *Délai d'instruction (2 semaines)*		• *Le jour où la commission donne son avis favorable*
• **Cellules techniques**	• *Solutions techniques* • *Évaluation coût/délai des prestations* • *Note sur les problèmes d'interface* • *Liste des documents touchés par la modification*	• *Dossiers D1, D2, D3, D4 accompagnés d'une fiche d'évaluation FE*	• *Au plus tard, 15 jours après réception du dossier d'instruction*
• **Chef de plate-forme**	• *Confirmation sur la liste des plans en configuration* • *Planning de la production* • *Éléments (noms, compétences) sur le personnel susceptible de réaliser l'intervention* • *État des lieux de l'installation après incident* • *Provenance des matériels endommagés* • *Les conditions d'accès et de logement des équipes d'intervention* • *État des stocks en magasin sur la plate-forme*		

Concertation, négociation éventuelle et mise en place d'indicateurs qualité

Sur la base des fiches RCFI établies, cette seconde phase va consister en un échange systématique entre les différents acteurs du processus afin de passer en revue toutes les relations clients/fournisseurs, et de se mettre d'accord sur les exigences aux interfaces.

Cette phase est essentiellement basée sur le dialogue et la concertation. Le rôle de l'animateur, au cours de la négociation, est primordial.

Les exigences sur lesquelles les acteurs du processus se sont mis d'accord peuvent donner lieu à la définition d'indicateurs qualité suivis et gérés côté fournisseur (« mesurer pour agir »).

Pour notre cas Ekocas par exemple, les indicateurs mis en place pourront être basés sur le contenu des dossiers (toutes les pièces requises par le client interne sont-elles présentes dans le dossier ?) ainsi que sur leurs délais d'envoi (nos clients internes reçoivent-ils nos documents en temps voulu ?).

Les étapes de mise en œuvre sont identiques pour le processus de « Séjour à la clinique des Lorgnettes » à celles que nous venons de détailler pour le cas Ekocas. L'annexe récapitule l'ensemble des fiches relatives à ce cas.

LES IDÉES CLÉS

Qu'est-ce que la RCFI (relation client/fournisseur interne) ?

→ Dans l'entreprise chaque unité, chaque personne fournit des prestations à des « clients » et attend des prestations de la part de « fournisseurs ». Nous sommes tous, individuellement et collectivement, client et fournisseur.

→ Le but de la RCFI est d'établir de nouvelles relations et de nouvelles méthodes de travail entre tous les maillons de la chaîne, avec un objectif commun : satisfaire le client conformément à ses besoins et à ses exigences.

→ La relation client/fournisseur interne se formalise par :

▷ la définition exacte du produit/service attendu par le client ;

▷ la définition concertée, et en final par le client, des critères de satisfaction à respecter ;

▷ la mise en place d'indicateurs pour mesurer la qualité de la prestation fournie.

NOTRE FOURNISSEUR. NOTRE ACTIVITÉ. NOTRE CLIENT.

Dans quel cas utiliser la RCFI ?

Lorsque l'optimisation du processus relève essentiellement d'une amélioration de l'efficacité et de la cohérence des interfaces, afin de réduire les cloisonnements dans la chaîne des tâches et des activités.

Démarche à suivre

La relation client/fournisseur interne doit permettre de clarifier les processus ; mettre en évidence les mauvaises habitudes acquises, réduire les cloisonnements en établissant des passerelles de concertation et de cohésion visant au même but final : satisfaire le client externe.

1 Processus à optimiser	2 Notre mission dans le processus	3 Nos clients	4 Nos fournisseurs
• Choisir le ou les processus à optimiser dans une optique d'amélioration des relations fonctionnelles client/fournisseur interne	• Quelles prestations devons-nous fournir ? • Quelle valeur ajoutée doit-on apporter par ces prestations ?	• Qui sont nos clients ? • Quels sont leurs besoins ? - quoi ? - comment ? - quand ? - pourquoi ? • Ont-ils ce qu'ils veulent ?	• Qui sont nos fournisseurs ? • Quels sont nos besoins ? - quoi ? - comment ? - quand ? - pourquoi ? • Savent-ils ce que nous voulons ?

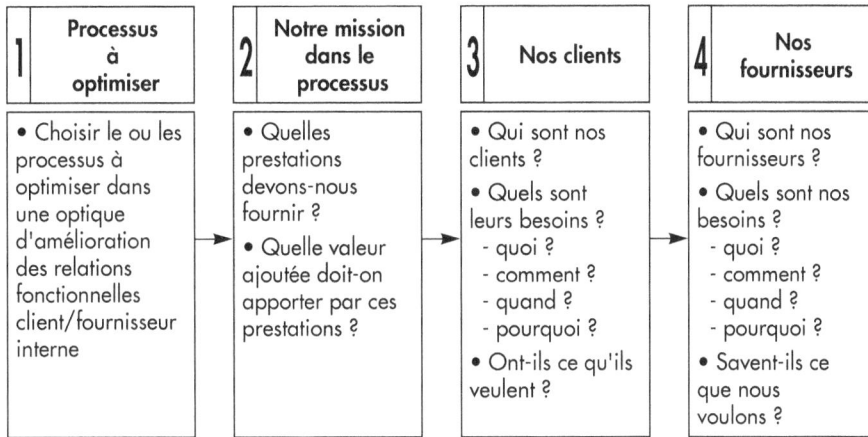

La relation client/fournisseur interne ne doit pas aboutir à un formalisme excessif, par un abus de documents ou de procédures. Il ne s'agit pas non plus de créer d'inutiles conflits interfonctionnels.

L'analyse fonctionnelle des processus

L'analyse fonctionnelle de sytèmes complexes composés d'éléments matériels se pratique couramment dans l'industrie. Pour procéder à ce type d'analyse, on utilise des méthodes éprouvées et largement diffusées, en particulier pour la conception des logiciels.

En revanche, l'application de ces méthodes aux systèmes incluant des éléments matériels, humains et subjectifs que sont les processus est moins répandue et peut-être plus complexe.

Les difficultés rencontrées, lors d'applications de cette nature, proviennent essentiellement des interactions entre facteurs humains et facteurs immatériels. Ces relations sont parfois difficiles à prévoir, c'est ainsi que, par exemple, des gains de productivité substantiels dans une usine peuvent résulter de l'amélioration des relations extraprofessionnelles entre les individus alors que rien n'a changé sur le terrain même où se déroule le processus.

Aucune méthode d'analyse aussi ambitieuse soit-elle ne peut prétendre prévoir le comportement des individus face aux variations des autres facteurs du processus. Cela ne doit pas pour autant décourager l'analyste d'utiliser une méthode structurée qui garantira l'exhaustivité des questions à se poser ainsi que le maximum d'objectivité dans les réponses à y apporter.

Le schéma proposé ci-après s'inspire des principes de l'analyse de la valeur tels que préconisés par l'Afnor. Il en reprend le principe essentiel, à savoir faire précéder toute tentative d'amélioration, ou toute conception, d'une solide analyse du besoin.

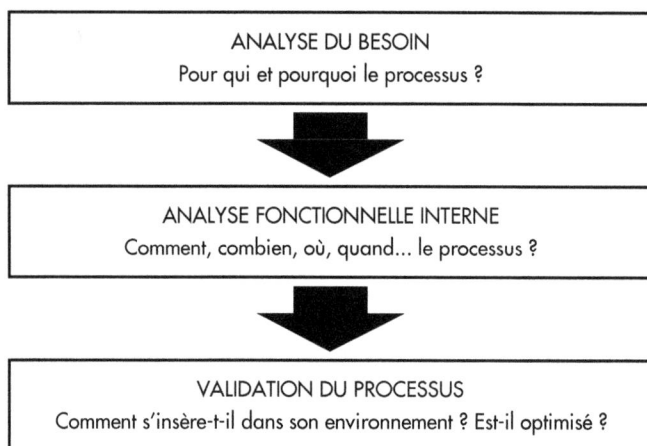

```
┌────────────────────────────────────────────────┐
│              ANALYSE DU BESOIN                   │
│        Pour qui et pourquoi le processus ?       │
└────────────────────────────────────────────────┘
                      ▼
┌────────────────────────────────────────────────┐
│        ANALYSE FONCTIONNELLE INTERNE             │
│     Comment, combien, où, quand... le processus ?│
└────────────────────────────────────────────────┘
                      ▼
┌────────────────────────────────────────────────┐
│            VALIDATION DU PROCESSUS               │
│ Comment s'insère-t-il dans son environnement ? Est-il optimisé ? │
└────────────────────────────────────────────────┘
```

Le processus d'analyse ainsi décrit est itératif, toute question non résolue au stade validation nécessite une nouvelle analyse partielle du besoin.

Tout comme l'analyse fonctionnelle classique, l'analyse fonctionnelle appliquée aux processus fera appel à d'autres méthodes et outils tels que les méthodes de travail en groupe qui font alterner phases d'imagination et phases de décision.

Parmi les méthodes et outils les plus fréquemment utilisés au cours du déroulement de l'analyse fonctionnelle, on peut citer :

- la méthode de résolution de problème à sept niveaux ;
- les méthodes d'aide à l'imagination tels que Kepner/Tregœ, QQOQCCP, les 5 M, le diagramme d'Ishikawa...
- les outils d'aide à la décision tels que analyse multicritère, tir croisé, matrice de compatibilité...

Ces méthodes et outils font l'objet d'une description détaillée dans la 3e partie « Les outils pour améliorer les processus ».

L'analyse du besoin

Pendant toute cette phase d'analyse du besoin, il faut garder à l'esprit que le processus est une boîte noire à l'intérieur de laquelle on s'interdit, pour le moment, d'entrer. L'objectif de cette phase est de définir les relations du processus avec son environnement, c'est-à-dire tout ce qui n'est pas le processus lui-même.

Ainsi, l'analyse du besoin se décompose en trois actions successives.

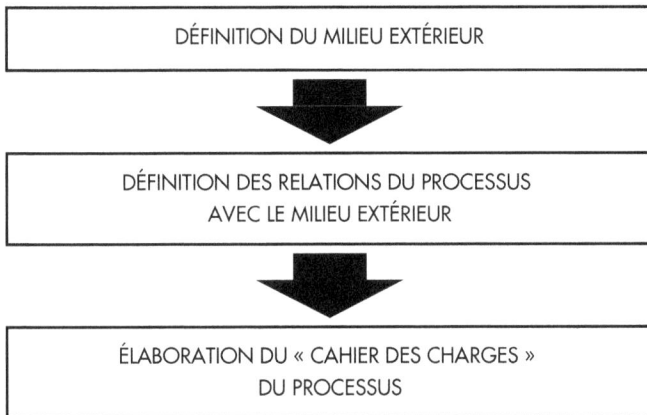

```
┌─────────────────────────────────────────────┐
│      DÉFINITION DU MILIEU EXTÉRIEUR           │
└─────────────────────────────────────────────┘
                      ▼
┌─────────────────────────────────────────────┐
│   DÉFINITION DES RELATIONS DU PROCESSUS       │
│        AVEC LE MILIEU EXTÉRIEUR               │
└─────────────────────────────────────────────┘
                      ▼
┌─────────────────────────────────────────────┐
│  ÉLABORATION DU « CAHIER DES CHARGES »        │
│              DU PROCESSUS                      │
└─────────────────────────────────────────────┘
```

Définition du milieu extérieur

Il faut être conscient que la distinction entre élément externe et élément interne peut être parfois très subtile.

Ainsi, lors de l'analyse du processus de réalisation d'une intervention de maintenance chez un client, le service études chargé de la préparation du dossier d'intervention fait partie du milieu extérieur si l'on a considéré que le processus étudié commence à l'arrivée de l'équipe d'intervention chez le client ; l'analyse du processus peut cependant conduire à des modifications substantielles du dossier d'intervention dans sa forme et ou son contenu. Deux cas peuvent alors se présenter :

- Les modifications du dossier induisent des modifications de la structure et/ou du fonctionnement du service étude. S'il en est ainsi le service étude devient un élément interne du processus et il est indispensable de revoir l'analyse réalisée pour en tenir compte.

- Les modifications préconisées quant au contenu ou à la forme du dossier n'ont aucune répercussion sur la structure ou le fonctionnement du service étude ; on peut confirmer que ce dernier est un élément extérieur au processus.

Il est bon de noter que si, lors de l'identification du processus, nous avions considéré que la borne initiale du processus était la préparation du dossier d'intervention, le service étude aurait été bien évidemment, dès le départ, un élément interne du processus.

Comment procéder pour éviter, autant que faire se peut, la certitude dans ce domaine n'étant jamais absolue, une remise en cause du travail accompli lorsqu'un élément que l'on croyait externe se révèle être, au cours de l'analyse, un élément du processus ?

▶ Il convient de définir les éléments du milieu extérieur avec la plus grande précision possible,

▶ Il faut recenser tous les éléments susceptibles d'être en relation avec le processus sans chercher à formuler immédiatement la relation en question.

Ces précautions liminaires étant prises en compte, comment le groupe de travail doit-il procéder à la définition du milieu extérieur ?

Tout d'abord quelques séances de brainstorming seront nécessaires afin de recenser tous les éléments potentiellement extérieurs au processus. Cette phase repose sur la créativité et l'imagination du groupe. Afin d'aider le groupe dans sa recherche et rendre la réflexion plus fructueuse, il pourra être intéressant d'établir une typologie des éléments extérieurs et d'organiser la réflexion autour de cette typologie.

Exemple de typologie :

▶ autres processus ;

▶ personnes ou groupes constitués ;

▶ éléments matériels ;

▶ facteurs normatifs, réglementaires ou législatifs ;

▶ éléments de structure ;

▶ valeurs fondamentales et communes ;

▶ finalités et objectifs.

Cette liste est donnée à titre indicatif, elle n'est en aucun cas exhaustive et doit être adaptée au sujet traité.

La réflexion ainsi conduite, et pour peu que le groupe se montre créatif, le résultat sera un inventaire à la Prévert qui risque de recouvrir l'ensemble des tableaux, voire des murs disponibles dans la salle de réunion.

À partir de cette matière brute et parfois surabondante, un travail de rationalisation s'impose (phase décisionnaire).

Pour procéder à cette rationalisation, il faut :

- faire la chasse aux synonymes (exemples : savoir-faire et patrimoine culturel, règlements et normes, obsolescence et vieillissement, etc.) ;
- faire les regroupements qui s'imposent pour avoir un niveau de détail homogène pour l'ensemble des éléments (exemples : sous-traitant et fournisseur, dosimétrie et sécurité du travail, etc.).

Ces deux opérations doivent être conduites avec le maximum de circonspection pour éviter de faire disparaître des éléments importants pour la suite de l'analyse.

La liste, ainsi établie, des éléments extérieurs au processus, constitue le résultat de la phase « définition du milieu extérieur » et permet de passer à la phase suivante de l'analyse du besoin. Au cours de cette nouvelle phase, la nature, le mode de fonctionnement ou d'utilisation d'un élément du milieu extérieur ne devront jamais être remis en cause.

Une analyse plus fine de l'environnement montre que le milieu extérieur se répartit suivant plusieurs couches plus ou moins proches du processus.

Dans l'exemple ci-dessous qui concerne un processus d'achat, la première couche (sur fond foncé) concerne des éléments dont on est sûr qu'ils influencent immédiatement le processus. La couche plus lointaine (sur fond blanc) comprend des éléments susceptibles d'influencer le processus à moyen et long terme. La décision de la prise en compte de ces derniers dépendra des objectifs que l'on s'est fixé.

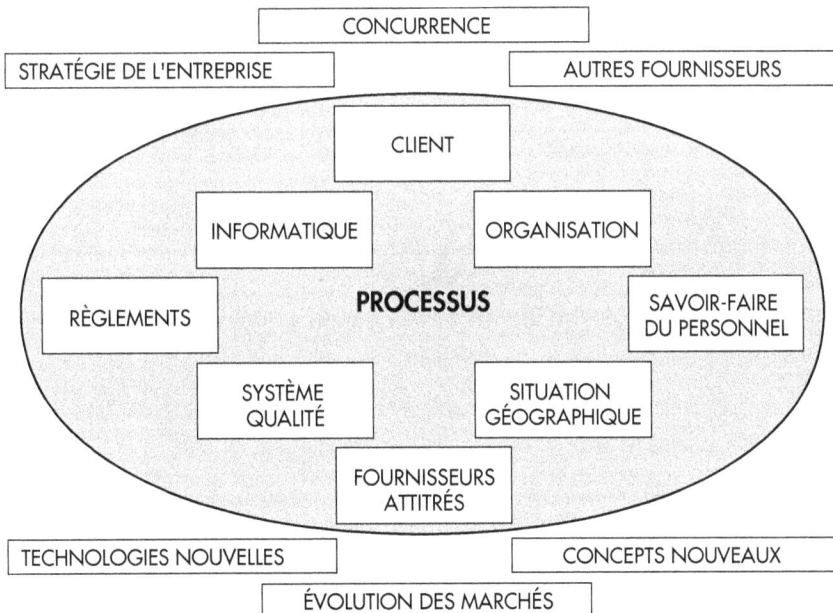

Définition des relations du processus avec le milieu extérieur

Ces relations pourront être explicitées selon leur nature de deux façons différentes :

- Relation de réaction. On utilise un verbe réactif pour la désigner, par exemple :
  - le processus est conforme à une réglementation en vigueur ;
  - le processus respecte des règles d'éthique.

  Il s'agit là de déterminer les fonctions de contraintes (normes, législation, voisinage...).

- Relation active. Dans ce cas, il y a échange entre le processus et le milieu extérieur ; cet échange consiste à « fournir » ou « recevoir » des biens, services ou données à (ou de la part de) un élément extérieur. Par exemple « le service qualité reçoit les plaintes des clients » ; « le service achats émet des commandes vers les fournisseurs ».

Il s'agit de déterminer les fonctions principales du processus vis-à-vis du milieu extérieur.

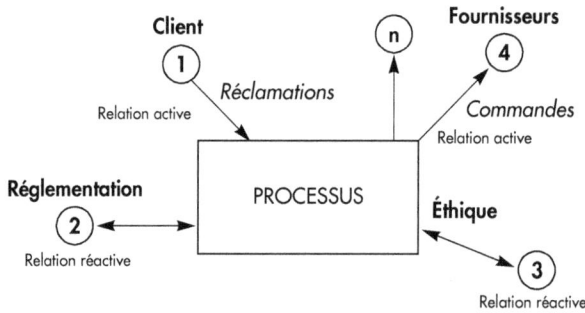

L'ensemble des relations (ou fonctions de service représentant l'ensemble des fonctions principales et des fonctions contraintes) pourra être considéré comme entièrement décrit lorsque toutes les circonstances et facteurs caractérisant l'échange auront été fixés (qualitativement et autant que faire se peut quantitativement).

Pour mener à bien cette opération on pourra utiliser l'outil QQOQCCP et récapituler les résultats dans un tableau à double entrée.

Pour illustrer cela, prenons dans une entreprise l'exemple du processus de traitement des réclamations du client et supposons que le service qualité soit en charge de ce traitement. Le client est un élément extérieur au processus, et cet élément va échanger (donner et recevoir) des informations « avec » le processus.

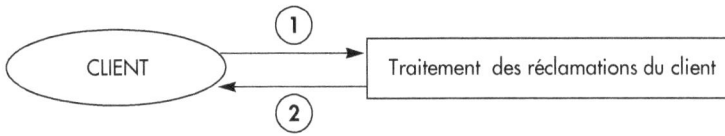

Étudions la relation n° 1 (client vers fournisseur) en la définissant le plus complètement possible à l'aide de l'outil QQOQCCP.

qui ?	quoi ?	où ?	quand ?	combien ?	comment ?	pourquoi ?
élément extérieur concerné	bien, service ou donnée échangés	localisation de l'échange au siège	moment ou fréquence de l'échange	caractéristiques de ce qui est échangé	moyens d'échange	motivations, objectifs
client	réclamations	chez le client, sur le chantier	réunion mensuelle, à tout moment, lors de la recette	objet et contenu de la réclamation	téléphone, courrier, verbal au cours d'une réunion	exhaustivité, fiabilité, rapidité, satisfaction

Il est à noter que toutes les informations qui doivent composer ce tableau ne sont pas forcément disponibles à ce stade de l'étude. Le tableau pourra être complété au cours de l'étude et lors de la définition d'autres relations.

Il faut veiller à ce que toutes les informations inscrites dans le tableau soient fiables ; attention à ne pas vouloir remplir une case à tout prix, il vaut mieux une absence d'information plutôt qu'une information erronée.

Comme lors de la phase précédente, l'analyse des relations du processus avec son environnement se fera en groupe, avec des périodes de création/imagination et des périodes de rationalisation. L'objectif étant de décrire chaque relation de la façon la plus précise possible.

Après avoir analysé et défini les différentes relations identifiées, il est nécessaire de valider et de consolider l'ensemble de ces relations, c'est l'objet de la phase « élaboration du cahier des charges » que nous allons décrire maintenant.

Élaboration du cahier des charges du processus

Le cahier des charges du processus sera bâti à partir de la matière brute que constitue l'ensemble des formulations des relations du processus avec son environnement. Il fera clairement apparaître les fonctions principales et les fonctions contraintes.

Tout ceci représente ce qui est la raison d'être du processus, celui-ci n'existant que pour et par ses relations avec le milieu extérieur. L'ensemble des actions ordonnées qui composent le processus, et que l'analyse se propose de définir *in fine*, ne sont que des moyens permettant de faire fonctionner ces relations avec l'extérieur.

Ainsi, il est important de formaliser l'ensemble des propositions issues de l'analyse du besoin dans un ensemble structuré et cohérent. Il s'agira dans un premier temps de valider, lever les ambiguïtés et contradictions résiduelles, et supprimer les redondances éventuelles.

Dans un deuxième temps, il sera nécessaire de hiérarchiser les différentes clauses (besoins élémentaires) du cahier des charges. En effet, dès lors que le processus devient complexe, la multiplicité des clauses à remplir risque de faire apparaître des dilemmes et nécessiter des compromis lorsque l'on voudra définir des solutions. Il est donc sage de procéder à ce stade de l'étude à une évaluation des besoins élémentaires en fonction de leur importance vis-à-vis du besoin global auquel répond le processus. Pour ce faire, le tri croisé qui permet d'évaluer chaque proposition vis-à-vis successivement de chacune des autres pourra être utilisé avec profit.

Le résultat de cette hiérarchisation prendra la forme d'un classement par ordre ou par classe d'importance (par exemple : vital, important, utile, secondaire).

Par ailleurs, il est également nécessaire de fixer les critères permettant de juger de la satisfaction d'un besoin ainsi que les niveaux de valeur du critère pour lesquels le besoin élémentaire est considéré comme satisfait. Ces niveaux pourraient être suivant le cas assortis de niveaux de flexibilité ou marges de négociation.

Ainsi, « dans le secteur IOM de Rhône-Poulenc Chimie, l'objectif est aujourd'hui de répondre à 80 % des réclamations dans un délai de vingt jours... puis lorsque cet objectif aura été atteint un nouvel objectif de dix jours sera fixé[1] ».

Après une ultime validation associant des éléments extérieurs au groupe de travail et au processus, l'ensemble obtenu peut être émis en tant que cahier des charges du processus. Ce cahier des charges constitue la base de l'analyse fonctionnelle interne qui consiste à rechercher les solutions permettant de répondre au besoin global.

---

1. *Usine Nouvelle*, octobre 1994.

L'analyse fonctionnelle interne

À cette étape de l'analyse fonctionnelle, nous sommes conduits à choisir entre deux logiques :

- une logique d'amélioration : le processus existe et je souhaite l'améliorer ;
- une logique de construction : le processus n'existe pas ou alors je souhaite faire comme s'il n'existait pas.

À chacune de ces deux logiques est associée une démarche particulière.

1er cas : logique d'amélioration

Il s'agit du cas le plus simple et le plus courant où l'on ne veut pas remettre en cause le processus, sauf à en démontrer l'incompatibilité avec le cahier des charges.

Dans un premier temps, le groupe en charge va procéder à une modélisation du processus existant. Il existe une grande multiplicité de modèles. Le premier qui vient en général à l'esprit est la rédaction d'une procédure, texte qui décrit le déroulement du processus et des différentes fonctions et activités le composant.

Dès ce stade, nous préconisons l'utilisation d'un outil de modélisation qui donne une vision claire et exhaustive du déroulement du processus : le logigramme.

La représentation du processus sous la forme d'un logigramme étant effectuée, l'analyse consistera en une évaluation de chaque exigence du cahier des charges dans le cadre du processus actuel.

Il faut alors apporter des réponses aux questions suivantes :

- Cette activité ou cette fonction a-t-elle une valeur ajoutée permettant de répondre à tout ou partie d'une exigence du cahier des charges ?
- Cette valeur ajoutée est-elle suffisante pour répondre au mieux à l'exigence correspondante ?

Pour cela, le groupe de travail ou la personne qui mène l'analyse dresse un tableau faisant apparaître, pour chaque fonction ou activité, la réponse aux deux questions ci-dessus, ceci pour chaque exigence du cahier des charges.

Supposons que le cahier des charges fasse apparaître quatre exigences et que le processus soit composé de quatre tâches ; dans la pratique, le nombre de tâches et le nombre d'exigences est en général plus élevé. Nous nous contenterons ici de ce cas simple pour les besoins de la démonstration. Le résultat de la réflexion du groupe de travail pourra être utilement formulé au moyen d'un tableau tel que celui que nous présentons ci-dessous :

Exigences / Activités	1	2	3	4
A	+	–	/	+
B	/	/	/	/
C	–	–	–	–
D	+	+	–	+

Dans ce tableau nous avons utilisé la symbolisation suivante :

▶ + pour une contribution positive de l'activité à l'exigence ;

▶ – pour une contribution insuffisante de l'activité à l'exigence,

▶ / lorsque l'activité est sans effet sur l'exigence.

Ainsi, on peut dire que l'activité A apporte une contribution positive aux exigences 1 et 4, une contribution insuffisante à l'exigence 2 et qu'elle n'a pas d'effet sur l'activité 3.

Une activité ne contribuant à aucune des exigences du cahier des charges correspond à une activité parasite. Il y a lieu d'examiner ce que deviendrait le processus si on la supprimait.

Une activité comportant une majorité de « moins » doit faire l'objet d'une recherche prioritaire de solutions permettant de la modifier ou de la remplacer afin d'obtenir des contributions positives aux exigences du cahier des charges. Dans ce cas, il est recommandé d'utiliser la méthode de résolution de problèmes (MRP) ou la méthode d'analyse des relations clients/fournisseurs internes (RCFI).

Une activité pour laquelle nous n'aurions que des « plus » ou une majorité de « plus » devra quand même être analysée et on devra, a minima, se poser les questions suivantes à son propos :

▶ La contribution apportée n'est-elle pas superfétatoire par rapport à l'exigence ?

▶ La tâche ou l'activité peut-elle être simplifiée ou regroupée sans que la contribution devienne insuffisante ?

2ᵉ cas : logique de construction

Dans ce cas, seules sont connues les entrées et sorties du processus qui sont définies dans le cahier des charges.

Le processus doit être recherché et non plus simplement amélioré comme dans le cas précédent. Nous nous trouvons dans une problématique du type labyrinthe dans laquelle se posent les questions suivantes :

- Existe-t-il un chemin menant de « l'entrée » à la « sortie » ?

- Existe-t-il plusieurs chemins, et si oui quel est le meilleur ?

Ce type de recherche est du ressort d'un groupe de travail dont le bon sens, l'imagination et la motivation sont sans commune mesure avec la simple conviction d'un individu agissant seul. Parmi les outils qui peuvent faciliter la créativité du groupe, le diagramme FAST fait appel à des principes qui sont tout à fait intéressants.

Le diagramme FAST® (Functionnal Analysis System Technic)

Il s'agit d'un outil développé aux États-Unis pour l'analyse fonctionnelle interne des produits et systèmes matériels.

Il est tout à fait possible de s'en inspirer pour analyser des processus en procédant de la façon suivante :

- partant d'un besoin exprimé, le groupe va se poser un certain nombre de questions :
  - Comment satisfaire le besoin ?
  - Y a-t-il plusieurs moyens de le satisfaire (recherche des alternatives) ?
  - Pour satisfaire le besoin faut-il des moyens complémentaires et simultanés (recherche des simultanéités) ?
- à partir des moyens ainsi exprimés et pour chacun de ces moyens, le groupe va se reposer les mêmes questions de manière à cerner de proche en proche la solution jusqu'à obtenir suffisamment de précision pour pouvoir construire le logigramme du processus.

Afin d'illustrer la mise en œuvre de la méthode appliquons-la, à titre d'exemple, à un processus d'approvisionnement de matière première dans une industrie de production de foie gras.

Comment satisfaire le besoin ?

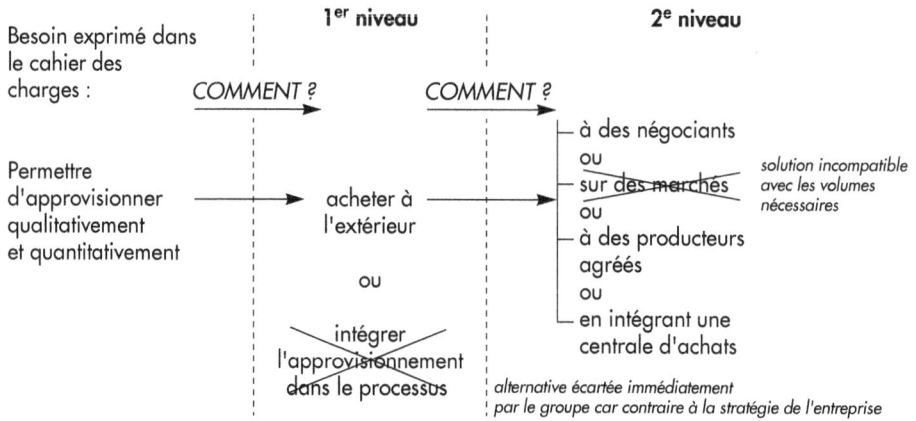

Cette analyse doit être pratiquée pour chacun des besoins exprimés dans le cahier des charges.

Lorsque, pour chaque besoin, on estime être arrivé à un niveau suffisamment fin, chaque solution doit être étudiée dans le détail. Par exemple, l'étude de la solution consistant à acheter des matières premières à des producteurs agréés pourrait se traduire par :

Recherche des solutions

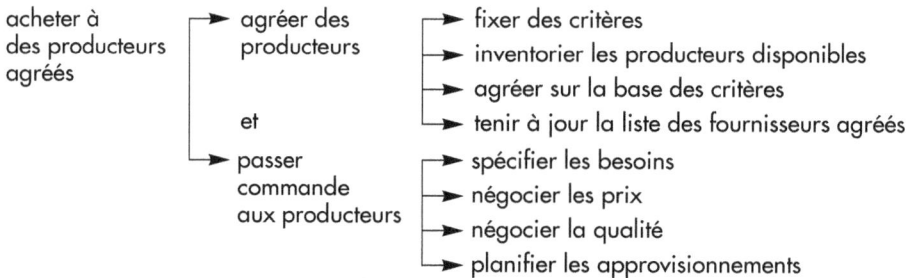

Ce type d'analyse permet, en général, d'identifier un nombre important de solutions qui peuvent alors être organisées en scénarios.

Cela consiste à constituer toutes les combinaisons possibles, mais réalistes, des solutions définies comme pouvant satisfaire un besoin donné.

Définition des scénarios

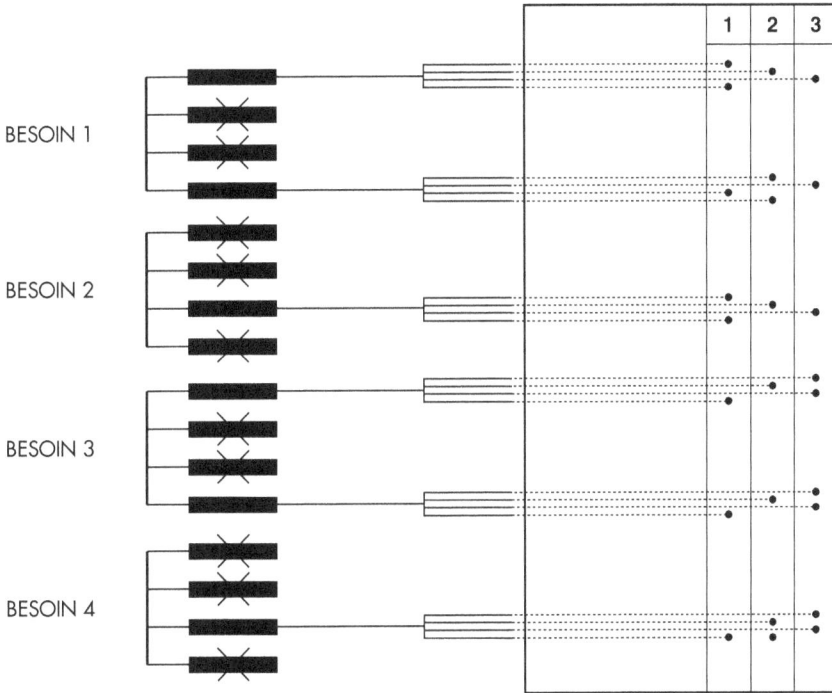

Chaque scénario peut alors être évalué sur la base de critères choisis en fonction des objectifs de l'entreprise et/ou de la nature du processus (analyse multicritère) ; on pourra, comme indiqué sur la figure ci-dessous, tracer les profils des différents scénarios et visualiser leur capacité à résoudre le problème posé.

Choix de la meilleure solution

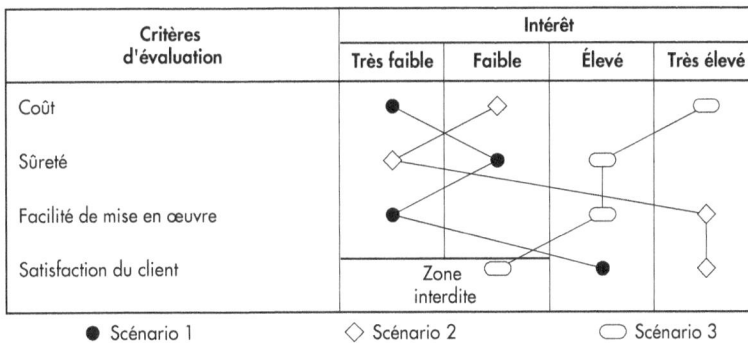

Il ne reste plus alors qu'à retenir le scénario le mieux adapté aux objectifs et aux besoins de l'entreprise.

LES IDÉES CLÉS

Qu'est-ce que l'analyse fonctionnelle ?

➡ Démarche consistant à définir, ordonner et hiérarchiser les fonctions d'un système (processus, produit, service, organisation...) dans le but de rechercher la meilleure adéquation entre les besoins à prendre en compte et les solutions à mettre en œuvre, afin de proposer le meilleur résultat possible pour le client concerné.

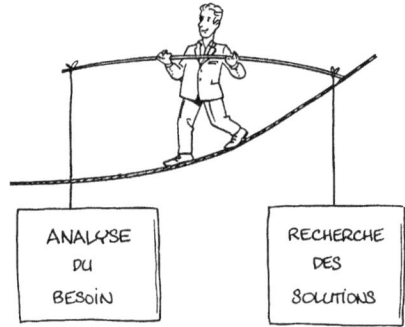

➡ Le principe clé, à chaque étape de la démarche, est de distinguer l'analyse du besoin de la recherche des solutions. Ceci afin de ne pas perdre de vue qu'une solution n'a d'intérêt que dans la mesure où elle correspond à un(e) besoin/fonction clairement et préalablement défini(e).

Dans quel cas utiliser l'analyse fonctionnelle ?

➡ L'analyse fonctionnelle est utile lorsque l'on veut concevoir ou optimiser un processus complexe qui exige d'être conçu ou reconçu avec rigueur et cohérence.

Démarche à suivre

➡ Partir du processus que l'on veut concevoir ou améliorer.

➡ Faire l'analyse du besoin (ou analyse fonctionnelle externe) :

– recenser les éléments du milieu extérieur : caractéristiques qui s'imposent au système étudié (acteurs, environnement, technique, normes, aspect...) ;

– définir les fonctions principales : relations existantes avec certains éléments du milieu extérieur (fonctions prioritaires à assurer) ;

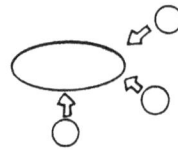

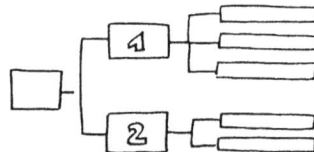

– déterminer les fonctions contraintes : normes, précautions et exigences à prendre en compte ;

– récapituler l'ensemble des fonctions de service du processus étudié : ensemble des fonctions principales et des fonctions de contraintes.

➡ Rechercher les solutions (ou analyse fonctionnelle interne), c'est-à-dire mettre en adéquation des fonctions et des solutions.

Imaginer, pour chaque fonction, les solutions possibles en représentant la relation fonction/solution par un arbre fonctionnel (diagramme FAST).

➡ Optimiser le couple besoin/solution, c'est-à-dire rechercher la meilleure solution pour satisfaire aux fonctions de service (coût, sûreté de fonctionnement, avantage concurrentiel...).

Dans le déroulement de la démarche, ne pas oublier de distinguer analyse du besoin et recherche des solutions.

Les étapes « analyse du besoin » et « recherche de solutions » impliquent le plus souvent un travail en groupe avec des phases qualitatives de remue-méninges.

L'AMDEC

Les risques auxquels doivent faire face les organismes sont multiples et dépendent de sa nature, sa structure, voire sa culture. Ces risques peuvent concerner la sécurité des biens ou des personnes ; ils peuvent être juridiques ou délictuels, financiers, commerciaux, sociaux ou sociétaux, etc.

Si le management des processus s'intéresse tout particulièrement aux risques opérationnels, il serait faux de dire qu'il ignore les autres risques. Quelle que soit la catégorie de risques concernée, elle doit être prise en compte dans le cadre de l'analyse et de l'amélioration des processus.

L'analyse de risque est faite le plus souvent au cas par cas, en fonction d'un besoin immédiat, comme par exemple une évolution du processus ou de son environnement. Les étapes successives de cette analyse consistent à identifier et analyser les risques encourus, à les évaluer et les hiérarchiser, à envisager les moyens de les maîtriser, à les suivre et les contrôler, et enfin à capitaliser le savoir-faire et l'expérience acquis dans ce domaine.

Qu'est-ce que l'AMDEC ?

L'AMDEC (Analyse des Modes de Défaillances, de leurs Effets et de la Criticité) est un outil développé par les fiabilistes, pour évaluer *a priori* la fiabilité des produits. Appliqué également aux moyens de production et aux processus de fabrication, l'AMDEC est tout à fait utilisable pour évaluer la fiabilité et les points critiques de toutes sortes de processus. En anglais, l'AMDEC est connue sous le sigle FMECA (Failure Mode Effect and Criticality Analysis).

L'AMDEC constitue une suite logique de l'analyse fonctionnelle telle qu'elle a été présentée précédemment. Il s'agit d'une technique préventive visant à :

- rechercher les défaillances potentielles ;
- évaluer leurs effets ;
- identifier leurs causes ;
- sélectionner des points critiques ;
- rechercher des mesures permettant de diminuer la criticité.

L'AMDEC recouvre le même domaine d'utilisation que l'analyse fonctionnelle, à savoir : la définition, l'amélioration ou la validation d'un produit, d'un moyen de production ou d'un processus.

La mise en œuvre de l'AMDEC est structurée en trois phases :

- phase amont d'analyse fonctionnelle ;
- phase d'analyse des modes de défaillances à proprement parler ;
- phase aval d'exploitation débouchant sur des mesures préventives.

Dans ce qui suit, nous allons nous intéresser plus particulièrement à la deuxième phase qui constitue le cœur de la méthode.

Phase d'analyse des modes de défaillance

Cette analyse est basée sur les résultats de la phase amont d'analyse fonctionnelle et comprend les actions suivantes :

- analyse exhaustive des modes, causes, effets et détection des défaillances ;
- évaluation de la criticité correspondante ;

◦ détermination des points critiques pour lesquels des mesures doivent être envisagées.

L'AMDEC est réalisable à tous les niveaux de décomposition du processus. Le niveau choisi est fonction des objectifs que l'on se fixe. Par exemple, si l'on cherche à évaluer la criticité, une méthode simple consiste à prendre en compte deux critères pour l'évaluation de la criticité d'un mode défaillance :

◦ l'aspect répétitif de la défaillance ;

◦ la gravité ou sévérité des effets (impact sur la satisfaction du client).

Application au processus de facturation de la société Ekocas

L'analyse fonctionnelle du processus a permis d'identifier les trois fonctions suivantes :

◦ établir la facture ;

◦ envoyer la facture ;

◦ suivre le règlement de la facture.

Intéressons-nous à la fonction « établir la facture », pour laquelle les trois modes de défaillance suivants ont été relevés :

◦ retard dont la cause est une surcharge ;

◦ montant erroné suite à erreur de saisie ;

◦ adressage incorrect suite à erreur de saisie.

L'évaluation de la criticité nécessite la définition de deux échelles, fréquence et gravité, qui pourront correspondre par exemple à des notes de 1 à 4 dans le sens croissant de la gravité.

La criticité correspond au produit des deux notes et doit être inférieur à un objectif prédéfini, par exemple 8.

Échelle de fréquence

Critères	Notes
Probabilité très faible *Dysfonctionnement qui n'est jamais constaté dans le fonctionnement du processus*	*1*
Probabilité faible *Quelques cas par an sur un volume important*	*2*
Probabilité moyenne *Quelques cas par mois*	*3*
Probabilité élevée *Dysfonctionnement constaté plusieurs fois par semaine*	*4*

Échelle de gravité

Critères	Notes
Défaillance mineure *Le client ne s'en aperçoit pas*	*1*
Défaillance de gravité faible *Détectable par le client mais sans incidence grave*	*2*
Défaillance de gravité moyenne *Irrite le client. Frais de remise en conformité modérés*	*3*
Défaillance majeure *Risque important de perdre le client. Frais de remise en conformité élevés*	*4*

L'AMDEC est alors formalisée sur des tableaux conçus en fonction du système étudié et des objectifs recherchés. Ces tableaux sont disposés en colonnes, comme le montre l'exemple ci-dessous :

Tableau d'évaluation de la criticité

Identification du processus ou actions	Fonctions	Modes de défaillances	Causes possibles d'une défaillance (causes : internes, externes)	Effets sur le processus de niveau N + 1 (vente)	Effets sur les systèmes externes (ex : gestion trésorerie)	Criticité Objectifs		
						Gravités	Fréquences	G × F
Processus de vente		*Retard*	*Surcharge*	*Image de marque*	*Oui*	*3*	*3*	*9*
Sous-processus de facturation	*Établir*	*Montant erroné*	*Erreur de saisie*	*Image de marque*	*Oui*	*3*	*3*	*9*
		Adressage incorrect	*Erreur de saisie*	*Image de marque*	*Oui*	*3*	*2*	*6*
	Envoyer	...	...	...	...	...	...	...
	Suivre	...	...	...	...	...	...	...

L'objectif de la phase suivante, « phase aval d'exploitation », est de déboucher sur des mesures préventives.

Phase aval d'exploitation

Dans notre exemple, deux modes de défaillance ont une criticité supérieure à l'objectif fixé (8) et devront faire l'objet d'actions préventives. Il s'agit du retard dans l'établissement de la facture et des montants erronés.

Le choix des actions préventives à engager dépend bien évidemment des objectifs globaux de l'entreprise.

Le tableau précédent, d'évaluation de la criticité peut alors être complété pour faire apparaître la criticité corrigée.

Tableau donnant la criticité corrigée

Identifi-cation du processus ou actions	Fonctions	Modes de défaillances	Causes possibles d'une défaillance (causes : internes, externes)	Effets sur le processus de niveau N + 1 (vente)	Effets sur les systèmes externes (ex : gestion trésorerie)	Criticité Objectifs			Mesures préven-tives	Criticité corrigée
						G r a v i t é s	*F r é q u e n c e s*	*G × F*		
Processus de vente		Retard	Surcharge	Image de marque	Oui	3	3	9	Oui (1)	6
Sous-processus de facturation	Établir	Montant erroné	Erreur de saisie	Image de marque	Oui	3	3	9	Oui (2)	6
		Adressage incorrect	Erreur de saisie	Image de marque	Oui	3	2	6	Non ...	/
	Envoyer	...	...	...	...	...	...	...	...	...
	Suivre	...	...	...	...	...	...	...		...

(1) Une meilleure planification de la charge de travail du service administratif qui permettrait de ramener la note de fréquence à 2 ce qui correspondrait à une criticité corrigée de 6, donc acceptable par rapport à l'objectif.

(2) L'utilisation de lecteurs code barres qui permettrait de réduire les erreurs de saisie et de ramener la note de fréquence à 2 ce qui conduirait à une criticité de 6, valeur acceptable par rapport à l'objectif de 8.

Avantages de l'AMDEC

L'AMDEC est une méthode simple et exhaustive. Tout d'abord outil de conception à l'usage des fiabilistes, l'AMDEC est suffisamment simple pour être mise en œuvre par tout un chacun dans l'entreprise. Il s'agit d'un outil universel pour la conception, l'amélioration et l'exploitation des processus. Sa mise en œuvre est grandement facilitée par l'utilisation des supports informatiques (base de données), qui permettent les tris et regroupements.

LES IDÉES CLÉS

L'AMDEC est une méthode d'analyse préventive, pratiquée en groupe, visant à l'amélioration de la fiabilité des processus par :

› l'inventaire des modes de dysfonctionnement, observés ou potentiels, des fonctions assurées par le processus,

- l'analyse de la gravité et de la probabilité d'apparition de ces modes de dysfonctionnement ;
- la définition, à partir de leur gravité et de leur fréquence, de la criticité des modes de dysfonctionnement ;
- la définition de mesures préventives aptes à améliorer la fiabilité des processus.

L'AMDEC constitue la suite logique de l'analyse fonctionnelle du processus.

Valider le processus

Ainsi construit ou reconstruit, le processus va constituer un élément du réseau des processus de l'entreprise. Va-t-il fonctionner correctement ? Ne va-t-il pas perturber le fonctionnement des autres processus ? La réponse à ces questions sera apportée par une mise sous surveillance permanente du fonctionnement du processus et des conséquences qu'il peut induire sur le fonctionnement des processus adjacents.

Cette surveillance s'exerce notamment à travers des audits qualité qui seront réalisés en suivant la logique du processus plutôt que suivant l'ordre des paragraphes d'une norme ou de tout autre référentiel. Elle devra avoir pour objet :

- d'identifier *a priori* les points critiques du processus. Ils seront tout particulièrement surveillés et feront l'objet de contrôles appropriés ;
- de vérifier que les performances en « service » sont conformes à celles qui étaient attendues ;
- de vérifier que les performances des processus adjacents (échangeant des données, des documents ou des matières avec le processus étudié) n'ont pas été diminuées.

La principale difficulté concernant cette surveillance réside dans la définition des objectifs de performance et la mise au point des critères de mesure de ces performances.

Nous verrons dans le chapitre traitant de la maîtrise des processus que cette surveillance à travers des objectifs de performances est essentielle pour mesurer l'efficacité du système dans son ensemble (composé de tous les processus de l'entreprise).

Au bout d'un certain temps de mise sous surveillance, allant de quelques mois à un an selon la complexité du processus, un bilan pourra être fait. Les points à améliorer, mis en évidence lors de ce bilan, seront de nouveau traités en utilisant la méthode d'amélioration des processus (logique d'amélioration permanente des processus).

Chapitre 10

L'amélioration des processus
en quatre temps : méthode simplifiée

Comme nous l'avons exposé précédemment, un décideur qui souhaite améliorer les processus de son entreprise a le choix entre deux logiques : rebâtir ou rénover. Rebâtir suppose un passage préalable, souvent douloureux mais généralement inévitable, du bulldozer. C'est le cas par exemple quand deux sociétés fusionnent et se retrouvent avec un certain nombre de leurs processus en doublons c'est également le cas lors d'un changement radical de l'environnement du processus comme peuvent l'être la mise en conformité avec de nouvelles normes ou encore la mise en place d'un nouveau système informatique de gestion des activités.

Dans la plupart des cas, c'est la rénovation qui est préférable à la reconstruction. On peut dans ce cas de figure, pour des raisons stratégiques, souhaiter obtenir rapidement des résultats en engageant un minimum de moyens. La méthode décrite au chapitre précédent peut parfois représenter un investissement non négligeable en temps et donc difficilement supportable par certaines entreprises. Il existe alors une autre méthode d'amélioration des processus qui s'apparente plus à la médecine douce qu'à la chirurgie. Cette méthode simplifiée est tout particulièrement indiquée pour traiter des dysfonctionnements reconnus d'un processus sans toutefois vouloir remettre globalement en cause ce processus.

Principes de la méthode simplifiée

La méthode simplifiée d'amélioration des processus se décline en quatre temps et permet d'obtenir des résultats tangibles dans un délai de deux à trois mois tout en ayant au départ une estimation fiable des ressources affectées à l'opération d'amélioration.

La démarche repose sur le traditionnel triptyque organisation/méthode/outils.

L'organisation consiste à mettre en place un groupe de travail approprié pour chaque processus à analyser. Dans le cas général où plusieurs processus sont étudiés en parallèle, plusieurs groupes de travail peuvent fonctionner simultanément mais il faut dans ce cas mettre en place des passerelles entre les différents groupes pour éviter les incohérences. Un comité de validation, de préférence au niveau de la direction, assure *in fine* la convergence des travaux des groupes.

La méthode, au-delà du principe des quatre temps sur lequel nous reviendrons plus loin, repose sur le fait que l'on s'impose d'obtenir un résultat consensuel dans un temps limité. Pour que cela soit possible, il est indispensable qu'en préalable à chaque réunion du groupe de travail on ait défini l'objet des travaux, que l'on ait fixé la durée de la réunion et surtout que l'on ait précisé le résultat attendu. Tout ceci n'est que du bon sens qui devrait être systématiquement appliqué à toutes les réunions de travail au sein d'une entreprise.

La boîte à outils, mise à la disposition du groupe de travail, contient quant à elle les outils classiques d'aide à la créativité, d'aide à la prise de décision et surtout une fiche pour chacun des quatre temps afin de consigner le résultat consensuel des travaux correspondants.

Le groupe de travail

Tout en restant restreint, le groupe doit comprendre des représentants des différentes activités qui participent ou devraient participer au bon fonctionnement du processus. Il est idéalement composé d'un pilote, de cinq à six participants, et d'un animateur. La composition du groupe peut évoluer en fonction des besoins. Il est en particulier recommandé de ne pas faire participer, à temps plein, à ce groupe des personnes qui n'ont à intervenir que sur un point particulier, interface avec un autre processus par exemple.

Le groupe se réunira à quatre reprises, la durée de chaque réunion ne devant pas excéder trois heures (deux heures recommandées).

© Groupe Eyrolles

Le pilote est responsable de la démarche, c'est-à-dire de l'obtention des résultats attendus à l'issue de la quatrième réunion. Il est, de préférence, désigné par la direction.

Les participants doivent, autant que faire se peut, constituer un groupe pluridisciplinaire. Ils doivent être mandatés pour prendre des décisions en matière de description du processus, sachant que c'est *in fine* le comité de validation qui tranchera.

L'animateur est le garant du respect de la méthode, il apporte aide et conseil aux participants pour ce qui concerne l'utilisation des outils, mais il ne s'implique pas dans les débats sur le fond. Il est également le responsable de la gestion du temps alloué à chacune des réunions du groupe.

La situation initiale

Les processus à traiter ont été choisis. Pour chaque processus, un groupe de travail est constitué. S'il y a plusieurs groupes, il faut dans la mesure du possible faire en sorte qu'ils travaillent en parallèle de façon à pouvoir présenter simultanément leurs résultats au comité de validation finale. Le nombre de processus pouvant être traités dépend des ressources de l'entreprise, ainsi que des dons d'ubiquité des éventuels participants impliqués dans plusieurs groupes !

Après une brève présentation, une heure suffit largement, de la démarche à l'ensemble des participants par un des animateurs ; le prérequis pour débuter les travaux des groupes est considéré comme atteint.

À noter que si la direction ne s'implique pas directement dans les travaux des groupes, il est souhaitable qu'elle bénéficie de cette présentation pour adhérer en connaissance de cause à la démarche.

La planification des réunions

Elle constitue une des clés du succès de l'opération. Les quatre réunions, d'une durée volontairement limitée à trois heures chacune, doivent être programmées au plus tard au début de la première réunion du groupe. Il faut éviter, sinon interdire, les désistements ou les reports de réunion qui casseraient la dynamique du groupe.

L'intervalle de temps entre deux réunions doit être suffisant pour que les partici-pants disposent d'un délai de réflexion sur les résultats de chaque étape, sans toutefois tomber dans le travers inverse d'un intervalle de temps trop long qui pourrait laisser croire à un enlisement. Le délai maximal entre deux réunions du groupe est de deux semaines.

Les résultats

Le résultat attendu à la fin de chaque étape est formalisé sur un support (fiche) prédéfini. Cette fiche tient lieu de compte rendu mais présente surtout l'avan-tage de consigner l'accord des différents participants sur les résultats obtenus.

À l'issue de la quatrième réunion, le résultat final est constitué d'un ensemble de propositions concrètes d'amélioration destinées à être soumises à l'instance de validation finale.

Mise en application de la méthode

Après que le groupe de travail ait été constitué et que les réunions aient été plani-fiées, l'animateur désigné va devoir mettre en œuvre la méthode et organiser en conséquence les réunions pour dérouler les quatre temps.

Le premier temps : définir le processus tel qu'il existe

La définition du processus se fait en répondant à dix questions :

- Nom du processus ?
- Finalité du processus ?
- Clients du processus ?
- Début et fin du processus ?
- Sous-processus ou activités composant le processus ?
- Élément(s) (matières, données…) entrant ?
- Élément(s) sortant du processus ?
- Processus amont et processus aval, s'ils existent ?
- Contraintes d'environnement du processus ?
- Pilote actuel du processus s'il en existe un, ou personne qui fait office de pilote ?

Pour obtenir une réponse à chacune de ces dix questions, le groupe fait appel au brainstorming qui doit conduire à un consensus. Les réponses obtenues sont récapitulées sur une fiche « Définition du processus en 10 questions ».

Exemple : processus d'achat de fournitures

Définition du processus en 10 questions
Nom du processus :   Achats des fournitures ayant un impact sur la qualité de nos produits
Finalité :   Approvisionner des fournitures destinées à être incorporées à nos produits   Ces fournitures doivent avoir la qualité requise pour ne pas altérer la qualité de nos produits   Ces fournitures doivent être obtenues aux meilleures conditions commerciales
Client du processus :   Organisation projet
Début du processus :   Besoin exprimé par le bureau d'études   **Fin du processus :**   Fourniture recettée, conforme à nos exigences spécifiées
Sous-processus ou activités :   Choix du fournisseur   Passation de la commande   Surveillance pendant la réalisation   Recette
Données d'entrée :   Cahier des charges   Liste des fournisseurs potentiels aptes à fournir la qualité requise
Données de sortie :   Toutes informations relatives à la fourniture
Processus amont :   Conception   Évaluation préalable des fournisseurs   **Processus aval :**   Fabrication, montage, stockage
Contraintes :   Normes qualité   Exigences contractuelles de nos clients externes   Ensemble des fournisseurs potentiels disponibles   Règles d'achat (par exemple : code des marchés publics ou équivalent)
Pilote actuel :   Responsable des achats

Le deuxième temps : identifier les dysfonctionnements ressentis ou constatés

L'objectif est de faire identifier par le groupe les dysfonctionnements existants sur le processus. L'outil de travail employé est de nouveau le brainstorming.

La recherche se fera en deux phases. Le groupe commence par recenser les dysfonctionnements objectivement constatés dans l'entreprise en fonction des informations disponibles telles que réclamations clients, constats de non-qualité, etc.

Ensuite le groupe recherche les dysfonctionnements ressentis qui, sans pouvoir être reliés à des constatations objectives, ont pu occasionner des difficultés de mise en œuvre ou des désagréments aux personnes impliquées. Ces dysfonctionnements, que l'on pourrait qualifier de « subjectifs », sont plus difficiles à décrire mais néanmoins importants car ils ont en général pour conséquence des événements indésirables réels, même s'ils n'ont pu être mis en évidence de façon objective.

À l'issue de cette phase, le groupe établit une fiche recensant les dysfonctionnements exprimés.

> **Exemple de dysfonctionnement exprimé par le groupe traitant du processus achat de fournitures :**
>
> *« En phase de choix du fournisseur de fréquentes divergences apparaissent entre l'acheteur et le technicien prescripteur quant à la désignation du mieux disant. En fait, leurs critères ne sont pas les mêmes, l'acheteur étant particulièrement attentif aux conditions commerciales alors que le technicien privilégie les délais de livraison et les performances techniques. Ce dysfonctionnement occasionne des pertes de temps dans le déroulement du processus se traduisant par des retards de livraison, ainsi qu'une dégradation des rapports entre les équipes. »*

Le troisième temps : reconstruire le processus

L'objectif de ce troisième temps est de construire un processus permettant de s'affranchir des dysfonctionnements constatés précédemment. Le processus est décrit sous forme de logigramme.

Les actions à mener par le groupe sont les suivantes :
- identifier les acteurs du processus ;
- identifier les actions et les ordonner chronologiquement ;
- identifier les informations et les documents correspondants ;
- construire le logigramme.

À ce stade, si les tâches qui constituent le processus sont très nombreuses, il ne faut pas hésiter à scinder le processus en plusieurs sous-processus, afin d'en améliorer la lisibilité. Ainsi, si l'on prend l'exemple du processus achat, celui-ci pourra être scindé en trois sous-processus en ligne : choix du fournisseur, passation de la commande, vérification de la fourniture pendant et après sa réalisation.

Le groupe dispose maintenant d'une fiche contenant la description du processus sous la forme d'un logigramme.

Le quatrième temps : proposer des améliorations

Le groupe, en comparant l'existant avec le processus reconstruit, liste les modifications et rédige pour chacune d'entre elles une fiche descriptive qui précise les objectifs de la modification, les gains attendus, les éventuelles limites ou inconvénients, ainsi que les liens existants avec d'autres propositions.

> **Exemple : fiche de proposition de modification correspondant au dysfonctionnement au niveau de l'interface acheteur/ technicien cité ci-dessus**
>
> | Proposition d'amélioration
Processus d'achat de fournitures |
> |---|
> | **Élément concerné :**
Choix du fournisseur |
> | **Objectif de la modification :**
Améliorer l'interface acheteur/technicien en phase de choix du fournisseur |
> | **Descriptif :**
Constitution d'un « binôme »
Après dépouillement des offres, un acteur « binôme » intervient dans le processus. Il est responsable de proposer le fournisseur choisi au responsable de la signature de la commande
Le binôme est constitué de l'acheteur et du technicien collectivement responsables devant le signataire de la commande |
> | **Gains escomptés :**
L'acheteur et le technicien collectivement responsables sont forcés de communiquer entre eux, supprimant les remises en cause ultérieures du choix de l'un par l'autre
Diminution des retards dans le déroulement du processus |
> | **Limites ou inconvénients :**
En cas de désaccord grave, le binôme pourrait être incapable de proposer un choix, bloquant de ce fait le processus et forçant les hiérarchies respectives à arbitrer |
> | **Liens avec d'autres propositions :**
Voir modification sous-processus de recette |

Après avoir établi l'ensemble des fiches de propositions de modification du processus, le groupe en vérifie l'exhaustivité par rapport à la liste des dysfonctionnements mis en lumière au cours du deuxième temps.

Si l'exhaustivité n'est pas atteinte, le groupe devra revoir le processus et retoucher en conséquence le logigramme établi au cours de l'étape précédente.

L'éventualité de tels bouclages suppose, de la part de l'animateur du groupe, une parfaite maîtrise du temps.

La validation des résultats obtenus par les différents groupes

La validation finale est réalisée par une instance définie par la direction dès le début de l'opération. Elle consiste d'une part à assurer la convergence entre les travaux des différents groupes, et d'autre part à définir des priorités dans la mise en œuvre des propositions d'amélioration en fonction des ressources disponibles et des enjeux pour l'entreprise.

Conclusion

Pratiquée telle que décrite, la démarche en quatre temps permet d'obtenir rapidement des résultats tangibles pour peu que la volonté du management soit présente.

Parmi les difficultés à surmonter, la peur du changement est sans conteste la plus délicate. C'est la raison pour laquelle la démarche devra être suffisamment transparente et accompagnée d'une communication adaptée.

La chronologie et la séparation des phases sont également importantes. Il faut résister par exemple à la tentation de traiter directement les dysfonctionnements un par un avant d'avoir construit le logigramme ; en effet, les solutions trouvées pour résoudre individuellement les dysfonctionnements ne sont pas dans la plupart des cas cohérentes entre elles, il devient alors très difficile d'obtenir un consensus global et par voie de conséquence le logigramme est vraisemblablement inconstructible.

Chapitre 11

Mettre en œuvre les améliorations

Mettre en œuvre un nouveau processus ou un processus modifié ne doit pas être considéré comme une opération anodine.

Cette mise en œuvre doit obéir à certaines règles et s'appuyer sur des moyens de communication pour que le changement soit compris et accepté.

Il faut ensuite obtenir l'adhésion des intervenants dans le processus concerné pour vérifier que celui-ci rend bien les services attendus ou pour envisager de nouvelles améliorations.

Enfin, il est indispensable de mettre en place un dispositif de veille, car les éléments extérieurs au processus et plus généralement l'environnement de l'entreprise sont éminemment mouvants. Ces évolutions peuvent nécessiter des ajustements du processus.

Il faut donc pour la mise en œuvre d'un processus considérer les cinq phases suivantes :

- Définition et planification de la mise en œuvre.
- Description du processus à mettre en œuvre.
- Définition des fonctions et des postes.
- Validation du processus.
- Veille pour prendre en compte les évolutions de l'environnement.

Définir et planifier la mise en œuvre

Qu'il s'agisse d'une amélioration par modification ou ajustement d'un processus, ou bien qu'il s'agisse de la définition d'un nouveau processus, il va falloir faire accepter le changement. Pour cela, il est indispensable de mettre au point les messages et de définir les moyens qui vont permettre que ce changement se fasse dans les meilleures conditions possibles.

Un premier travail va consister à partir des études faites précédemment (RCFI, analyse fonctionnelle…), de définir les moyens (outils et supports) nécessaires au bon fonctionnement du processus. La mise en place de ces moyens peut nécessiter des développements ou des investissements particuliers (logiciel par exemple), dont il faut programmer la réalisation.

Il est alors indispensable, dès ce stade, de désigner un responsable (ou pilote) du processus qui aura comme toute première tâche la planification de la mise en œuvre du nouveau processus ou du processus modifié.

Cette planification doit faire apparaître un certain nombre de rendez-vous qui permettront, à intervalles réguliers ou à des échéances importantes, de faire un point d'avancement et la levée des options qui seront apparues comme possibles au cours de la mise en œuvre.

La première des tâches que le planning doit prendre en compte est celle qui consiste à décrire le processus. C'est de cette description précise et détaillée que découlera la liste des tâches à réaliser pour procéder à la mise en œuvre du processus.

Décrire le processus

Pour mettre en œuvre un processus, il faut être en mesure d'en faire comprendre le déroulement aux acteurs potentiels, donc de le décrire sous une forme compréhensible par tous. Le moyen le plus classique et le plus ancien de décrire un processus est la **procédure**.

Abordons le sujet sous l'angle de la terminologie. Le mot procédure signifie description de la manière de procéder, ce dernier mot provenant du latin *procedere* dont le sens est « aller de l'avant », c'est-à-dire progresser. Le mot procédure a une forte teinture réglementaire ou juridictionnelle. C'était au Moyen Âge, sous l'Inquisition et d'une manière plus générale jusqu'à notre époque dans le domaine de l'application du droit, la succession des formalités à remplir pour aboutir à une décision de justice.

Il s'ensuit que la procédure décrit sous forme de règles, que l'on s'impose ou qui nous sont imposées, les activités, démarches et actions qu'il faut entreprendre dans un ordre donné pour obtenir un certain résultat. Cette définition très générale peut s'appliquer aux documents qui régissent tout type d'activité.

Contrairement à une idée trop souvent répandue, l'écriture d'une procédure n'est pas une chose simple. Cet « exercice » nécessite d'appliquer certaines règles, de faire preuve d'un esprit critique et de maîtriser le sujet à traiter. Pour que la procédure soit efficace, il faut :

- que les informations dont elle est le support soient données sous une forme simple, claire, décryptable et compréhensible par ceux qui auront à l'appliquer ;
- qu'elle soit largement diffusée à ceux qui doivent l'appliquer. Il est bon de mettre en place un système pour s'assurer que cette diffusion est correctement effectuée ;
- sensibiliser et former les différentes populations concernées à l'utilisation de cette procédure ;
- que son utilité soit explicitement reconnue par la hiérarchie.

C'est au responsable (ou pilote) du processus qu'il revient de décider, *in fine*, de la nécessité d'une procédure. Le cas échéant, il rédigera ou fera rédiger la procédure, mais dans tous les cas il devra conserver la responsabilité du contenu.

Vous avez décidé d'établir une procédure ?

L'écriture d'une procédure n'est pas une fin en soi. Avant d'entreprendre cette écriture, il est indispensable de se poser un certain nombre de questions pour confirmer l'utilité de cette procédure, préciser les besoins de l'utilisateur et définir son application. Pour cela, il est recommandé de reprendre les éléments de l'analyse qui ont conduit à la définition du processus qu'il s'agit maintenant de décrire, et donc de trouver les réponses précises aux questions suivantes :

- Quel est le besoin (quoi) ? Le besoin ayant été correctement identifié, il s'agit de définir comment une procédure pourra satisfaire le besoin, et surtout la forme la plus appropriée de cette procédure.
- Quels sont les acteurs (qui) ? Quels sont les fonctions ou les organismes qui contribuent au bon déroulement du processus ? La liste des acteurs a certainement été établie lors de l'analyse du processus.
- Où se déroule le processus (où) ? En un seul lieu ou en plusieurs ? La réponse à cette question permet de faire apparaître des interfaces un peu particulières que l'on a intérêt à décrire avec le plus grand soin.

▷ Quand est-ce que le processus et les tâches qui le composent sont-ils mis en œuvre (quand) ? Y a-t-il à cause du facteur temps des interfaces particulières avec d'autres processus ou d'autres tâches ? Le temps est un facteur d'autant plus important qu'il n'a pas, sauf exception, été pris en compte de façon explicite lors de l'analyse du processus. Le temps intervient néanmoins de façon implicite tout au long de l'analyse du processus ne serait-ce qu'à travers l'ordre d'enchaînement des tâches.

▷ Comment doivent être effectuées les tâches (comment) ? Y a-t-il des méthodes ou des techniques particulières imposées ? Si oui, il faut décider si leurs descriptions doivent être introduites dans la procédure.

▷ Combien y a-t-il de tâches à accomplir (combien) ? Si le nombre de tâches est très élevé, il faudra envisager de décrire le processus dans un ensemble de procédures pour éviter une certaine lourdeur ; cela revient en fait à découper le processus à décrire en un certain nombre de sous-processus.

▷ Pourquoi doit-on effectuer ces tâches (pourquoi) ? La réponse au pourquoi est essentielle si l'on veut que la description du processus contienne suffisamment d'informations pour que l'utilisateur de la procédure s'en serve en connaissance de cause.

Ayant répondu à cet ensemble de questions, il faut encore examiner quelles peuvent être les relations entre cette procédure et d'autres procédures déjà existantes. La connaissance de ces relations revêt une grande importance car elle permet de s'assurer que l'interface entre deux processus est correctement traitée.

Vous avez confirmé la nécessité d'établir une procédure ?

Compte tenu de la complexité des organisations et des systèmes, il est utopique de penser qu'une seule personne, même si elle est la principale intéressée, puisse connaître parfaitement le processus qu'elle a à décrire. La mise au point d'une procédure doit être un travail collectif.

Avant de se lancer dans l'écriture s'il s'agit d'établir un texte, dans le dessin s'il s'agit d'établir un logigramme ou encore dans une opération d'enregistrement s'il s'agit de constituer une base de données, il est indispensable de préciser un certain nombre de points et d'effectuer les actions suivantes :

▷ S'assurer qu'il n'existe pas de procédure déjà écrite sur le même sujet par une autre unité.

▷ Fixer le niveau de détail nécessaire pour s'assurer que l'utilisateur appliquera correctement la procédure.

▷ Désigner le processus que doit décrire la procédure ; en définir les limites.

- Lister les acteurs intervenant dans le processus.
- Déterminer les points clés du processus et fixer les opérations de contrôle correspondantes ainsi que la nature de la documentation associée à ces points clés.

Vous disposez de tous les éléments vous permettant d'établir une procédure ?

La procédure est la description de la manière dont se déroule un processus ou de la façon dont est exécuté un ensemble de tâches.

Une procédure fiable est une procédure qui :

- définit de façon précise les actions à effectuer ;
- indique les acteurs intervenant dans le déroulement du processus ;
- précise le rôle des acteurs dans l'accomplissement des actions ;
- n'est pas ambiguë et clarifie les interfaces ;
- fixe les informations à échanger entre les acteurs en précisant les supports et le calendrier (éventuel) d'échange.

Comment formaliser une procédure ?

Bien que les modes de formalisation soient nombreux, nous retiendrons les trois principaux : le texte, le logigramme et l'infogramme.

Le choix de la forme de représentation dépend de plusieurs facteurs et en particulier :

- du niveau de détail nécessaire ;
- de la complexité du processus, du nombre d'acteurs et du nombre de tâches ;
- de la structure de la documentation qualité et de la place de la procédure dans cette structure ;
- du nombre de personnes qui ont à la connaître.

Bien évidemment, ces trois formes peuvent être combinées ; on trouvera souvent par exemple une procédure sous forme de texte avec en annexe un logigramme à titre de synthèse. Pour ce qui nous concerne, nous pensons qu'il vaut mieux ne pas mélanger les genres (toute redondance est source potentielle d'incohérence), et donner un maximum d'efficacité à la représentation choisie.

Le texte

Ce type de représentation est particulièrement bien adapté lorsqu'il s'agit de traiter une procédure à caractère purement technique. On peut citer à titre d'exemple une procédure de soudage ou une procédure d'essai. Le texte a l'avantage de bien détailler les opérations à effectuer par une même et seule personne.

Pour que la procédure soit efficace, il faut qu'elle soit rédigée avec beaucoup de soin et surtout que le texte soit sans ambiguïté. Cela suppose que :

- le texte et les phrases soient courts ;
- les termes utilisés soient usuels ;
- les pronoms indéfinis et tous les termes pouvant avoir un double sens prohibés.

Le logigramme

Le logigramme est la représentation la mieux adaptée à la description d'un processus (voir la 3ᵉ partie « Les outils pour améliorer les processus » et l'encadré pour les symboles à utiliser).

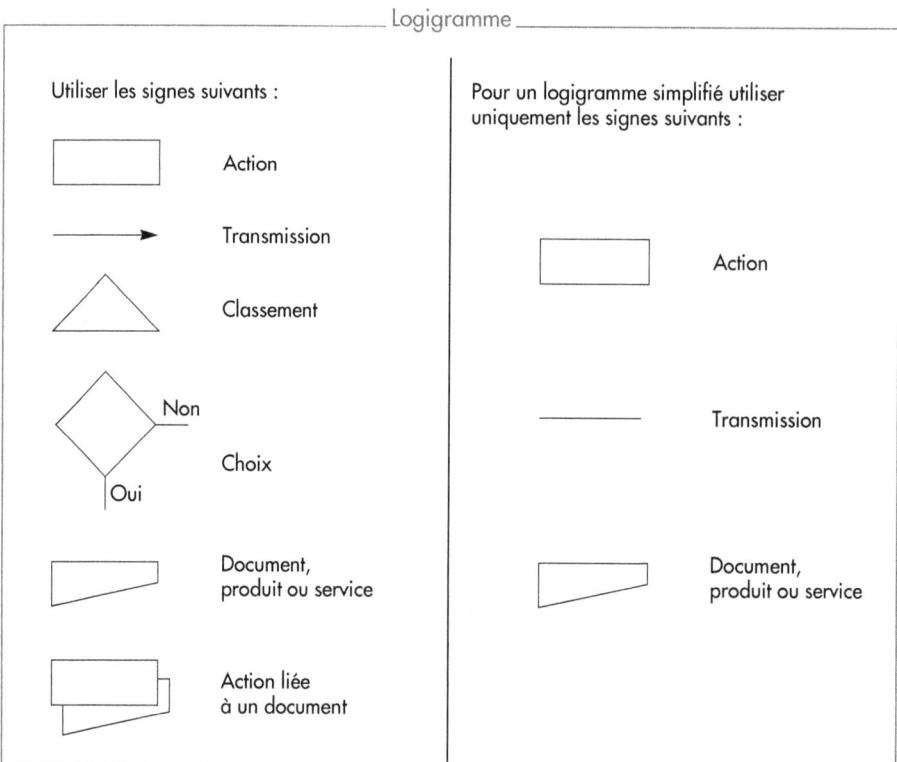

_____ Logigramme _____

Utiliser les signes suivants :

	Action
	Transmission
	Classement
Non / Oui	Choix
	Document, produit ou service
	Action liée à un document

Pour un logigramme simplifié utiliser uniquement les signes suivants :

	Action
	Transmission
	Document, produit ou service

L'infogramme

Un processus est un ensemble de tâches et d'activités, mais c'est aussi un ensemble d'informations.

S'agissant d'informations, un moyen de définir, de caractériser et préciser les échanges d'informations consiste à utiliser une représentation sous forme d'infogramme. (Voir ci-après les symboles à utiliser.)

Infogramme

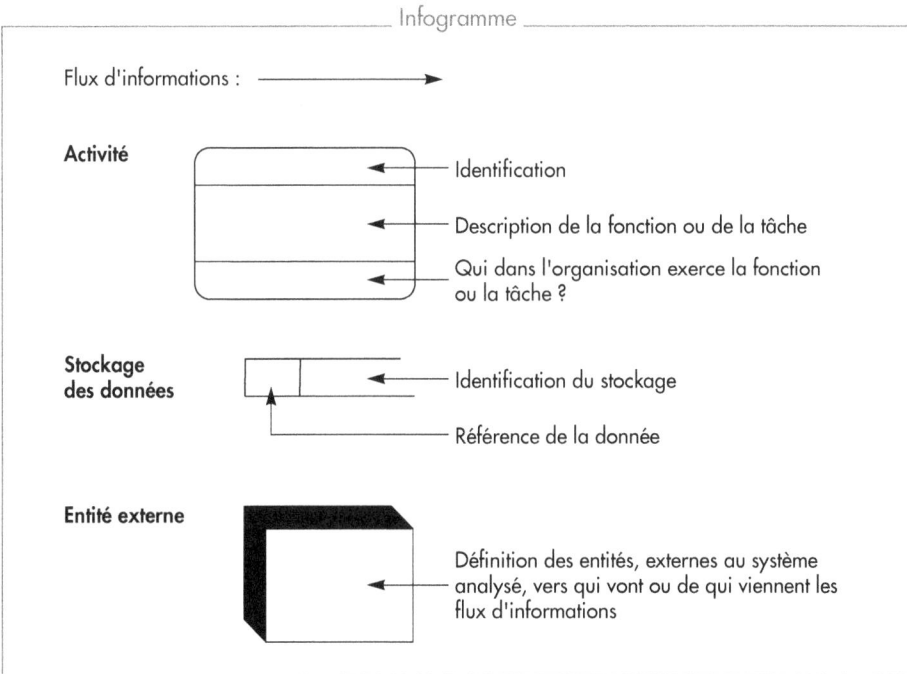

Pourquoi des infogrammes ?

Les infogrammes sont utilisés pour construire un modèle logique permettant de spécifier ce qui est et ce qui devrait être. De plus, leur utilisation facilite le choix du niveau de détail auquel l'analyse devra être faite.

Quels sont les avantages des infogrammes ?

- une meilleure participation des personnes concernées au cours de la phase d'analyse ;
- une meilleure compréhension du système logique par les participants ;
- un gain de temps dans la phase d'analyse.

Une telle méthode peut devenir complexe si l'on veut descendre à un très grand niveau de détail. Il faut donc veiller à ne l'utiliser qu'avec beaucoup de précautions et, en tout état de cause, uniquement pour l'analyse et la représentation de processus relativement complexes.

Comment valider une procédure ?

Une procédure une fois établie doit être validée. Une bonne façon de procéder à cette validation consiste à donner la procédure à une personne qui ne connaît pas le sujet et à lui faire exécuter le processus ou la partie de processus pour lequel la procédure a été écrite.

À noter qu'une procédure fiable est aussi une procédure qui est à jour, il ne suffit pas d'établir une procédure à un moment donné, il faut aussi se donner les moyens de la tenir à jour. Il est extrêmement dangereux de laisser en circulation une procédure qui n'est plus à jour.

Définir les fonctions

Lors de l'analyse du processus et surtout lors de sa redéfinition, nous avons été amenés à établir la liste des acteurs du processus (nouveau ou modifié) ainsi que la liste des actions à réaliser pour que le processus se déroule dans les meilleures conditions.

Pour que la mise en œuvre soit efficace, il faut que chaque acteur connaisse son rôle, donc les actions qu'il aura à accomplir et l'ordre dans lequel il devra les réaliser. Ce rôle apparaît clairement dans la procédure si elle est bien écrite ; le logigramme est, de ce point de vue-là, idéal car il permet de visualiser pour chaque acteur les actions qui sont de son ressort. Il est cependant, pour quelques cas complexes, recommandé d'établir pour chaque acteur une fiche de poste, ou fiche équivalente, qui lui évitera de découvrir sur le tas ce dont il est responsable.

Deux fonctions sont par ailleurs à mettre en exergue et à définir de façon précise. Il s'agit des fonctions de :

▷ **Pilote d'un processus** : il doit avoir une vision globale du processus et en connaître parfaitement les différentes composantes et leur enchaînement.

Le pilote de processus veille au bon fonctionnement de celui-ci, il garantit son intégrité et maîtrise ses évolutions.

Le pilote de processus[1]

C'est le garant du bon fonctionnement d'un processus. Il anime un plan d'action et veille à l'amélioration permanente du processus dont il a la charge. Le pilote du processus s'assure :

- de la conformité et de la cohérence du processus par rapport aux exigences du système de management de la qualité ;
- du déploiement, au niveau de son processus, des objectifs généraux fixés par la direction ;
- de l'efficacité du processus ;
- de l'efficience du processus par l'évaluation des ressources allouées au processus ;
- de l'adaptation du processus aux évolutions de son environnement ;
- du niveau de maturité du processus qui permet de situer son degré de maîtrise dans une démarche de progrès vers l'excellence.

Cette liste des activités qu'un pilote de processus pourrait avoir à remplir devra être amendée et adaptée en fonction :

- du contexte dans lequel se trouve l'organisme (par exemple, situation d'échec et réorganisation des processus ou volonté de ne pas bousculer une situation fragile) ;
- du type de processus considéré (processus stratégique ou non) ;
- de la culture propre à l'organisme (niveau de délégation, de centralisation…).

Mais, plus encore que la définition de fonction à travers une liste d'activités, c'est le choix du pilote qui est important. Son rôle n'est pas en effet toujours des plus faciles, et il doit pouvoir faire face aux difficultés qu'il va rencontrer. Parmi ces difficultés, une des plus courantes est le rejet passif ou actif de la part de la hiérarchie métier qui considère que le pilote empiète sur ses plates-bandes.

Un pilote de processus doit avoir :

- des compétences dans l'activité dominante du processus ;
- une culture tournée vers le client ;
- une bonne visibilité sur l'ensemble du processus et de l'organisation ;
- une aptitude à travailler en équipe et à négocier ;
- une autorité et un charisme reconnus ;
- une bonne capacité d'analyse.

Toutes ces qualités ne servent à rien si le pilote n'est pas soutenu par la direction. Le pilote de processus, au même titre que le responsable qualité, est un acteur important du système de management de la qualité. Il doit pouvoir, dans des conditions précises, rendre compte directement à la direction.

---

1. Michel Cattan, *Guide des processus – Passons à la pratique*, Afnor, 2005.

- **Gestionnaire de processus :** il met à la disposition des responsables de processus les données qui les concernent sous forme d'indicateurs et de tableaux de bord. Pour ce faire, il doit pouvoir avoir accès à toutes ces données, ce qui nécessite que sa fonction soit reconnue par tous les acteurs du processus.

Ces deux fonctions peuvent être remplies par une seule et même personne.

Confirmer la validité d'un processus

Rien ne vaut une mise en application pour se rendre compte de la validité d'une description qui est, parfois, malgré toutes les précautions prises grâce au questionnement, quelque peu théorique ; à condition toutefois que la description ne soit pas trop abstraite et qu'elle ait un lien direct avec les caractéristiques de l'entreprise et du domaine traité.

On peut aussi utiliser les techniques du benchmarking. Dans ce cas, il faudra surmonter une difficulté qui se présente quelquefois : le processus auquel je me compare est-il mis en œuvre dans un contexte identique à celui dans lequel se trouve mon entreprise ? Si la réponse à cette question est négative, il vaut mieux abandonner la comparaison plutôt que de chercher à imaginer, sans une analyse complète, les conséquences de la différence de contexte sur le processus.

En fait, on s'assure de la validité et de l'efficacité d'un processus en mettant en œuvre différentes méthodes et différents moyens dépendants de la nature et des objectifs de l'entreprise.

Un des meilleurs moyens pour confirmer la validité d'un processus reste encore l'enquête client lorsqu'elle est possible. Si le client est en mesure de donner une appréciation basée sur sa perception, mais aussi sur des critères objectifs, nous avons là un élément de mesure incontestable. Cependant, une telle confirmation n'est que partielle car elle ne tient pas compte, par exemple, d'une mesure de validité par rapport à d'autres intérêts essentiels tels que ceux de l'actionnaire donc de la rentabilité du processus.

Prendre en compte les évolutions de l'environnement

La veille doit se pratiquer à deux niveaux : en interne et en externe.

- En interne il s'agit, à partir d'indicateurs et de tableaux de bord (voir le chapitre suivant), de s'assurer de l'évolution positive des facteurs qui ont conduit à modifier ou à créer le processus. Il s'agit aussi d'avoir une information précise sur les processus adjacents de façon à maîtriser les évolutions aux interfaces.

- En externe, la veille se traduit, pour l'essentiel, par des opérations de benchmarking, à savoir l'examen de processus analogues fonctionnant bien dans d'autres entreprises ; il faut alors choisir, pour s'en inspirer, l'entreprise réputée la meilleure pour la mise en œuvre de ce type de processus.

Chapitre 12

Maîtriser les processus

Maîtriser un processus c'est se donner les moyens de vérifier les conditions de sa mise en œuvre, de mesurer les écarts par rapport à la description qui en a été faite et bien sûr de fixer des objectifs d'amélioration en fonction de dysfonctionnements constatés mais aussi des objectifs d'amélioration de la qualité et de la productivité.

Cette maîtrise suppose que le pilote de processus dispose de tous les éléments (données, méthodes et outils) qui lui permettront de veiller à l'efficacité et à l'efficience du processus dont il a la charge.

Nous avons, dans les chapitres précédents, mis en évidence l'importance qu'il peut y avoir à mettre en place des indicateurs pour disposer d'une représentation objective de l'ampleur des dysfonctionnements ou pour mesurer l'évolution du processus. En d'autres termes, la mesure permet de localiser les champs d'amélioration possibles, d'établir des priorités et de réaliser un suivi des actions mises en place.

Les indicateurs constituent un élément essentiel de la maîtrise des processus à la condition expresse que l'ensemble des indicateurs mis en place permette de lancer des actions correctives et de prendre des décisions cohérentes quant à l'évolution nécessaire des processus. C'est pourquoi il est recommandé d'établir un tableau de bord qui reprendra de façon organisée et cohérente l'ensemble des indicateurs mis en place.

Nous revenons dans ce chapitre sur les notions d'indicateurs et de tableau de bord parce qu'elles constituent des points d'ancrage essentiels pour assurer une bonne maîtrise des processus. Nous constatons cependant aujourd'hui que le tableau de bord rassemblant des indicateurs est nécessaire mais ne suffit pas toujours pour mesurer « l'efficacité d'un processus ».

Les données du pilotage[1]

Parmi les principales entrées du pilotage d'un processus, on peut noter :

- les exigences des clients externes et internes, les exigences réglementaires et les propres exigences de l'organisme qui ont un impact sur le processus ;
- les critères d'acceptation du processus définis en accord avec les clients du processus ;
- les résultats d'analyses concurrentielles et de benchmarking.

Le pilote doit disposer de méthodes et d'outils :

- une procédure de traitement des dysfonctionnements du processus et des actions correctives associées ;
- une procédure de traitement des actions préventives ;
- une méthode d'analyse des risques ;
- des outils de mesure.

Compte tenu de ces données, méthodes et outils, le pilote est à même de remplir dans de bonnes conditions sa fonction, et en particulier de s'assurer :

- De l'application du processus en s'appuyant sur :
  - les caractéristiques du processus ;
  - les résultats et conditions d'application du processus, y compris les dysfonctionnements ;
  - les résultats des audits qualité du processus.
- De l'efficacité du processus en évaluant :
  - les indicateurs du processus ;
  - les non-conformités relatives au produit ;
  - la satisfaction et les réclamations des clients ;
  - le positionnement dans la matrice de maturité.
- De l'efficience du processus par l'évaluation :
  - des ressources allouées au processus ; le pilote veille à ce qu'elles soient utilisées de manière optimale ;
  - de l'enchaînement des activités et la maîtrise des interfaces ;
  - des résultats obtenus en les comparant à ceux issus de processus similaires.
- De l'adaptation du processus aux évolutions de son environnement, en tenant compte :
  - des évolutions des exigences spécifiées ;

---

1. Michel Cattan, *Guide des processus – Passons à la pratique*, Afnor, 2005.

> – des résultats issus des études d'écoute clients ;
>
> – des évolutions des processus en interface.
>
> Les données de sortie du pilotage résultent quant à elles de la gestion :
>
> • d'un tableau de bord et d'un système de reporting définis en accord avec les clients internes du processus et la direction de l'organisme ;
>
> • des revues périodiques du processus.

Les indicateurs qualité

Un indicateur qualité associé à un phénomène est une information choisie, destinée à en observer périodiquement les évolutions par rapport à des objectifs fixés.

Les indicateurs expriment :

- La qualité perçue par le client.
- La qualité interne obtenue sur les produits et prestations.
- L'amélioration de la qualité au travers des efforts entrepris.

Les indicateurs qualité permettent de mettre sous contrôle les éléments du système qualité :

- L'image qualité se caractérise par la définition de produits conformes aux besoins et attentes des clients.
- Le processus de mise en œuvre se caractérise par sa capacité à définir, concevoir et réaliser des produits conformes aux exigences préétablies.
- Le produit se caractérise par sa conformité aux exigences préétablies.
- La satisfaction du client se caractérise par l'aptitude du produit à être conforme aux besoins et attentes des clients en tant que performances, coût, délais et services rendus.

Le but des indicateurs est bien sûr de mettre en évidence les dysfonctionnements, mais surtout de fournir les éléments nécessaires pour déterminer des axes d'amélioration possibles.

On considère que l'élaboration des indicateurs qualité doit se faire en cinq étapes :

1. **Partir** du constat de dysfonctionnement (analyse de processus) et de l'analyse RCFI (missions/clients/fournisseurs).

LES INDICATEURS QUALITÉ

UN MOYEN POUR PROGRESSER

Il faut pour cela définir la finalité de l'entité en tant que produits et services à fournir vis-à-vis des besoins et attentes de ses clients, énoncer les missions qui déterminent les moyens à mettre en œuvre, énoncer les produits et services qui traduisent les missions.

2. **Déterminer** la nature de ce que l'on cherche à mesurer (fiabilité, retard...), et le type d'indicateurs adaptés (taux, indices...).

3. **S'assurer** de la pertinence et de la précision des indicateurs qualité : mesurent-ils la qualité perçue par le client ? ou bien mesurent-ils la qualité interne de l'entité (processus et produit) ?

	Niveau	Types d'indicateurs qualité
Qualité perçue	Client/utilisateur	Taux d'indisponibilité
	Produit/service	Indicateurs de conformité
Qualité interne	Processus	Indicateurs de dysfonctionnement

Il est nécessaire de s'assurer que l'indicateur mesure la qualité et non pas seulement l'activité.

Il faut mettre en priorité des indicateurs sur les relations principales de l'entité avec ses divers clients et fournisseurs. Ceci doit se faire en concertation avec les clients et les fournisseurs.

4. **Déterminer** les indicateurs de conformité à mettre en place au sein de l'unité pour mesurer l'efficacité des processus conduisant à la satisfaction du client.

5. **Déterminer** le niveau de pilotage de l'indicateur, à savoir le niveau qui a pouvoir de décider.

Pour qu'un indicateur soit reconnu, il faut qu'il soit mis en place avec l'aval de la hiérarchie. Les indicateurs doivent être élaborés pour et avec les opérationnels en s'assurant de la volonté d'aboutir de tous les intéressés.

Il peut arriver que l'on ait du mal à trouver le bon indicateur qui permet d'évaluer un dysfonctionnement ou de mesurer une amélioration. Le plus souvent, cela est dû au fait que l'on n'a pas pris véritablement le temps d'expliciter et de poser clairement le problème à traiter.

Exemples de graphiques[1]

Des graphiques adaptés permettent de représenter les divers indicateurs

---

1. Jacques Bojin et Marcel Dunand, *Dites-le avec des messages*, Dunod.

Enfin, il faut éviter que la lecture ou la compréhension d'un indicateur demande un effort de réflexion qui risquerait de conduire l'utilisateur à s'en désintéresser. Il est donc recommandé d'en faciliter la lecture et la compréhension en utilisant des représentations graphiques (courbes, histogrammes…).

Pour choisir un indicateur pertinent, il faut :

- évaluer le caractère opérationnel et consolidable de l'indicateur ;
- s'assurer de sa fidélité, de sa précision ;
- évaluer l'efficacité économique de l'indicateur (coût d'exploitation de l'indicateur) ;
- s'assurer qu'il est possible d'apprécier son importance face aux objectifs stratégiques.

Un bon indicateur est factuel donc objectif.

Exemples d'indicateurs qualité

Problèmes subis par le client	Indicateurs possibles
Diffusion tardive d'informations techniques	• Pourcentage de notes parvenues après le délai convenu • Nombre de jours de dépassement du délai convenu
Transmission incomplète d'informations (dossiers incomplets)	• Nombre de pièces absentes bien que demandées • Fréquence des omissions d'informations demandées • Nombre de réclamations de pièces manquantes
Non-respect du planning des réunions de coordination	• Nombre de réunions reportées • Nombre de réunions annulées • Fréquence des horaires non respectés
Interprétation difficile des notes techniques	• Nombre de demandes d'informations complémentaires • Nombre de notes ayant nécessité une nouvelle présentation : ajustement, synthèse, aménagement de la rédaction
Information transmise trop détaillée et/ou redondante	• Nombre de synthèses élaborées à partir de documents d'origine • Nombre de notes classées sans avoir été lues • Nombre d'informations complémentaires demandées à l'émetteur

Un indicateur sera d'autant plus efficace que l'on aura :

- agi avec l'aval de la hiérarchie ;

- élaboré les indicateurs avec les opérationnels concernés ;
- vérifié la volonté d'aboutir de tous les intéressés ;
- fait en sorte que l'indicateur soit piloté par celui qui a la maîtrise de la mise en œuvre du processus ;
- fait en sorte que la lecture des indicateurs soit facile (représentations graphiques, courbes, histogrammes).

LES IDÉES CLÉS

Principes de mise en œuvre d'un indicateur

→ Savoir pour qui il est établi, au niveau de l'entité : opérateur, responsable de fonction, comité de direction…

→ Identifier les objectifs à atteindre : politique qualité, attentes du client…

→ Déterminer s'il doit être représentatif de la qualité perçue : mesure du degré de satisfaction du client final au travers du produit et des prestations fournies.

→ Déterminer s'il doit être représentatif de la qualité interne : mesure des écarts entre réalisations et objectifs sur les produits (aux différents stades d'élaboration), et sur le processus.

Dans tous les cas, l'indicateur a pour but de faire apparaître ou de mesurer l'amélioration de la qualité, et donc de présenter les améliorations engagées pour rendre les produits et les processus plus performants.

Démarche à suivre

→ **Partir** du constat de dysfonctionnements (analyse de processus) et de l'analyse RCFI (missions/clients/fournisseurs).

→ **Déterminer** la nature de ce que l'on cherche à mesurer (fiabilité, retard…) et le type d'indicateurs adaptés (taux, indices…).

→ **S'assurer** de la pertinence et de la précision des indicateurs qualité : mesurent-ils la qualité perçue par le client ?

→ **Déterminer** les indicateurs de conformité à mettre en place au sein de l'unité pour mesurer l'efficacité des processus conduisant à la satisfaction du client.

→ **Prévoir** le niveau de pilotage des indicateurs (qui ? comment ? quand ?).

→ Il est nécessaire de s'assurer que les indicateurs qualité mesurent la qualité perçue par le client et non l'activité de l'unité ou l'efficacité du personnel.

→ Un nombre trop important d'indicateurs risque de rendre très complexe leur suivi et peu exploitables les constats effectués.

Conditions de réussite

→ les indicateurs doivent, en concerta-tion, être construits par ceux qui les exploitent (accord du client) ;

→ les indicateurs doivent être simples, précis et fidèles, sans excès de formalisme ;

→ un responsable par indicateur doit être désigné ;

→ il faut s'assurer du caractère consolidable de chaque indicateur.

Mesure de l'efficacité des processus

La notion d'efficacité d'un processus n'est pas simple à définir, et plusieurs groupes de travail dans des instances nationales et internationales ont tenté d'en donner une définition qui soit opérationnelle, c'est-à-dire reposant sur des critères objectifs plutôt que sur des critères subjectifs. Ainsi, dans le domaine du développement des logiciels, le programme SPICE (Software Process Improvment and Capability Determination), lancé en 1993 par l'ISO avec la participation de seize pays, propose une méthode de contrôle et de qualification des processus. Le programme SPICE a pour objectif d'inciter à une bonne organisation de l'entreprise pour mieux répondre aux attentes du marché et améliorer la productivité. Il fixe six niveaux de « maturité » et propose les indicateurs qui vont permettre de situer l'entreprise par rapport à ces niveaux :

Niveau	Définition du niveau	Indicateurs
niveau 0 (non effectué)	Rien n'est fait dans ce domaine.	
niveau 1 (réalisé)	Réalisation de pratiques permettant d'atteindre les objectifs du processus.	*Existence des données d'entrée et de sortie.*
niveau 2 (géré)	Planification et suivi du processus pour atteindre les objectifs compte tenu des délais et des ressources. Maîtrise du processus et de ses résultats selon les objectifs qualité.	*Plans et rapports de suivi. Exigences associées aux résultats, évaluation (mesure) de la qualité.*
niveau 3 (établi)	Adaptation d'un processus standard aux spécificités du projet. Gestion des ressources nécessaires au processus.	*Description des processus standards et des processus particuliers. Identification et allocation de ressources.*
niveau 4 (prévisible)	Résultats prévisibles du processus. Utilisation de mesures pour contrôler le processus.	*Métriques associées au processus définies, collectées et stockées. Analyse et exploitation des mesures.*
niveau 5 (optimisé)	Optimisation des processus en fonction de la stratégie et du marché.	*Stratégie documentée d'amélioration prévisionnelle. Démonstration de l'amélioration.*

Le modèle SPICE n'est pas le seul modèle de maturité des systèmes. Il a eu des prédécesseurs parmi lesquels on peut citer :

- Le modèle TRILLIUM qui date du début des années 1990, développé par Bell Canada et qui s'applique au domaine des télécommunications.
- Le modèle BOOTSTRAP qui date aussi du début des années 1990. Mis au point dans le cadre du programme européen ESPRIT, il concerne l'évaluation de la qualité de l'organisation pour le développement de l'informatique de gestion.
- Le modèle CMM (Capability Maturity Model) mis au point en 1986 par le Software Engineering Institute aux États-Unis pour l'évaluation des sous-traitants dans le cadre des grands contrats passés par le département de la Défense (DOD). Ce modèle définit cinq niveaux de maturité des processus :

Niveau	Définition du niveau	Indicateurs
niveau 1 (initial)	Pas de visibilité, pas de contrôle.	*Les activités sont réalisées intuitivement.*
niveau 2 (reproductible)	Succession de boîtes noires ; visibilité limitée aux points de rendez-vous.	*Les mécanismes fondamentaux de management existent ; gestion des exigences, planification du projet, suivi et supervision du projet, gestion de la sous-traitance, assurance qualité logiciel, gestion de la configuration.*
niveau 3 (défini)	Visibilité sur les activités du processus.	*Les processus sont clairement formalisés : définition des processus, programme de formation, gestion intégrée des activités, ingénierie des produits, coordination intergroupes, revue par les pairs.*
niveau 4 (contrôlé)	Instrumentation et contrôle du processus ; définition d'objectifs ; maîtrise de la sortie des versions.	*Il existe des mesures sur le processus et sur le produit : gestion quantitative des processus, gestion de la qualité.*
niveau 5 (optimisé)	Disponibilité des données pour analyser et optimiser le processus ; possibilité de changer de technologie en cours de processus.	*Il existe une dynamique d'amélioration du processus : prévention des défauts, gestion des changements technologiques dans le processus, gestion des changements de processus.*

Compte tenu des succès rencontrés par ces modèles de maturité dans le domaine du logiciel et surtout compte tenu des résultats probants constatés, des entreprises ont mis au point des modèles, inspirés de ceux qui viennent d'être cités, pour mesurer l'efficacité de leur système qualité, puis très vite pour mesurer l'efficacité de leurs processus.

Pourquoi se pose-t-on la question de l'efficacité d'un processus ? Tout simplement parce qu'un processus peut répondre à des critères et à des objectifs fixés par l'entreprise, sans pour autant être la meilleure façon d'atteindre ces objectifs. On retrouve à travers cette notion d'efficacité tout l'intérêt que peut présenter le benchmarking. Par ailleurs, en se donnant les moyens de mesurer l'efficacité d'un processus nous pouvons sortir du système de mesure classique du tout ou rien, ou encore du choix binaire satisfaisant/défaillant.

Ce point de vue est largement repris dans la norme ISO 9001 version 2000. Au-delà du fait que ces normes sont centrées sur la notion de processus, elles font très nettement apparaître la nécessité d'une mesure de l'efficacité des processus pour démontrer l'efficacité du système.

En réalité, nous devons chercher à mesurer l'efficacité (satisfaction du client), mais aussi l'efficience (performance interne) du processus. Pour la commodité de l'exposé, nous confondrons ces deux notions dans le terme efficacité.

Un groupe projet de l'Afnor a mis au point un fascicule de documentation, intitulé « Management de la qualité – Évaluation de l'efficacité d'un système qualité », qui propose une démarche pour l'établissement d'une grille d'évaluation. Au cours des travaux de ce groupe, il est très vite apparu qu'il aurait été illusoire de vouloir bâtir une matrice d'évaluation standard applicable à tous types d'entreprises quels que soient leurs tailles ou leurs domaines d'activité. Par contre, le groupe a décrit une démarche applicable en toutes circonstances qui consiste à définir :

- des niveaux de progrès en nombre suffisant pour pouvoir mesurer une progression. Ces niveaux ne doivent pas être trop nombreux pour ne pas compliquer outre mesure l'évaluation. L'Afnor en a retenu cinq ;
- des critères d'évaluation liés au métier, à la culture, à l'organisation, etc. de l'entreprise. Ces critères, à l'inverse des niveaux de progrès qui ne doivent évoluer qu'exceptionnellement, doivent être adaptés à la politique et aux objectifs de l'entreprise. Ils sont donc susceptibles d'évoluer, mais pour que les mesures soient comprises et reconnues cette évolution doit être maîtrisée ;
- pour chaque couple critère/niveau une série d'éléments d'appréciation de l'efficacité du critère. C'est certainement le point le plus délicat à mettre en place parce qu'il faut veiller à ce que pour chaque élément d'appréciation, on puisse disposer d'une mesure objective donc d'un indicateur incontestable.

Le fascicule de documentation publié par l'Afnor propose à titre d'exemple un certain nombre de grilles d'évaluation qui peuvent constituer un point de départ pour bâtir une grille adaptée à des besoins spécifiques.

Tous ces principes développés pour mesurer l'efficacité des systèmes qualité sont totalement applicables à la mesure de l'efficacité des processus. Il faut simplement veiller à sélectionner des critères d'évaluation adaptés au cas des processus et choisir des éléments d'évaluation en conséquences.

Vous trouverez ci-après un exemple de grille d'analyse de la maturité d'un processus, grille pour laquelle dix critères d'évaluation ont été sélectionnés et déclinés en fonction des six niveaux retenus pour caractériser le fonctionnement du processus : aléatoire, bonne pratique, défini, maîtrisé, amélioré, excellent.

Exemple de grille d'analyse de la maturité (efficacité) d'un processus

Critères d'évaluation	0 Aléatoire	1 Bonne pratique	2 Défini	3 Maîtrisé	4 Amélioré	5 Excellent
Formalisation du processus	Pas de procédure écrite	Notes personnelles, calepin…	Procédures rédigées	Procédures appliquées	Procédures améliorées régulièrement	Procédures supportées par un workflow
Enregistrements	Pas d'enregistrement	Enregistrements individuels (cahier, papier libre…)	Formulaires, dossiers structurés…	Accès facile à l'information et à l'historique	Système de classement des données amélioré régulièrement	Un système de data ware-house permet de gérer les données
Indicateurs et tableau de bord	Pas d'indicateur ou système de suivi	Indicateurs, tableau personnel	Indicateurs officiels émis régulièrement	Indicateur pertinent de pilotage et d'anticipation des dérives	Indicateurs revus régulièrement et limites de surveillance ajustées	Les indicateurs prédictifs ont démontré leur efficacité
Actions d'amélioration	Pas d'action d'amélioration formalisée	Actions d'amélioration reposant sur la bonne volonté	Plan d'amélioration formalisé	Plan d'amélioration formalisé et suivi régulièrement	Évaluation de l'efficacité des actions et utilisation de méthodes (plans d'expérience, méthode de résolution de problèmes)	Le personnel est pleinement impliqué et motivé dans l'amélioration permanente
Système d'information et de communication	Il faut chercher l'information, « aller à la pêche »	Circulation d'informations ne reposant que sur des contacts informels et ponctuels	Règles de diffusion d'informations et de communication définie	Les informations répondent aux besoins des personnes	Les enquêtes de satisfaction internes démontrent la qualité de la communication	Les informations sont partagées en temps réel grâce à des bases informatiques, conviviales, avec des systèmes d'alerte
Gestion des interfaces (processus ou services)	Les interfaces ne sont pas identifiées	La gestion des interfaces repose sur les efforts individuels	La coordination aux interfaces est organisée formellement	Les interfaces fonctionnent bien et les dysfonctionnements sont rares ou mineurs	La gestion des interfaces est revue régulièrement avec les clients et fournisseurs du processus	La relation client fournisseur interne est évaluée et jugée très satisfaisante
Veille, benchmark	Pas de veille ou de benchmark	Veille ou benchmark ne dépendent que de la curiosité individuelle	Actions de veille ou de benchmark sont définies et planifiées	Les actions de veille conduisent à des améliorations réelles	La veille et le benchmark génèrent des innovations	Participation à des benchmarks de référence
Capitalisation du savoir-faire	Pas de capitalisation du savoir-faire	Le savoir-faire ne repose que sur l'individu, lorsqu'il part, tout part !	Il existe un système de capitalisation des connaissances	Le système permet réellement de partager les connaissances	Les bases de connaissances sont actualisées régulièrement et enrichies	Une véritable démarche de knowledge management est engagée et les résultats sont probants
Maîtrise des risques	Pas d'identification des risques	Les risques sont repérés en fonction de l'intuition	Il existe une évaluation formelle des risques (AMDEC, fiche de risque…)	Les risques sont maîtrisés, il n'y a pas de constat de dysfonctionnements majeurs	L'analyse des risques est intégrée et mise à jour régulièrement	Un réel management du risque est développé
Gestion des compétences	Affectation des personnes non maîtrisée	Compétences transmises oralement	Grille de compétences établie	Il y a un système d'évaluation et de suivi des compétences	La polyvalence est assurée	La gestion des compétences est couplée à la gestion des carrières

L'évaluation de la maturité des processus ne doit pas prendre la forme d'un exercice lourd et obligatoire pour l'entreprise. Cet exercice doit être mené par le pilote du processus de manière ponctuelle et dans des cas suffisamment bien choisis pour apporter une réelle valeur ajoutée à la démarche d'amélioration des processus. Un premier choix peut consister à n'évaluer que la maturité des processus clés.

Deux exemples de résultats d'une évaluation de la maturité des processus sont présentés ci-après. Les fiches correspondant à cette évaluation rappellent, pour chaque processus, ses axes stratégiques de rattachement et ses critères de performance, évaluent la maturité du processus par rapport à des critères présélectionnés et en dégagent des points forts et des actions à envisager. Les critères choisis pour évaluer la maturité des deux processus présentés sont les suivants : formalisation du processus, existence d'indicateurs, réalisation d'audit, gestion des compétences, gestion de l'information, gestion des améliorations et résultats obtenus sur le processus. Les notes sont données en s'appuyant sur la grille présentée précédemment. Les fiches font apparaître la valeur cible attendue pour l'année en cours, la maturité obtenue à date ainsi que l'évolution des notes par rapport à l'année précédente (en grisé sur la grille).

		Livrer et facturer les clients				Date 08 mars	

Pilote : François CINTRAT
Effectif : 10 pers.

SORTIES : Produits disponibles chez le client
+ facture émise

Maturité en février	1,7	Évolution en février	0,45	Maturité cible pour l'année	3	Écart	– 1,3

Axes stratégiques de rattachement
• 2.1 Garantir la régularité, la qualité et la performance des approvisionnements à nos clients

Critères de performance du processus
– Livrer et facturer les produits, conformément aux commandes passées, sur les sites désignés par les clients dans le respect du délai de livraison annoncée
– Avoir un état irréprochable des produits à l'arrivée
– Tenir le client informé de l'avancement de sa livraison sur sa demande
– Optimiser les coûts de transport
– Respecter la législation en vigueur

CRITÈRES	1. Aléatoire	2. Décrit	3. Maîtrisé	4. Optimisé	5. Excellent
Indicateurs		1,5			
Formalisation			2,5		
Audit	1				
Compétences		2			
Actions d'amélioration		1,5			
Information			2,5		
Résultats	1				
GLOBAL		1,7			

Points forts du processus
1. Une personne a été nommée pour coordonner le processus sur tous les sites
2. Un transporteur commun a été choisi pour tous les sites
3. Les étapes du processus sont décrites, un début d'analyse de risques a été réalisé, le choix d'indicateurs a été effectué

Actions à envisager
1. Mettre en place un véritable tableau de bord du processus avec des indicateurs incluant l'activité, la performance, la conformité, la satisfaction des clients, le suivi des coûts, la productivité sur l'ensemble du processus
2. Définir une politique en matière de transport ; centraliser le choix d'un transporteur et faire ce choix en application d'un cahier des charges à établir
3. Faire valider la description des étapes du processus et approfondir notre connaissance des meilleures pratiques dans le domaine
4. Mettre en place une revue annuelle du processus
5. Améliorer les résultats du processus

Réaliser une action de formation		Date 08 mars

Pilote : François CINTRAT   **SORTIES :** Compétence acquise et validée
Effectif : 10 pers.

Maturité en février	2,5	Évolution en février	0,5	Maturité cible pour l'année	3	Écart	– 0,5

Axes stratégiques de rattachement
4. Renforcer la compétence du personnel exploitant
6. Renforcer les capacités d'adaptation du management
7. Renforcer la sécurité au travail

Critères de performance du processus
– Satisfaction des participants
– Atteinte des objectifs définis
– Retour sur investissement de la formation

CRITÈRES	1. Aléatoire	2. Décrit	3. Maîtrisé	4. Optimisé	5. Excellent
Indicateurs			2,5		
Formalisation				3	
Audit				3	
Compétences		2			
Actions d'amélioration			2,5		
Information			2,5		
Résultats		2			
GLOBAL			2,5		

Points forts du processus
1. Il existe un tableau de bord de pilotage sur les sites
2. Les orientations générales figurent dans le plan de formation
3. Le processus est régulièrement audité
4. Le système Intranet permet le développement du e-learning sur l'ensemble des sites

Actions à envisager
5. Ajouter un indicateur de bilan sur les compétences acquises
6. Consolider les indicateurs sur l'ensemble de la société
7. Généraliser l'organisation du processus à tous les sites
8. Mettre en place l'étape de bilan des acquis
9. Organiser une revue annuelle avec les représentants des différents sites
10. Améliorer les résultats du processus

Les tableaux de bord de la qualité

Le tableau de bord de la qualité est une visualisation graphique de l'évolution des indicateurs qui caractérisent la situation et l'évolution de la qualité du processus.

C'est un outil d'information et d'aide à la décision.

En tant que support de communication et support d'aide au diagnostic et à la décision, ce tableau doit être :

» **précis**, il présente un ensemble limité d'informations significatives ;

» **condensé**, il présente un ensemble homogène d'informations significatives ;

» **convivial**, il a une structure simple, un contenu compréhensible, facilitant la communication.

Le tableau de bord qualité est un instrument de management permettant :

» d'informer le responsable de l'entité concernée (entreprise, fonction, processus...) sur l'évolution des actions d'amélioration de la qualité ;

» de visualiser les écarts et les tendances par rapport aux objectifs afin de :

– détecter à temps tout dysfonctionnement,

– agir sur le mode de fonctionnement (qualité interne),

– agir sur le degré de satisfaction du client (qualité perçue),

– mesurer le degré d'innovation (amélioration de la qualité) ;

» de montrer l'impact des décisions prises pour améliorer la qualité du processus, donc la qualité perçue et la qualité interne ;

» d'analyser le présent pour mieux prévoir l'avenir.

Pour qu'un tableau de bord soit efficace, il doit répondre à un certain nombre de règles :

» La forme et le contenu d'un tableau de bord dépendent des personnes ou entités pour lesquelles il est établi (opérateur, responsable de fonction, comité de direction...). Il faut donc le définir en fonction et, mieux encore, avec les destinataires.

» Pour le mettre en œuvre, il faut avoir identifié les objectifs à atteindre (politique qualité, attentes du client...).

» Il doit permettre de mesurer le degré de satisfaction du client final au travers des produits et des prestations fournies (**qualité perçue**).

» Il doit aussi permettre de mesurer les écarts entre réalisations et objectifs sur les produits aux différents stades d'élaboration, et sur les processus (**qualité interne**).

* Enfin, un des buts essentiels du tableau de bord est de présenter les améliorations engagées pour rendre les produits et les processus plus performants (**amélioration de la qualité**).

Dans un tableau de bord, les indicateurs peuvent être présentés à l'aide de graphiques ou de symboles permettant de montrer une situation et son évolution, par rapport aux objectifs fixés et aux décisions prises en fonction de ces objectifs. Les graphiques utilisés le plus couramment sont : le diagramme cible, le diagramme courbe et le diagramme colonne.

Le diagramme cible permet de représenter plusieurs indicateurs, un par axe. Chaque axe situe à un instant donné la position de l'indicateur par rapport à l'objectif fixé. L'association de deux diagrammes de ce type permet la comparaison entre la situation présente et la situation précédente.

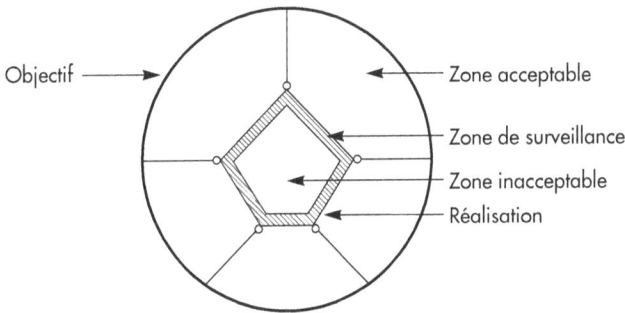

Diagramme cible

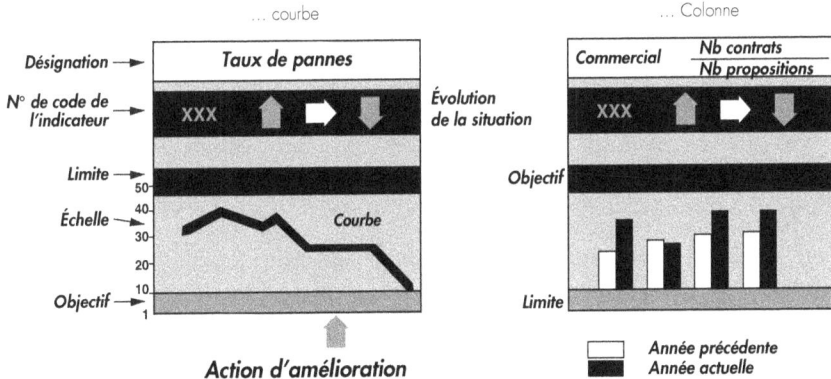

Les diagrammes...

Les diagrammes courbes permettent de suivre d'une façon simple l'évolution d'un indicateur. Les diagrammes colonnes, quant à eux, sont mieux adaptés à des comparaisons de performances d'une année sur l'autre ou encore entre un réalisé et un référentiel...

La mise en œuvre d'un tableau de bord doit répondre à un certain nombre de règles pour qu'il ait toute l'efficacité voulue.

Dans sa composition comme dans sa forme, le tableau de bord doit correspondre aux besoins de celui pour qui il est établi et non pas aux besoins supposés de celui qui l'établit. La construction d'indicateurs et de tableaux de bord qualité nécessite, comme pour toute action, une clarification des objectifs. Il est indispensable d'avoir déterminé :

- le niveau de pilotage auquel est destiné le tableau de bord ;
- le mode de gestion de la qualité retenu à ce niveau :
  - qui ?
  - quand ?
  - comment ?
  - quels moyens d'action ?

Le tableau de bord qualité du comité de direction, outil de pilotage de la politique qualité de l'entreprise, n'est évidemment pas le même que celui du chef de département ou celui du chef de service. Mais à chacun de ces niveaux, le tableau de bord qualité sera un véritable outil de gestion si les indicateurs qu'il intègre traduisent bien la contribution de la qualité aux respects des objectifs de l'entité.

Il s'agit principalement d'objectifs à moyen terme, notamment dans le tableau de bord qualité du comité de direction qui ne peut s'intéresser efficacement qu'aux aspects structurels de la qualité. Par opposition aux indicateurs conjoncturels qui n'apportent que des éclairages partiels pour le suivi d'un problème ponctuel ou spécifique.

Avant de mettre en place définitivement le tableau de bord qualité, il est recommandé de vérifier que :

- l'on est capable d'apprécier la représentativité globale de cet outil d'information ;
- l'on sait attribuer un poids relatif à chacun des indicateurs qualité par rapport aux objectifs de l'entité ;
- le tableau de bord qualité permet une prise de décision au niveau de responsabilité auquel il s'adresse.

© Groupe Eyrolles

Les conditions de réussite dans la durée sont ainsi :

- une prise en compte des objectifs stratégiques définis par la direction générale ;

- une déclinaison de ces objectifs en objectifs opérationnels quantifiés pour garantir le respect de ces objectifs généraux ;

- un suivi en nombre limité (5 à 15) d'indicateurs qui informent correctement et clairement sur le respect de ces objectifs et qui soient de véritables outils de gestion au service des opérationnels concernés ;

- une réalisation périodique (trimestrielle ?) du tableau de bord qualité comme document de base des comités de direction ou des comités qualité consacrés au suivi et au recentrage de la politique qualité de l'entité ;

- une certaine stabilité (au moins annuelle) de la structure du tableau de bord (limiter les évolutions de la présentation et de la définition des indicateurs).

Qualité perçue

Prestations
- Objectif 1 : aptitude à l'évolution du besoin
- Objectif 2 : délais
- Objectif 3 : conformité de livraison
- Objectif 4 : pénalités de retard
- Objectif 5 : temps d'intervention

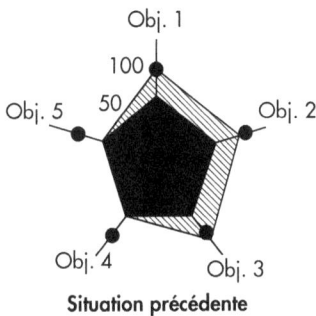

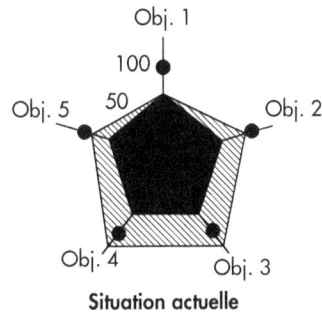

Situation précédente

Situation actuelle

Mesurer l'efficacité des processus par la mise en place de tableaux de bord spécifiques

La mesure des effets des changements intervenus à la suite de la reconfiguration d'un processus passe par la mise au point et la tenue à jour d'un tableau de bord.

Le tableau de bord a pendant longtemps été utilisé par de nombreuses entreprises pour justifier l'activité (évolution du chiffre d'affaires par exemple) ou l'évolution de la productivité (heures/tâche ou coût de la tâche).

Avec le lancement d'une opération d'amélioration de la qualité, la plupart des unités de l'entreprise ressentent le besoin de compléter le tableau de bord « activité », par un ensemble d'indicateurs mesurant l'évolution de la qualité de leurs prestations (satisfaction des clients internes ou externes, résultats d'actions d'amélioration du fonctionnement de l'unité, etc.). Le tableau de bord s'impose alors comme un véritable outil de management de l'unité.

Malgré les progrès ainsi réalisés pour la prise en compte de l'amélioration dans le mode de management, ces tableaux de bord ne donnent pas toujours une vision transverse du fonctionnement de l'entreprise. Il faut alors bâtir des tableaux de bord qui prennent en compte l'évaluation de l'efficacité des processus.

Exemple : composition du tableau de bord qualité d'une entreprise d'ingénierie

Le tableau de bord de la direction contient quatre chapitres qui couvrent les aspects qualité du produit, satisfaction des clients, fonctionnement/processus de l'entreprise et amélioration permanente.

Pour chacun de ces chapitres, un ou plusieurs indicateurs ont été définis. Mais au-delà du constat de l'évolution de ces indicateurs, il est indispensable de fixer des objectifs à atteindre. Ces objectifs, voire ces indicateurs, sont revus régulièrement de façon à se placer dans une dynamique de progrès continu.

Ainsi, le premier chapitre du tableau de bord de la direction traite de la satisfaction du client (qualité perçue). Les indicateurs choisis sont tout à fait classiques (voir tableau de bord page suivante).

Dans le deuxième chapitre, c'est le fonctionnement de l'ensemble de la direction qui est évalué à travers la mesure de la performance des processus. Il en résulte que dans ce domaine les changements de comportements sont très sensibles, et tout particulièrement en terme de management car l'efficacité d'un processus ne dépend pas d'une seule ligne hiérarchique mais de plusieurs.

À noter que pour des activités importantes en volume ou en nombre d'intervenants, une méthode d'échantillonnage statistique a été utilisée ; elle permet d'avoir une mesure fidèle de la réalité (voir tableau de bord pages suivantes).

L'évaluation de la performance des processus constitue le chapitre le plus novateur de ce tableau de bord.

Le tableau de bord ne prend en compte que les processus jugés sensibles à un moment donné, ce sera le cas par exemple d'un processus qui a fait l'objet d'une reconfiguration. Par ailleurs, au-delà de quelques indicateurs placés en des points stratégiques du déroulement du processus, l'entreprise a défini une échelle de maturité du processus.

TABLEAU DE BORD DE LA DIRECTION

QUALITÉ DES PRODUITS/SERVICES : SATISFACTION DE NOS CLIENTS

1. Documents

Objectif : *réduire de 20 % le nombre de documents à modifier*

A = Nombre de documents, émis par l'entreprise et ses fournisseurs, refusés par le client.
B = Nombre de documents émis par l'entreprise et ses fournisseurs.
C = Nombre de documents émis par l'entreprise et ses fournisseurs avec commentaires du client.

Documents 1 = A/B
Documents 2 = C/B

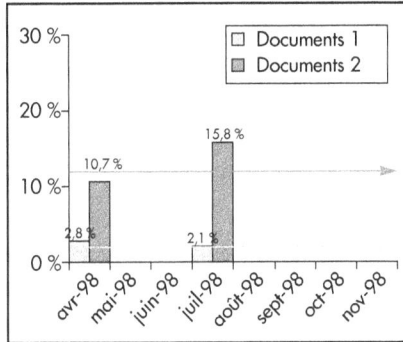

2. Essais

Objectif : *réduire de 20 % le nombre d'événements anormaux par essai*

A = Nombre de fiches d'événements anormaux émises
B = Nombre de procédures d'essais mises en œuvre

Essais = A/B

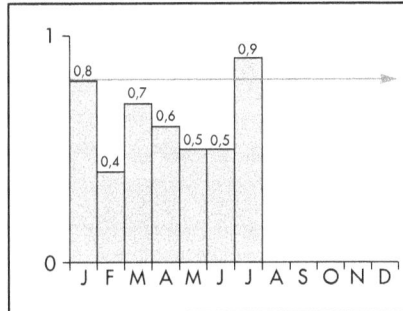

3. Délais

Objectif : *réduire de 20 % le nombre de documents transmis aux clients hors délais*

A = Nombre de documents prévus d'être émis dans le mois
B = Nombre de documents émis dans les délais prévus

Retard = A – B

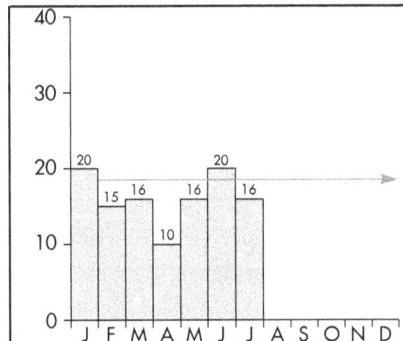

219

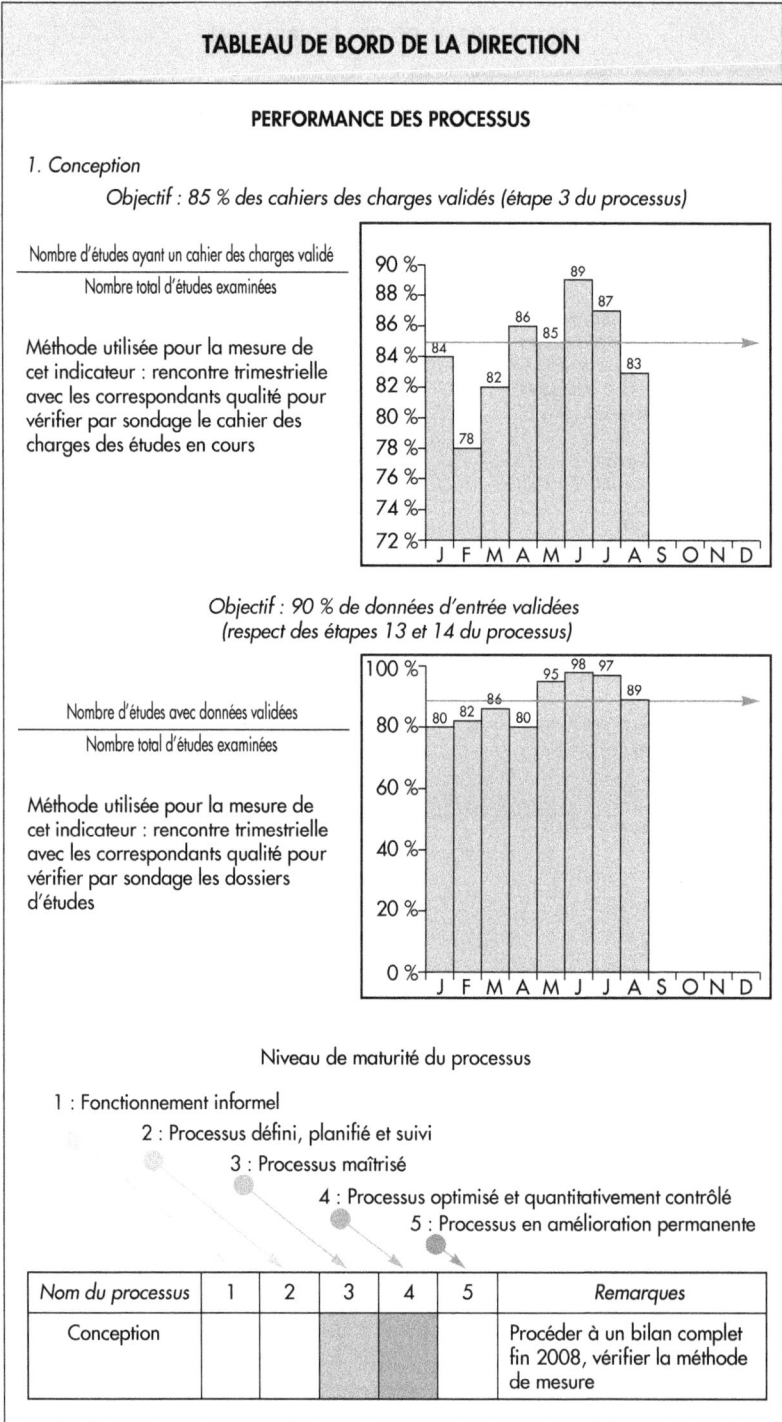

TABLEAU DE BORD DE LA DIRECTION

PERFORMANCE DES PROCESSUS

1. Conception

  Objectif : 85 % des cahiers des charges validés (étape 3 du processus)

Nombre d'études ayant un cahier des charges validé
──
Nombre total d'études examinées

Méthode utilisée pour la mesure de cet indicateur : rencontre trimestrielle avec les correspondants qualité pour vérifier par sondage le cahier des charges des études en cours

  Objectif : 90 % de données d'entrée validées
  (respect des étapes 13 et 14 du processus)

Nombre d'études avec données validées
──
Nombre total d'études examinées

Méthode utilisée pour la mesure de cet indicateur : rencontre trimestrielle avec les correspondants qualité pour vérifier par sondage les dossiers d'études

Niveau de maturité du processus

  1 : Fonctionnement informel

   2 : Processus défini, planifié et suivi

    3 : Processus maîtrisé

     4 : Processus optimisé et quantitativement contrôlé

      5 : Processus en amélioration permanente

Nom du processus	1	2	3	4	5	Remarques
Conception						Procéder à un bilan complet fin 2008, vérifier la méthode de mesure

TABLEAU DE BORD DE LA DIRECTION

PERFORMANCE DES PROCESSUS

2. Passation des commandes

*Objectif : moins de 10 % de demandes d'informations supplémentaires
(étape 1 à 2 du processus)*

Nombre de cas ayant conduit à une ou plusieurs demandes d'informations supplémentaires faites par le prescripteur au chef de projet ou à l'ingénieur d'affaires

Méthode utilisée pour la mesure de cet indicateur : rencontre trimestrielle avec les prescripteurs pour vérification par sondage (10 % des commandes) des modalités d'obtention des informations nécessaires à l'établissement d'une commande

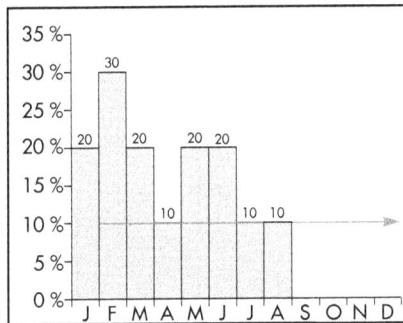

Objectif à atteindre : 100 % de commandes conformes

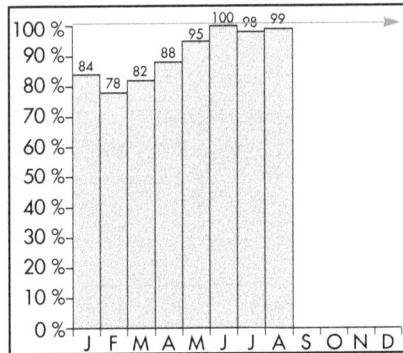

Nombre de commandes jugées satisfaisantes
—————————————————————
Nombre total de commandes examinées

Niveau de maturité du processus

1 : Fonctionnement informel
  2 : Processus défini, planifié et suivi
    3 : Processus maîtrisé
      4 : Processus optimisé et quantitativement contrôlé
        5 : Processus en amélioration permanente

Nom du processus	1	2	3	4	5	Remarques
Commandes						Procéder à une analyse du processus fin 2008 si l'un des indicateurs n'est pas satisfaisant

TABLEAU DE BORD DE LA DIRECTION

PERFORMANCE DES PROCESSUS

3. Processus de surveillance des fournisseurs

Objectif à atteindre : 100 % de commandes conformes

Nombre de commandes incluant un programme de surveillance / Nombre total de commandes examinées

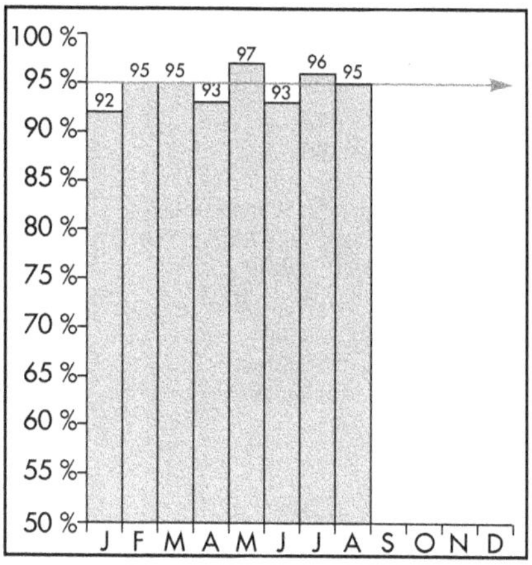
100 %
95 %
90 %
85 %
80 %
75 %
70 %
65 %
60 %
55 %
50 %
92
95
95
93
97
93
96
95
J F M A M J J A S O N D

Niveau de maturité du processus

1 : Fonctionnement informel

2 : Processus défini, planifié et suivi

3 : Processus maîtrisé

4 : Processus optimisé et quantitativement contrôlé

5 : Processus en amélioration permanente

Nom du processus	1	2	3	4	5	*Remarques*
Surveillance						Choisir de nouveaux indicateurs fin 2008

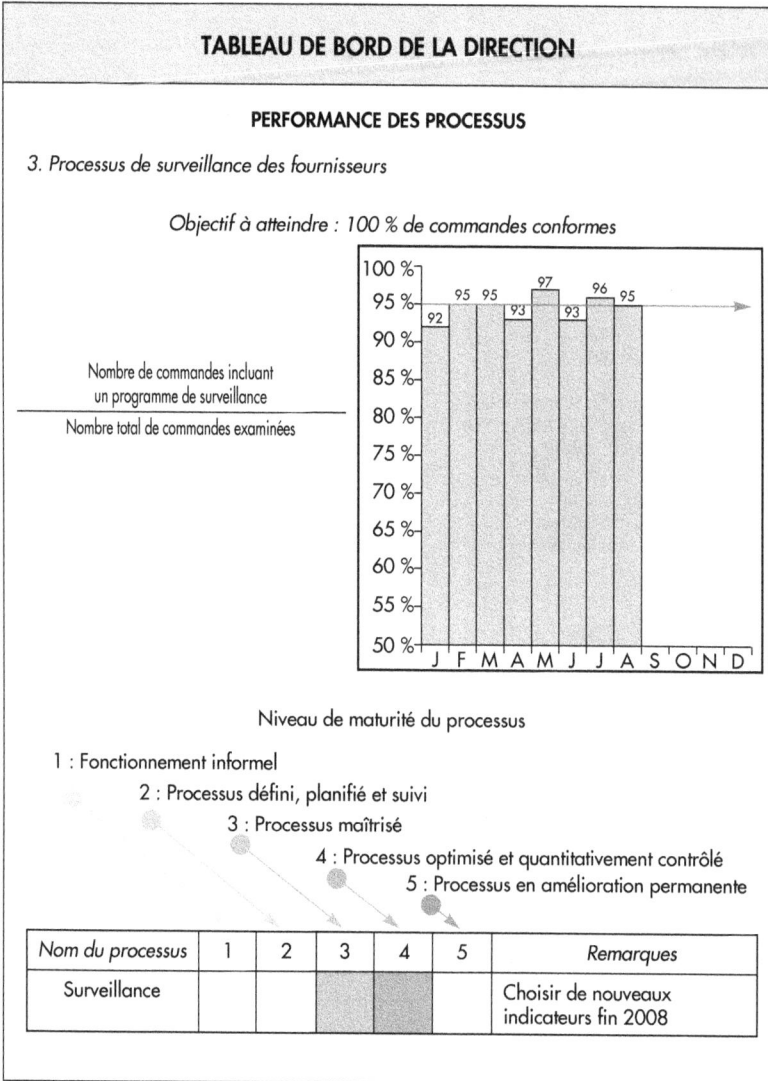

Le choix des indicateurs ne présente pas de difficultés particulières, il se fait en concertation avec les unités concernées comme pour n'importe quel indicateur.

Le positionnement du processus sur l'échelle de maturité est un peu plus complexe car il passe par la mise au point puis l'utilisation d'une matrice d'évaluation qui, si elle n'est pas bâtie avec beaucoup de soins laissera une place trop importante à la subjectivité dans l'évaluation. Pour mettre au point une telle matrice, il est conseillé de se référer aux travaux de l'Afnor sur le sujet.

Pour ce qui est du tableau de bord cité en exemple, l'entreprise concernée ayant engagé une politique d'autoévaluation selon le modèle EFQM, les critères utilisés pour évaluer le processus ont été choisis de telle sorte qu'ils permettent de bien situer l'entreprise dans le cadre de ce modèle. On trouve dans la grille utilisée des critères tels que : management des ressources, management du processus, programme d'amélioration, etc.

À chaque critère et pour chaque niveau de maturité ont été associés un certain nombre d'éléments d'appréciation.

Très vite, l'analyse des processus et la mesure de leur efficacité mettent en exergue la nécessité d'explorer un certain nombre de sujets pour mettre tout le monde d'accord sur la validité du diagnostic. Il s'agit en outre de faire progresser l'efficacité des processus par des actions de progrès dans des domaines complémentaires. C'est ainsi que, dans le cas présent, les travaux d'analyse ont été confortés par les résultats de plusieurs enquêtes menées sur des thèmes et dans des domaines différents.

C'est l'objet du troisième chapitre du tableau de bord qui illustre un des principes de management de la qualité totale : la satisfaction du personnel. Il s'agit de mesurer les effets des actions menées dans ce domaine afin de repositionner ou confirmer la stratégie de l'entreprise en matière de management du personnel.

À titre d'exemple, les figures ci-dessous reproduisent quelques-uns des éléments de cette mesure, elles sont extraites d'un questionnaire d'évaluation de la satisfaction des clients internes de la direction qualité.

GUIDE D'ENTRETIEN	OBJECTIF DE RESTITUTION
1 QUALITÉ PERÇUE GLOBALEMENT (suite)	
– Quels sont vos principaux sujets de satisfaction ?	Les points forts de la direction qualité
– Quels sont vos principaux sujets d'insatisfaction ?	Les points à améliorer de la direction qualité
– Globalement, comment noteriez-vous la qualité des services de la direction qualité?	L'appréciation des services

Pour la dernière question, un tableau de notation :

1	2	3	4

Médiocre — Excellente

Objectifs de restitution associés :
- Homogénéité/hétérogénéité de l'appréciation parmi les enquêtés
- Hétérogénéité par domaine d'activité
- Hétérogénéité par niveau hiérarchique

Enfin, le quatrième chapitre traite des efforts entrepris pour l'amélioration permanente de la qualité. On mesure essentiellement l'avancement des groupes de travail autour d'actions particulières, et l'on quantifie les résultats obtenus.

Un tel tableau de bord n'est efficace que s'il est unanimement reconnu, et si les objectifs affichés ont un caractère mobilisateur.

Les revues

Il est indispensable que les mesures effectuées dans le cadre de la maîtrise des processus (indicateurs et mesure de l'efficacité) soient cohérentes entre elles et qu'elles s'inscrivent dans le suivi de la mise en œuvre de la stratégie de l'entreprise.

Les revues vont permettre de fixer des objectifs, puis de définir les mesures à réaliser et enfin de contrôler la cohérence d'ensemble. Il faut distinguer deux niveaux de revues, la revue de direction qui est une exigence de la norme ISO 9001 et la revue de processus.

La revue de direction

La revue de direction a pour objectifs de s'assurer de l'adéquation du système qualité par rapport à la stratégie de l'entreprise, mais aussi de déterminer les axes d'améliorations possibles de l'efficacité et si possible de l'efficience de ce système qualité.

Parmi les éléments d'entrée de la revue, la norme cite « le fonctionnement des processus et la conformité du produit ». Il va de soi que les informations concernant le fonctionnement d'un processus doivent faire l'objet d'une analyse préalable qui est en général réalisée au cours d'une revue de processus. C'est le résultat des revues de processus qui sera examiné au cours de la revue de direction.

La revue de direction va permettre de confirmer ou de faire évoluer les objectifs associés aux différentes possibilités d'amélioration du système qualité et donc plus particulièrement les objectifs associés aux processus stratégiques de l'entreprise.

La revue de processus

Elle constitue un élément essentiel de la maîtrise des processus, car elle permet d'assurer une coordination des différents intervenants au sein d'un même processus. À travers cette revue, le pilote va vérifier que le résultat ou produit du processus est conforme aux objectifs fixés en revue de direction, et que ce résultat donne toute satisfaction aux clients du processus. La revue sera aussi l'occasion d'identifier tout dysfonctionnement, et le cas échéant de proposer des actions susceptibles d'améliorer l'efficacité et l'efficience du processus examiné.

La revue de processus ne doit pas se limiter à une série de constats. Elle doit surtout être l'occasion de mettre au point un plan d'action en vue d'assurer un fonctionnement optimal du processus et de rechercher les améliorations possibles pour atteindre l'excellence.

Enfin, cette revue permet d'évaluer le niveau de maturité du processus pour en faire une présentation commentée en revue de direction.

Compte tenu des résultats attendus d'une revue de processus, il faut qu'elle soit préparée avec beaucoup de soin pour permettre des prises de décisions à partir de données fiables et complètes. Il faut aussi que les différentes catégories d'intervenants dans le déroulement du processus se sentent concernés et pour cela qu'ils soient impliqués dans la préparation comme dans la réalisation de la revue.

Vous trouverez ci-dessous un exemple de logigramme présentant le déroulement possible du processus « Réaliser une revue de processus » ainsi que les commentaires associés (pages suivantes).

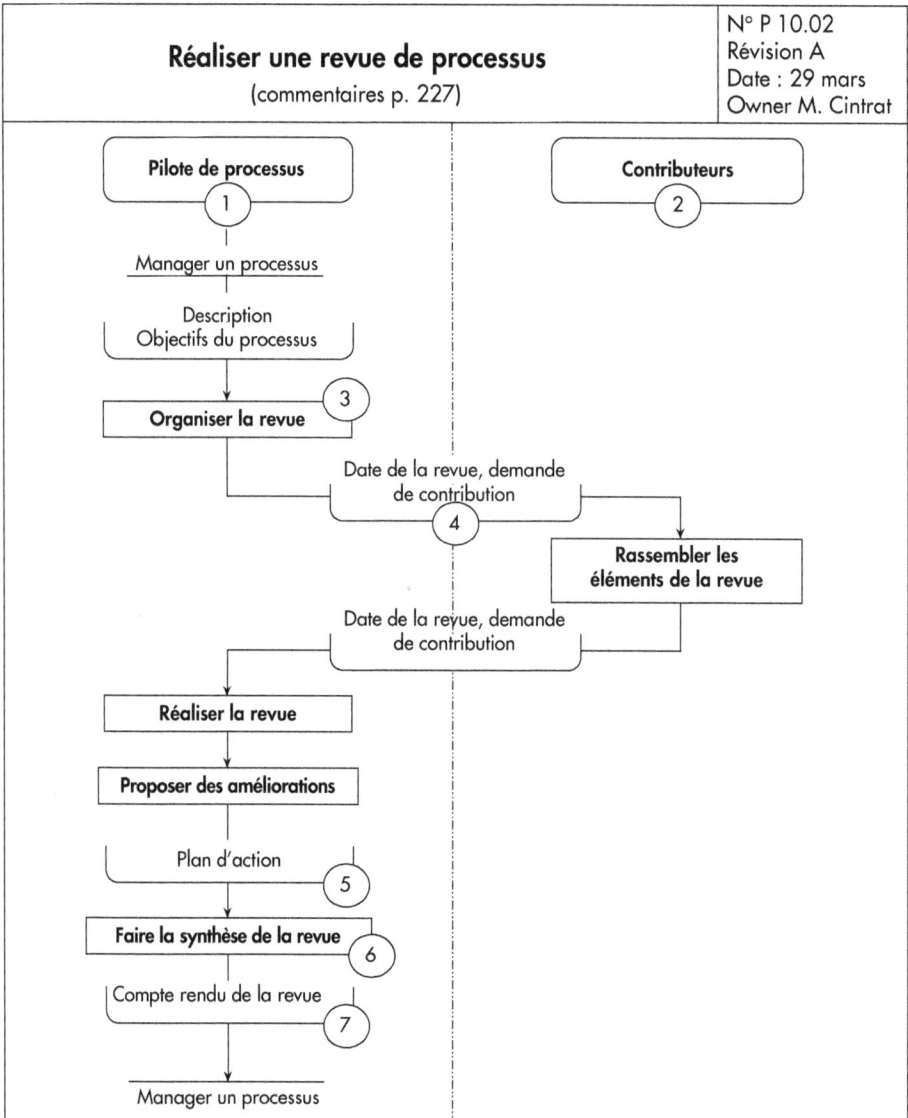

Réaliser une revue de processus (commentaires p. 227)		N° P 10.02 Révision A Date : 29 mars Owner M. Cintrat

Pilote de processus — 1

Contributeurs — 2

Manager un processus

Description
Objectifs du processus

Organiser la revue — 3

Date de la revue, demande de contribution — 4

Rassembler les éléments de la revue

Date de la revue, demande de contribution

Réaliser la revue

Proposer des améliorations

Plan d'action — 5

Faire la synthèse de la revue — 6

Compte rendu de la revue — 7

Manager un processus

Réaliser une revue de processus :

1. Pilote du processus

Le pilote du processus dispose de l'autorité, de la compétence et des moyens nécessaires pour :

- recueillir et exploiter l'ensemble des informations relatives au processus et à son fonctionnement ;
- décider des actions visant à corriger les dysfonctionnements du processus ;
- proposer des actions d'amélioration du processus.

2. Contributeurs

- acteurs du processus ;
- clients du processus ;
- fournisseurs du processus ;
- correspondants qualité concernés lorsque cette fonction existe ;
- direction qualité.

3. Organiser la revue

Le pilote du processus organise périodiquement des revues de processus, permettant :

- de garantir la satisfaction des besoins et attentes du client du processus ;
- d'identifier toute dérive du processus et de définir d'éventuelles actions correctives ;
- d'identifier des opportunités d'amélioration ;
- de mesurer la maturité du processus et de comparer le niveau mesuré avec le niveau préalablement fixé.

4. Date de la revue, demande de contributions

Les contributions portent sur :

- l'examen des résultats suivants :
  - indicateurs du processus (mesure de l'atteinte des objectifs) ;
  - remontées du terrain ;
  - réclamations des clients du processus ;
  - non-conformités liées aux produits du processus ;
  - résultats des audits internes et externes ;
  - mesures relatives à l'utilisation des ressources.
- l'évolution du contexte concernant :
  - les exigences spécifiées ;
  - les processus en interface ;
  - le bilan des actions de la revue précédente.

5. Plan d'actions

Pour chaque action, identifier :

- un responsable ;
- un délai ;
- les éléments permettant de mesurer sa réalisation.

6. Faire la synthèse de la revue

La revue du processus aboutit à :

- une évaluation de l'efficacité et de l'efficience du processus ;
- un plan d'actions correctives et/ou d'améliorations relatives au fonctionnement du processus (si nécessaire) ;
- une proposition éventuelle à la direction d'évolution des objectifs du processus ;
- l'identification et la proposition d'actions d'amélioration du système (concernant d'autres processus de l'organisme ou son système de management).

7. Compte rendu de la revue

La revue de processus fait l'objet d'un enregistrement.

Les conclusions de la revue de processus peuvent constituer l'une des données d'entrée de la revue de direction.

LES IDÉES CLÉS

Manager les processus au moyen de tableaux de bord

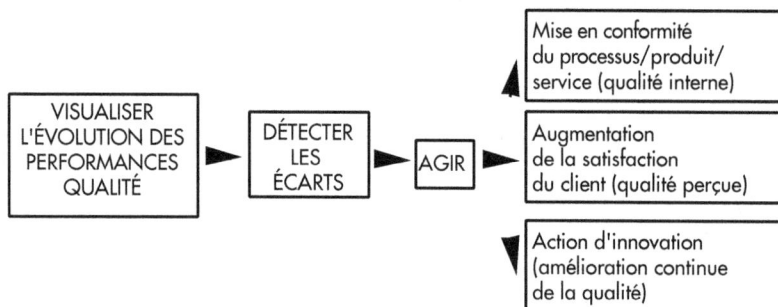

Qu'est-ce qu'un tableau de bord qualité ?

➜ C'est une visualisation graphique du suivi des indicateurs (évolutions et performances).

➜ C'est un outil d'information, de diagnostic, d'aide à la décision et de stimulation du personnel.

➜ C'est un moyen pour présenter des données objectives sur l'évolution de certains paramètres de fonctionnement de l'entreprise.

Démarche à suivre

➜ **Prévoir** à qui le tableau de bord est destiné (opérateurs, responsables d'unité, comité de direction).

➜ **Identifier** clairement les objectifs à atteindre au travers du tableau de bord (mesure de la qualité perçue, évaluation de la qualité interne).

➜ **Établir** une grille d'évaluation de l'efficacité des processus. Cette grille doit permettre autant que faire se peut des mesures objectives.

DIAGRAMME CIBLE.

DIAGRAMME COURBE.

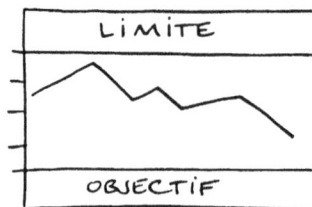

LIMITE

OBJECTIF

➔ **Construire** les tableaux de bord en différenciant, dans leur contenu et dans leur forme, les tableaux de bord analytiques destinés à l'unité qui les pilote (opérateurs, responsable d'unité) et les tableaux de bord synthétiques destinés au comité de direction (pilotage de la politique qualité de l'entreprise).

DIAGRAMME COLONNE.

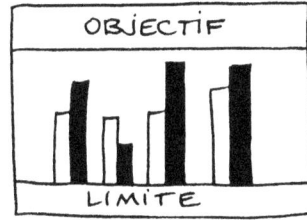

OBJECTIF

LIMITE

Le tableau de bord doit être :

- précis : présenter un ensemble limité d'indicateurs (5 à 15) pour permettre un suivi efficace et une exploitation rapide

- condensé : présenter un ensemble d'indicateurs homogènes et synthétisables périodiquement

- stable : demeurer stable dans son contenu et son mode de représentation (forme visuelle)

- convivial : avoir une structure simple et rapidement compréhensible

POINTS DE VIGILANCE

Troisième partie

Les outils pour améliorer les processus

Chapitre 13

Le logigramme

Objectif

Le logigramme est un outil de description des processus.

Mode d'utilisation

La construction d'un logigramme nécessite 3 étapes qui sont les suivantes :

1. Réaliser une classification de l'activité en 3 catégories : les intervenants, les actions, les moyens utilisés et les produits du processus.

Identifier les intervenants (personnel, service...), identifier les actions (verbe) et les classer chronologiquement, identifier les moyens et produits du processus (documents, outils, équipements, etc.).

2. Construire un tableau à double entrée (acteurs/actions), y inclure les acteurs répertoriés et inscrire les actions en suivant l'ordre chronologique de déroulement des activités.

	Acteurs				
Actions					

3. Réaliser le logigramme en utilisant les signes suivants :

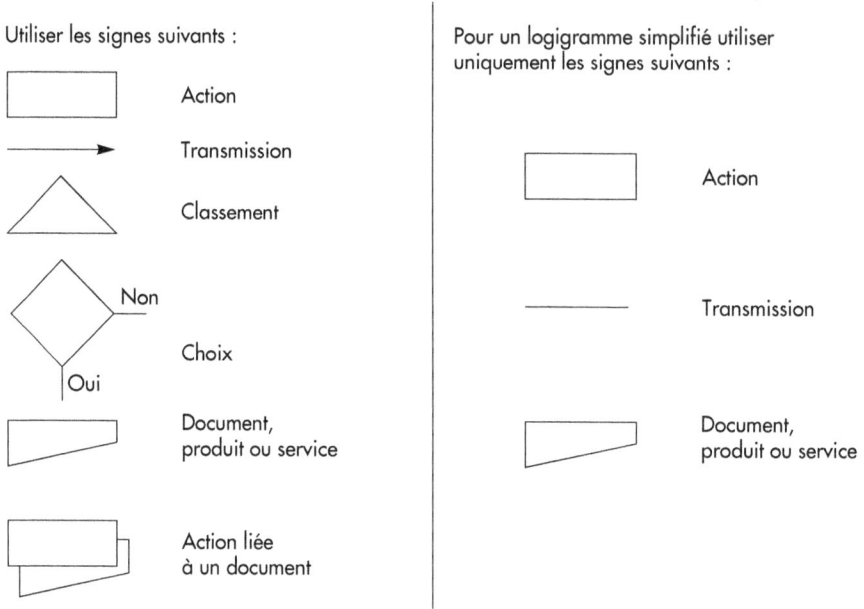

Utiliser les signes suivants :

- Action
- Transmission
- Classement
- Choix (Non / Oui)
- Document, produit ou service
- Action liée à un document

Pour un logigramme simplifié utiliser uniquement les signes suivants :

- Action
- Transmission
- Document, produit ou service

4. Une variante du logigramme existe et se présente sous forme de tableau.

DONNÉES D'ENTRÉES	ACTIVITÉS	DONNÉES DE SORTIES	ACTEURS	DOCUMENTS SUPPORTS	OBSERVATIONS

L'utilisation de ce tableau est préconisée dans le cas où les informations en termes de données d'entrée et de données de sortie relatives à chaque tâche du processus sont nombreuses et complexes. L'inconvénient d'une représentation « tableau » réside essentiellement dans le fait qu'elle ne laisse pas apparaître, par acteur du processus, l'ensemble des tâches lui incombant dans le processus. Le logigramme, quant à lui, peut ainsi permettre de supprimer les fiches de fonction.

Exemples d'application

Les logigrammes présentés ci-après permettent de mettre en avant des incohérences (points d'interrogation). Il reste alors à répondre aux questions posées et à compléter la description du processus.

On notera que la réalisation du logigramme est l'occasion, lorsqu'il y a plusieurs intervenants pour une même activité, de préciser qui est le pilote (P) de cette activité.

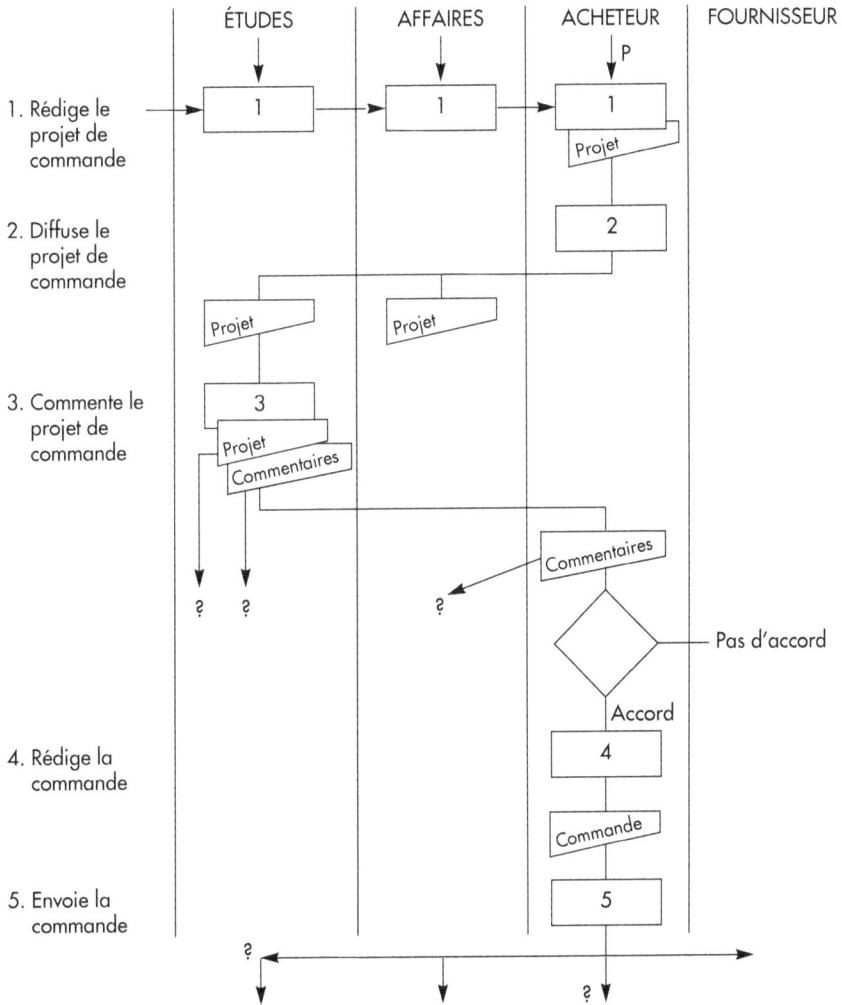

Processus de facturation : le cas Ekocas

Acteurs du processus

- le client externe ;
- le chef de projet Alpha 3 ;
- le service gestion ;
- le service comptabilité ;
- le service finances ;
- la cellule travaux ;
- le service commercial.

Actions constituant le processus de facturation

- Édite la fiche de fin de travaux.
- Donne son accord pour la facturation et vise le document.
- Prépare la demande de facturation DF, en attendant l'accord du projet Alpha 3.
- Officialise la demande de facturation.
- Contrôle la demande de facturation par rapport au contrat et à la commande.
- Surcharge la demande de facturation.
- Établit la facture F.
- Signe la facture.
- Envoie la facture au client.
- Envoie le double des factures émises.
- Envoie le bordereau de paiement ou de non-paiement.

Documents résultant du processus

FFI : fiche de fin de travaux.

DF : demande de facturation.

F : facture.

F(d) : double de facture.

BP : bordereau de paiement.

BNP : bordereau de non-paiement.

LOGIGRAMME DU PROCESSUS DE FACTURATION

Acteurs / Actions	Client externe	Projet Alpha 3	Gestion	Comptabilité	Finances	Cellule travaux	Commercial
1						1 / FFI	
2		FFI / 2 / FFI	FFI				
3			3 / FFI / DF				
4			4 / DF	DF			
5			DF / ③	5 / Désaccord / Accord			C
6			6 / DF				
7			⑤	7 / F			
8				F	8 / F		
9				9 / F			
10	F			10 / F(d)			
11			F(d) / BP / BNP	11 / BP / BNP			

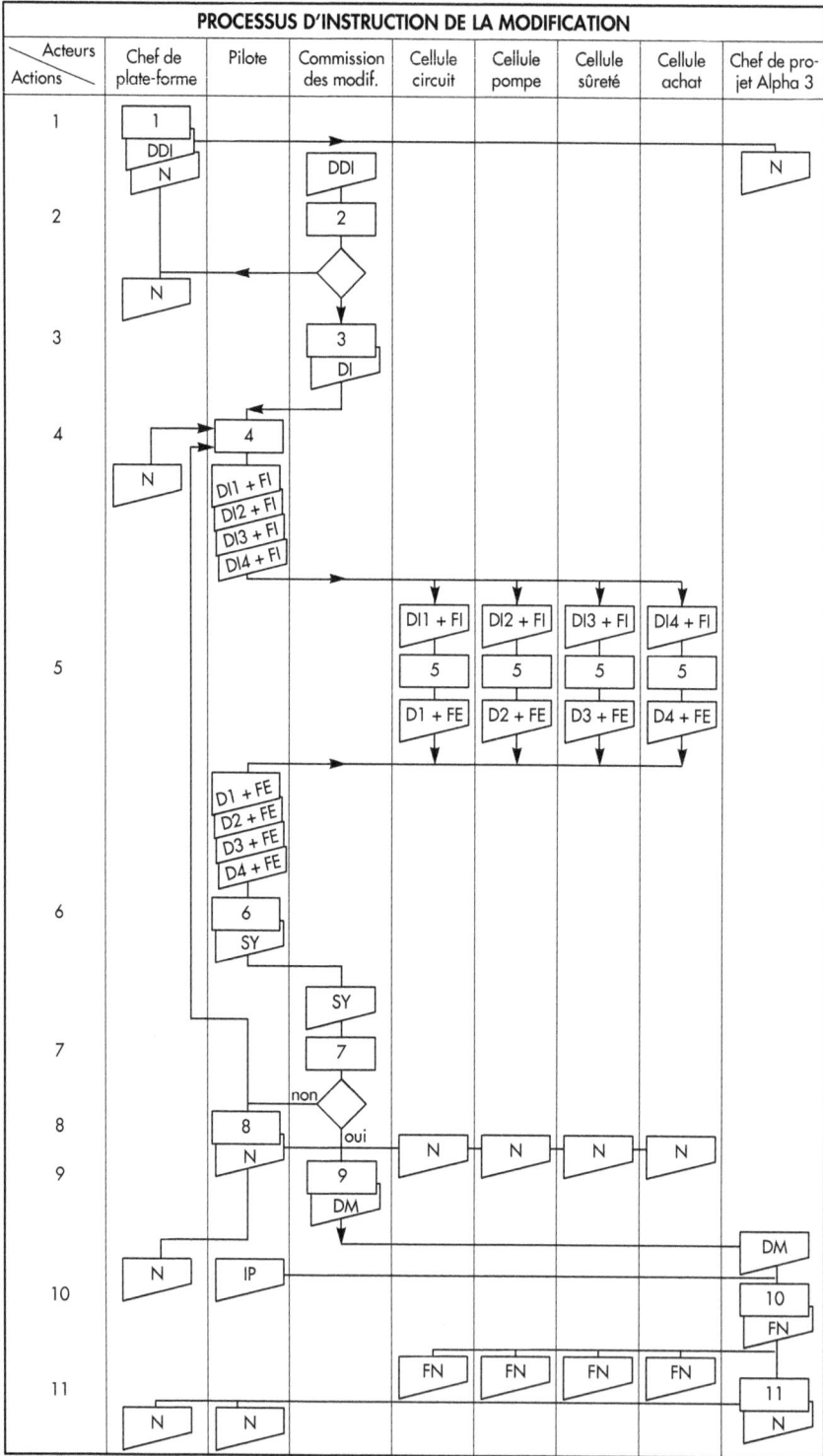

PROCESSUS D'INSTRUCTION DE LA MODIFICATION

Acteurs / Actions	Chef de plate-forme	Pilote	Commission des modif.	Cellule circuit	Cellule pompe	Cellule sûreté	Cellule achat	Chef de pro-jet Alpha 3
1	1 / DDI / N		DDI					N
2	N		2					
3			3 / DI					
4	N	4 / DI1 + FI / DI2 + FI / DI3 + FI / DI4 + FI						
5				DI1 + FI / 5 / D1 + FE	DI2 + FI / 5 / D2 + FE	DI3 + FI / 5 / D3 + FE	DI4 + FI / 5 / D4 + FE	
6		D1 + FE / D2 + FE / D3 + FE / D4 + FE / 6 / SY						
7			SY / 7					
8		8 / N	non / oui	N	N	N	N	
9			9 / DM					
10	N	IP						DM / 10 / FN
11	N	N		FN	FN	FN	FN	11 / N

Processus d'instruction d'une modification : le cas Ekocas

Acteurs du processus

- le chef de plate-forme ;
- le pilote ;
- la commission des modifications ;
- la cellule technique circuit ;
- la cellule technique pompes ;
- la cellule sûreté ;
- la cellule achat ;
- le chef de projet Alpha 3.

Actions constituant le processus

- Établissement de la demande d'instruction.
- Réunion de la commission.
- Désignation d'un pilote, définition de sa mission et diffusion du dossier d'instruction.
- Enclenchement de l'instruction.
- Instruction par les cellules.
- Établissement de la synthèse.
- Réunion de la commission pour statuer.
- Information du chef de plate-forme et des cellules concernées en cas d'avis défavorable de la commission.
- Constitution du dossier de la modification.
- Notification de la modification.
- Information du pilote et du chef de plate-forme de la notification faite.

Documents résultants du processus

DDI : **D**ossier de **D**emande d'**I**nstruction de modification comprenant :

- la fiche de demande d'instruction ;
- le constat de l'incident ;
- les plans de l'installation ;
- les incidences sur l'environnement.

N : Note d'information.

DI : **D**ossier d'**I**nstruction de la modification.

I : **I**nformations suivantes :

- confirmation sur la liste des plans en configuration ;
- planning de la production ;
- éléments (noms, compétences) sur le personnel susceptible de réaliser l'intervention ;
- conditions d'accès et de logement des équipes d'intervention.

DI 1, **DI 2**, **DI 3**, **DI 4** : **D**ossier d'**I**nstruction remis aux 4 cellules.

FI : **F**iche d'**I**nstruction remise aux cellules.

D1, **D2**, **D3**, **D4** : **D**ossiers remis par les cellules.

FE : **F**iche d'**É**valuation.

SY : **S**ynthèse établie par le pilote, comprenant :

- les éléments de décision concernant les aspects techniques, sûreté, coûts, délais, sous forme d'une note de synthèse ;
- une proposition de mise en œuvre sous forme d'une fiche de modification.

DM : **D**ossier de la **M**odification instruit comprenant :

- spécifications de besoin ;
- spécifications de travaux ;
- cahier des charges fonctionnels ;
- synthèse technique ;
- évaluation des coûts ;
- évaluation du temps de réalisation.

Ip : **I**nformations du **p**ilote.

FN : **F**iche de **N**otification.

Processus de séjour à la clinique : le cas de la clinique des Lorgnettes

Acteurs du processus

- le service d'admission ;
- le praticien ;
- le service de radiologie ;
- le bloc opératoire ;
- l'administration ;
- les laboratoires extérieurs.

Actions composant le processus

- Faire remplir la fiche d'admission et la transmettre.
- Fixer un rendez-vous pour le patient avec le praticien.
- Transmettre le dossier médical du patient au praticien.
- Donner une consultation au patient et prescrire des analyses.
- Prescrire un examen radiologique.
- Prendre les clichés radio et les développer.
- Transmettre les clichés radio développés au praticien.
- Établir une fiche radio et l'envoyer au service administratif.
- Effectuer les analyses, envoyer les résultats et la facture au service administratif.

- Transmettre les résultats d'analyse au praticien.
- Envoyer un chèque en règlement de la facture.
- Décider de l'intervention et en donner la description au bloc opératoire.
- Fixer la date de l'opération et la communiquer au praticien.
- Effectuer l'anesthésie du patient.
- Réaliser l'intervention chirurgicale.
- Réanimer le patient.
- Transmettre la fiche d'opération à l'administration.
- Examiner chaque jour le patient.
- Remettre une autorisation de sortie au patient.
- Transmettre l'autorisation de sortie visée à l'administration.
- Établir les factures pour la Sécurité sociale et la mutuelle.

Documents résultants du processus

- **F**iche d'**A**dmission (FA).
- **D**ossier **M**édical (DM).
- **Ord**onnance pour analyse (Ord).
- **O**rdonnance pour examen **R**adiologique (ORx).
- **C**lichés **R**adio (CRx).
- **F**iche **R**adio (FRx).
- **R**ésultats d'**an**alyses (Ran).
- **Fact**ure du laboratoire externe (Fact).
- **Chè**que (Chq).
- **F**iche d'**op**ération (Fop).
- **A**utorisation de **S**ortie (AS).
- **F**acture pour **m**utuelle et **S**écurité sociale (Fms).

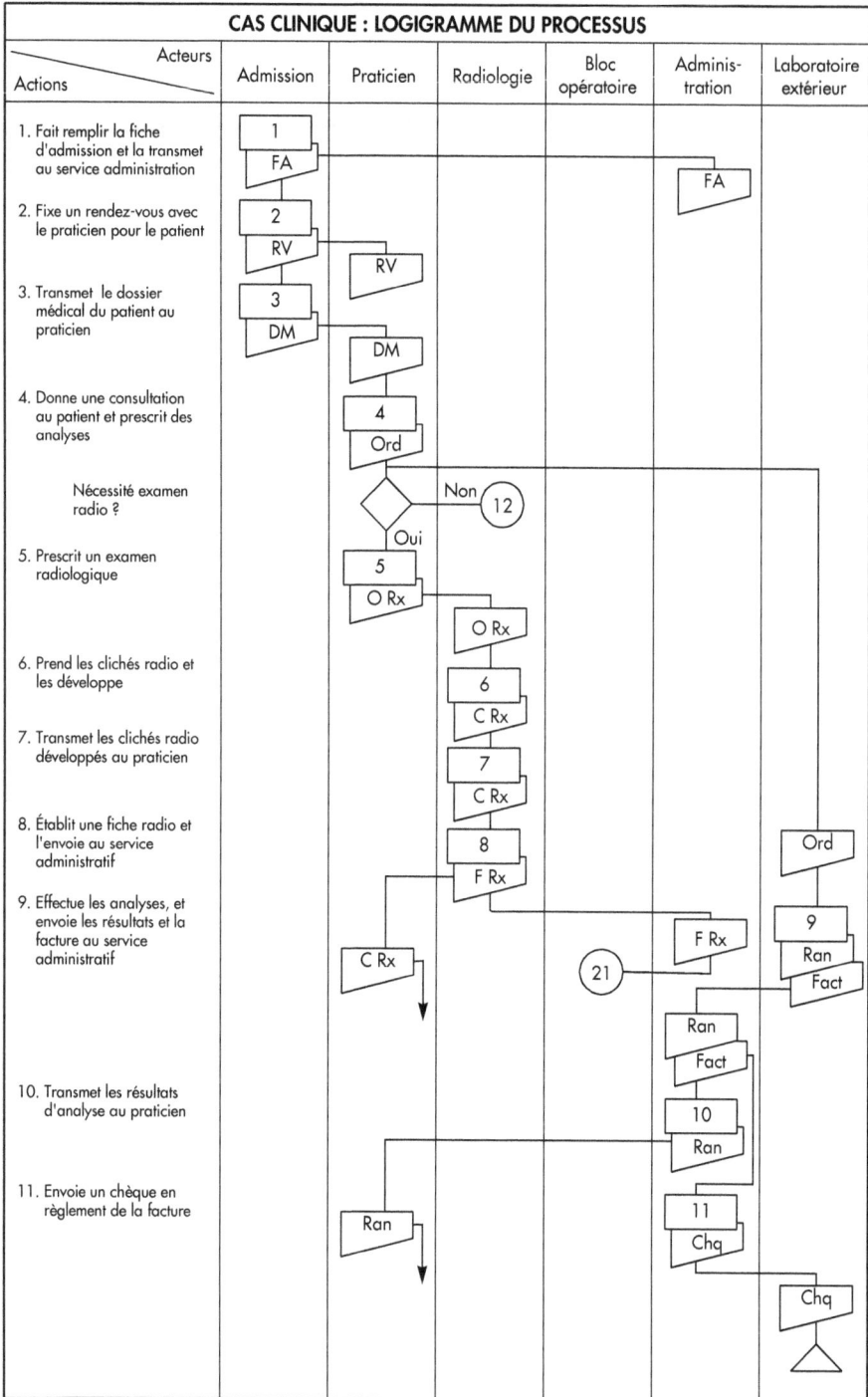

CAS CLINIQUE : LOGIGRAMME DU PROCESSUS

Acteurs Actions	Admission	Praticien	Radiologie	Bloc opératoire	Adminis-tration	Laboratoire extérieur
1. Fait remplir la fiche d'admission et la transmet au service administration	1 FA				FA	
2. Fixe un rendez-vous avec le praticien pour le patient	2 RV	RV				
3. Transmet le dossier médical du patient au praticien	3 DM	DM				
4. Donne une consultation au patient et prescrit des analyses		4 Ord				
Nécessité examen radio ?		◇	Non (12)			
5. Prescrit un examen radiologique		Oui 5 O Rx	O Rx			
6. Prend les clichés radio et les développe			6 C Rx			
7. Transmet les clichés radio développés au praticien			7 C Rx			
8. Établit une fiche radio et l'envoie au service administratif			8 F Rx			Ord
9. Effectue les analyses, et envoie les résultats et la facture au service administratif		C Rx		(21)	F Rx	9 Ran Fact
					Ran Fact	
10. Transmet les résultats d'analyse au praticien					10 Ran	
11. Envoie un chèque en règlement de la facture		Ran			11 Chq	Chq △

Acteurs / Actions	Admission	Praticien	Radiologie	Bloc opératoire	Adminis-tration	Laboratoire extérieur
12. Décide de l'intervention et en donne la description au bloc opératoire (fiche d'opération)	12 / Fop			Fop		
13. Fixe la date de l'opération et la communique au praticien		Dat		13 / Dat		
14. Effectue l'anesthésie du patient				14		
15. Réalise l'intervention chirurgicale		15				
16. Réanime le patient				16		
17. Transmet la fiche d'opé-ration à l'administration				17 / Fop		
18. Examine chaque jour le patient		18			Fop	
Sortie possible ?		◇ Oui / Non ⟶ (18)				
19. Remet une autorisation de sortie au patient		19 / AS				
20. Transmet l'autorisation de sortie visée à l'administration	20 / ASy					
21. Établit les factures pour la Sécurité sociale et la mutuelle					ASy / 21 / Fs / Fm	

Titre du tableau : **CAS CLINIQUE : LOGIGRAMME DU PROCESSUS (suite)**

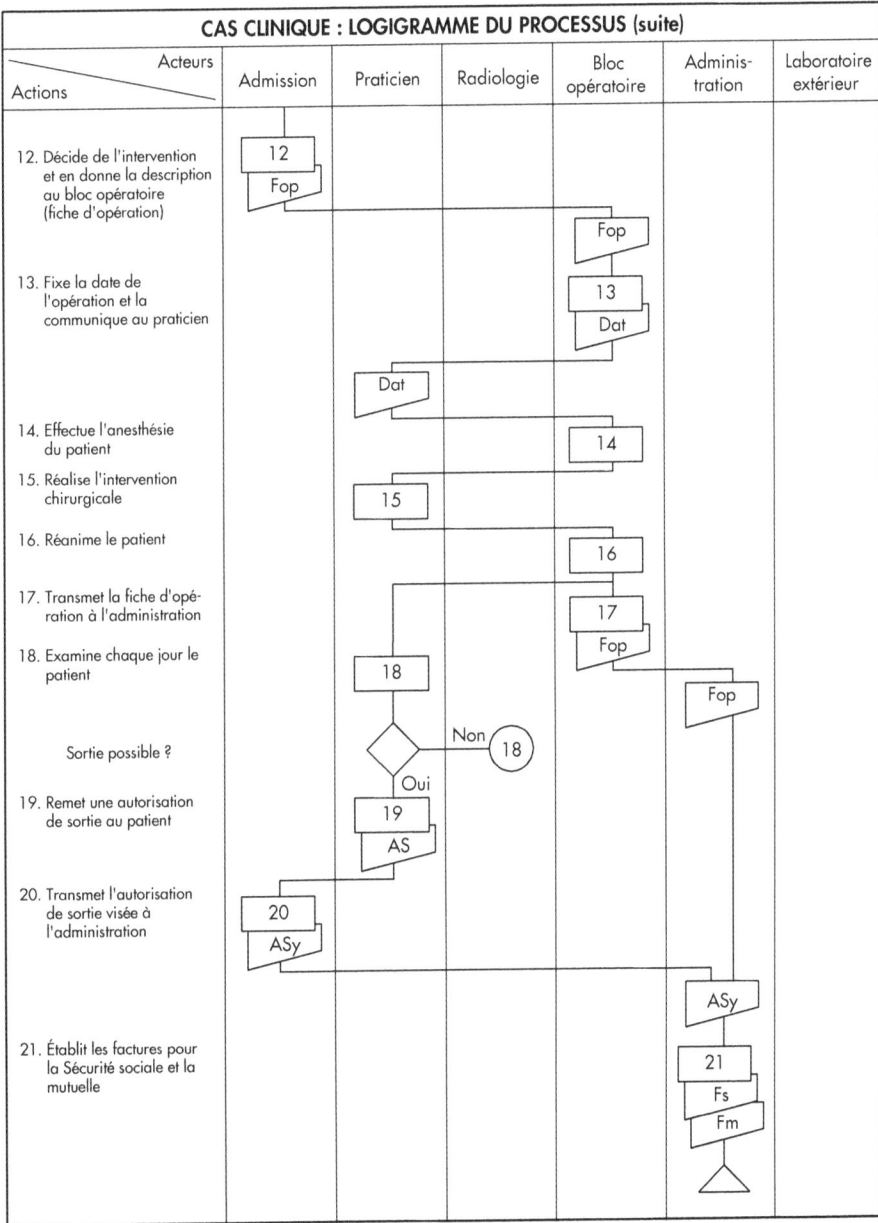

Bien que nous recommandions l'utilisation du logigramme pour les raisons évoquées précédemment, vous trouverez ci-après à titre d'exemple une représentation des processus « Vendre une prestation » et « Former » sous forme de tableaux.

Entrants	Activité	Sortants	Responsable	Observations
Appel d'offre Politique et stratégie de la direction	1. Analyser l'appel d'offre	Synthèse de l'analyse (accusé réception vers le client)	Ingénieur commercial	Contenu de la synthèse de l'analyse : – plan de l'offre – répartition des tâches et planning
Appel d'offre (AO) Synthèse de l'analyse de l'AO Connaissance du marché (produits concurrents)	2. Préparer l'offre technique et chiffrer le coût de revient technique (CRT)	Projet d'offre technique Structure de coût (CRT)	Chef de projet ou chargé d'affaires	Identifier les écarts techniques par rapport à la demande du client Identifier les risques et les marges pour aléas inclues dans le CRT
Appel d'offre Synthèse de l'analyse de l'AO Projet d'offre technique Connaissance du marché	3. Préparer l'offre commerciale	Projet d'offre commerciale Fiche de prix	Ingénieur commercial	Identifier les écarts par rapport à la demande du client et à l'offre des concurrents Identifier l'ensemble des risques
Appel d'offre Projet d'offre technique Projet d'offre commerciale Fiche de prix et décomposition du CRT	4. Valider l'offre	Offres technique et commerciale validées Compte rendu d'étape	Ingénieur commercial	Contenu du compte rendu de l'étape de validation : – choix du scénario définitif – prix de vente retenu – implications en matière de développements, investissements – validation des écarts par rapport au projet de marché (ex. : propriété intellectuelle, garanties...)
Projets d'offres technique et commerciale	5. Finaliser l'offre et la faire signer	Offre complète et définitive Lettre d'envoi au client	Ingénieur commercial	Respect de la forme et du contenu imposés par le client Respect du délai de remise d'offre
Offre envoyée au client Informations client et concurrence	6. Négocier l'offre	Contrat signé ou constat d'échec de la négociation	Ingénieur commercial	S'approprier l'argumentaire de la négociation et connaître ses marges de négociation
Constat d'échec de la négociation	7. Faire le retour d'expérience (REX) de l'affaire perdue	Note de synthèse du REX commercial	Ingénieur commercial	Assurer le REX vers l'ensemble de ceux qui ont contribué à l'offre

ENTRÉES	ACTIVITÉS	SORTIES	ACTEURS	DOCUMENTS SUPPORTS	OBSERVATIONS
Plan d'action stratégique Plan à 3 ans Axes de développement de l'unité	Définir les orientations stratégiques et budgétaires de formation	Orientations stratégiques et budgétaires	Comité de Direction	Note d'orientation définissant les axes de formation (**Annexe 1**)	Diffusion aux chefs de service
Orientations stratégiques et budgétaires	Consulter les partenaires sociaux	Avis partenaires sociaux	Partenaires sociaux Ressources humaines		
	Lancer le plan de formation Recueillir les besoins	Souhaits individuels	Ressources humaines Encadrement Salariés	Fiches de recueil des souhaits individuels (**Annexe 3**)	Note de lancement (**Annexe 2**)
Fiches de recueil des souhaits individuels	Exploiter les fiches Hiérarchiser les priorités	Fiches de recueil des besoins hiérarchie	Encadrement	**Annexe 4**	
Fiches de recueil des besoins hiérarchie	Consolider et chiffrer le plan	Projet de plan de formation	Ressources humaines		
Projet de plan de formation	Arbitrer	Plan de formation définitif	Ressources humaines Comité de direction	**Annexe 5**	
Plan de formation définitif	Consulter les partenaires sociaux	Avis	Ressources humaines Partenaires sociaux		
Plan de formation définitif	Répondre aux souhaits individuels exprimés	Entretien avec le salarié	Encadrement		Accord sur le souhait exprimé ou explication des motifs du refus ou du report
Plan de formation définitif	Planifier les actions	Convocation	Ressources humaines Encadrement		Choix des organismes Organisation logistique
Convocations individuelles	Réaliser la session de formation	Appréciation à chaud Évaluation à froid	Salariés Encadrement	**Annexe 6** **Annexe 7**	Annexe 6 : à renseigner dans les 3 semaines suivant la session de formation Annexe 7 : à renseigner dans les 6 mois suivant la session de formation
Appréciation à chaud Évaluation à froid	Évaluer la formation, faire la synthèse et exploiter les fiches	Indicateurs	Ressources humaines	**Annexe 8**	Sur les formations majeures, le résultat de l'évaluation est communiqué aux participants (courrier ou affichage)

Utilisation de logiciels pour la représentation des processus

Quelle que soit la représentation choisie, il existe des logiciels qui facilitent la construction du logigramme ou l'établissement de tableaux et qui proposent pour certains d'entre eux des fonctionnalités d'aide à la gestion des processus.

Pour la représentation graphique des processus sous forme de logigrammes, à l'aide d'un logiciel, deux solutions sont envisageables.

Une première solution consiste à représenter les processus en utilisant la bureautique classique. Les logigrammes sont alors présentés, une fois établis, sur support papier ou sur un site intranet. Cette voie ne présente pas *a priori* de difficulté majeure de mise en œuvre, les outils correspondants sont classiques, peu coûteux et généralement bien maîtrisés par les utilisateurs. L'impact sur les coûts et le délai global de la démarche sont négligeables. La représentation des processus sur support informatique s'adapte sans problème à une gestion électronique des documents. Enfin, la stricte conformité entre les représentations informatiques et les tirages papier est un avantage lorsque l'activité de l'entreprise fait que l'on ne peut s'affranchir totalement du papier comme par exemple les chantiers, les activités itinérantes ou en milieu hostile.

Cette solution simple, rapide à mettre en œuvre et peu coûteuse, présente l'inconvénient tout relatif à nos yeux d'un manque d'automatisme entre les différents logigrammes. Les liaisons entre processus sont réalisées par des renvois texte. Il en est de même des renvois vers des instructions de travail ou des formulaires. Ceci peut constituer un inconvénient si la cartographie des processus est complexe (par exemple : au moins trois niveaux de processus et plus de dix processus par niveau).

Il est alors tentant de se tourner vers une seconde solution à savoir un logiciel d'aide au management des processus. Toutefois, avant d'investir dans l'achat d'un tel produit, il convient de s'assurer que la complexité de la cartographie des processus correspond bien à l'activité et au contexte de l'organisme, et qu'elle n'est pas due à une identification des processus menée sans le discernement nécessaire.

Informatiser le management des processus relève d'une décision importante dont les conséquences sur le déroulement de la démarche sont prépondérantes. Ce choix doit être fait avec la rigueur et le bon sens qui président à l'ensemble de la démarche sur la base d'une analyse multicritère portant sur : le coût global, les ressources disponibles, les délais, la culture d'entreprise, l'organisation, la simplicité et la convivialité pour l'exploitation et l'utilisation du logiciel.

À l'occasion de l'analyse du bien-fondé d'un tel investissement, il y a au moins deux erreurs à ne pas faire :

» la première consiste à sous-estimer les coûts indirects supportés par l'entreprise pour la constitution de la base de données et l'apprentissage des utilisateurs. Toutes les informations relatives au processus et pouvant être restituées par le logiciel sont susceptibles d'être saisies. Il faut être attentif à ne saisir que les informations qui correspondent aux fonctionnalités utiles à l'organisme parmi les nombreuses fonctions offertes par ce type de logiciel.

» La seconde consiste à penser que le travail préparatoire à la mise en œuvre du logiciel peut se faire en temps masqué. Même si le coût est acceptable pour l'entreprise, il est indispensable d'examiner la meilleure façon d'absorber le volume de travail nécessaire à la mise en route du logiciel sans pénaliser le fonctionnement de l'organisme. En général, une grande partie des tâches doit être réalisée en interne par les acteurs des processus eux-mêmes, la sous-traitance restant marginale.

Utilisation de logiciels pour la mise en pratique opérationnelle des processus : le workflow

La représentation graphique à l'aide d'un outil informatique constitue une première étape de l'informatisation du processus, grâce à quoi les acteurs ont à disposition toutes les informations nécessaires pour leur contribution au fonctionnement du processus.

La mise en œuvre du processus va dès lors générer une dynamique de produits qui peuvent s'apparenter à des flux :

» informations et documents ;

» matières et produits à divers états de finition.

D'une façon générale, les matières et produits sont mis en mouvement d'une étape à l'autre par des dispositifs de transport divers et variés (automobile, tapis roulants, chariots, engins de manutention, etc.). Ainsi, la dynamique des produits générée par le processus apparaît clairement aux acteurs sous forme visuelle telle que par exemple une chaîne de montage automobile.

La force motrice nécessaire à la mise en mouvement est alors essentiellement d'origine électromécanique ou hydraulique. La coordination de l'ensemble des dispositifs afférents est confiée à un ou plusieurs logiciels de gestion de la production. Le logiciel gère le flot de travail (workflow) de l'ensemble des acteurs du processus.

Pour ce qui concerne les produits immatériels, documents et informations, leur workflow pourra être géré par des logiciels conçus pour cela. Le flux consistera en un ensemble de données, soit associé à des produits matériels (chaîne de fabrication), soit existant en tant que tel (bureaux d'études, activités tertiaires, etc.).

Dans le premier cas, la documentation associée sera en général gérée par un module spécifique du logiciel de gestion de la production. Dans le cas des informations constituant le produit intrinsèque, une application informatique spécifique devra être utilisée.

Quelle que soit sa nature, le workflow répond aux objectifs suivants :

- Aider les acteurs du processus dans leurs actions et prises de décision.
- Garantir en permanence la parfaite conformité du produit final du processus.
- Assurer la traçabilité du processus.

Aide aux acteurs

Les acteurs ne consultent plus obligatoirement les logigrammes pour savoir ce qu'ils ont à faire, il leur suffit de se connecter au workflow pour être guidés pas à pas au moyen d'avertissements en ligne et de verrous. Par verrou, nous entendons une fonctionnalité du logiciel bloquant le processus en avertissant l'utilisateur si une action nécessaire (entrée d'une donnée, validation, signature électronique, envoi du document pour avis, etc.) n'a pas été réalisée dans le respect du déroulement du processus.

Les documents et données sont émis, vérifiés, approuvés, diffusés et archivés en ligne sous forme électronique. Les versions papier peuvent éventuellement être sorties *in fine* pour envoi au client.

Conformité du produit final

Le produit intermédiaire est maîtrisé à chaque étape, en fonction des fonctionnalités du logiciel, notamment : identification et habilitation des intervenants, exhaustivité et validation des données d'entrée, réalisation des vérifications intermédiaires et finales, diffusion contrôlée aux personnes ayant à en connaître.

Traçabilité du processus

Le logiciel enregistre en temps réel toutes les données circonstancielles (qui, quoi, où, quand, comment) des actions accomplies pendant la mise en œuvre du processus. Ces informations récupérables constituent des preuves tangibles de la conformité de la mise en œuvre du processus. Elles constituent également une source précieuse pour l'analyse et l'amélioration continue des processus. Les documents produits sont automatiquement diffusés et gérés dans la base documentaire.

Indications et contre-indications

La décision de mise en place d'un workflow sur un processus n'est pas sans risques ni coûts. Prenons l'exemple du processus de préparation d'une offre à un client. Afin de rendre le plus évidentes possibles les indications et contre-indications du workflow, nous allons examiner ce processus dans deux cas extrêmes :

- Offre de service simple et répétitive : il n'y a pas d'achats à l'extérieur, le dossier de commande comporte un descriptif technique et une proposition commerciale. La répétitivité est supérieure à une offre transmise par semaine. En général, le client l'accepte telle quelle ou la décline.

- Offre complexe, isolée et itérative. Il y a de nombreux sous-traitants et achats de matériel à l'extérieur. Le dossier d'offre comprend de nombreux documents dont certains sont extérieurs au vendeur (sous-traitants). Compte tenu de la complexité et du montant financier, des allers et retours avec le client sont à prévoir avec des modifications de l'offre. Enfin la fréquence de ce type d'offre dépend de grands appels d'offre, au maximum de quelques unités par an.

Au vu de ces extrêmes, il est aisé de concevoir que la mise sous workflow sera facile et profitable dans le premier cas, laborieuse sinon impossible et d'une rentabilité douteuse dans le deuxième cas. Il s'ensuit des critères d'indication et de contre-indication qui sont les suivants :

- Indications pour une mise sous workflow :
  - simplicité du processus ;
  - fréquence élevée ;
  - pas ou peu d'interfaces avec des processus hors système de management de la qualité.
- Contre-indications :
  - beaucoup d'interfaces avec les processus d'autres organismes ;
  - mise en œuvre peu fréquente ;
  - itérations nombreuses à prévoir.

Précautions d'usage

Une fois le workflow opérationnel, celui-ci ne doit pas constituer une solution de facilité pour l'utilisateur qui pourrait être tenté d'effectuer mécaniquement les opérations demandées par l'utilisateur sans appréhender le fonctionnement d'ensemble et la finalité du processus.

Pour pallier à cet inconvénient, le meilleur remède est une sensibilisation de tous les acteurs au fonctionnement d'ensemble du processus.

Dans tous les cas, la mise sous workflow du processus est fortement déconseillée si le processus lui-même est insuffisamment maîtrisé. Il est utile de rappeler à cet effet un proverbe souvent mal connu des informaticiens : *« Qui informatise la pagaille générera inévitablement le chaos. »*

Chapitre 14

La mise sous contrôle d'une activité

Analyse de la relation client/fournisseur interne

Définition

L'entreprise est une chaîne de clients/fournisseurs internes.

Il faut raisonner en termes de clients/fournisseurs internes tout au long de cette chaîne.

Toute personne fournit des prestations à des « clients » et reçoit des prestations de « fournisseurs ».

Les notions de « client » et de « fournisseur » doivent être prises au sens large.

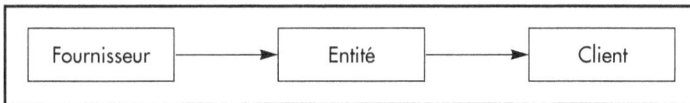

Objectifs

Les objectifs de la relation client/fournisseur interne sont résumés ci-après :

- Se mettre d'accord sur les exigences des uns et des autres aux interfaces.
- Prévenir les non-conformités.
- Mesurer pertinemment la conformité des prestations aux besoins exprimés par le client.

- Améliorer les processus et le fonctionnement interne de l'entreprise.
- Améliorer la qualité des produits et des services fournis.
- Développer une meilleure communication.

Mode d'utilisation

La démarche proposée pour mettre en œuvre la relation client/fournisseur interne se décompose de la manière suivante :

- Définir et délimiter précisément la prestation que nous devons fournir dans le cadre du processus à optimiser : quelle est notre valeur ajoutée ?
- Identifier nos clients et nos fournisseurs dans le cadre de ce processus.
- Identifier les exigences de nos clients et nos besoins envers nos fournisseurs.
- Communiquer avec nos clients et nos fournisseurs :
  - *« Trop souvent, j'interprète les exigences de mon client. »*
  - *« Je dois m'assurer que mon expression de besoin est comprise par mon fournisseur. »*
  - *« Je ne comprends bien ce que j'ai voulu dire que lorsque l'on m'a répondu. »*
- Se mettre d'accord avec les clients et les fournisseurs, formaliser les exigences aux interfaces et les outils de mesure (indicateurs).
- Mesurer la conformité de la prestation par rapport aux besoins : suivi des indicateurs par le tableau de bord côté fournisseur (« mesurer pour agir »).

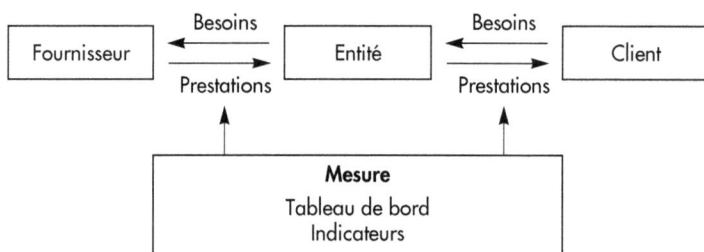

Exemple de support pour la mise en œuvre de la relation client/fournisseur interne

Grille d'analyse de la relation client/fournisseur interne

(1) Nom du processus/activité : _____
Début du processus/activité : _____
Fin du processus : _____

Entrées	Fournisseurs	Exigences des entrées	Acteurs	Exigences des sorties	Utilisateurs	Sorties
(6)	(7)	(8)	(2)	(5)	(4)	(3)

- La grille prend cette forme (des entrées aux sorties) parce qu'elle représente et permet de visualiser le déroulement d'un processus ou d'une activité.

- Cette grille se remplit dans le sens de la numérotation :

1. Quel est notre processus ? Où commence-t-il ? Où finit-il ?

2. Qui est acteur du processus ?

3. Quel est la prestation ou le produit qui en sort ?

4. Pour qui ? Quels sont les utilisateurs, clients ?

5. Quels sont leurs exigences/besoins ? (quelles fonctionnalités ? quels délais ? quels coûts ?)

Donc, quels indicateurs de conformité à ces exigences/besoins ?

6. De quoi avons-nous besoin pour réaliser la prestation ou le produit ?

7. Qui nous les fournira ?

8. Quels sont nos exigences/besoins concernant les entrées ? (quelles fonctionnalités, quels délais, quels coûts ?)

Donc, quels indicateurs de conformité à ces exigences/besoins ?

Exemple : processus d'approvisionnement

À partir d'une demande d'achat établie par le service fabrication, les acheteurs constituent un dossier d'approvisionnement qui doit contenir :

- le dossier technique préparé par le service études, incluant une liste des documents joints,
- le dossier qualité préparé par le service qualité/sûreté,
- le planning (dernière révision) préparé par le service projet.

Le dossier d'approvisionnement est soumis au service qualité/sûreté pour vérification et approbation. Ce service émet une fiche d'approbation qu'il transmet au service achats au plus tard trois jours après réception du dossier.

Les commandes sont alors établies par un acheteur, visées par le responsable du service achats et le chef de projet, puis diffusées en externe aux sous-traitants et en interne aux services projet, études, fabrication. Les originaux sont conservés au service achats.

Constituons maintenant la grille pour la mise en œuvre de la relation client/fournisseur interne côté achat :

(1) Nom du processus/activité : Approvisionnement
Début du processus/activité : Établissement de la demande d'achat
Fin du processus : Établissement de la commande

Entrées	Fournisseurs	Exigences des entrées	Acteurs	Exigences des sorties	Utilisateurs	Sorties
demande d'achat	fabrication	formulaire DA 96/01 2 exemplaires renseignés				
dossier technique	études				qualité/sûreté	dossier approvisionnement
			Acheteurs			
(6)	**(7)**	**(8)**	**(2)**	**(5)**	**(4)**	**(3)**
dossier qualité	qualité/sûreté	liste des doc. joints			projet études fabrication	copie commandes
fiche approbation	qualité/sûreté	émise au plus tard 3 jours après réception du dossier				
planning	projet	dernière révision				
					sous-traitants	commandes

Mise en place des indicateurs issus de la RCFI

Objectifs

La mise en place des indicateurs a trois objectifs :

- Mettre sous contrôle l'activité.
- Analyser le passé pour mieux prévoir l'avenir.
- Traiter à temps tout commencement de « dérive ».

Conditions de la réussite

- Les indicateurs doivent être construits par ceux qui les exploitent.
- Les indicateurs doivent être simples.
- Ils doivent être peu nombreux : l'excès de mesure tue la mesure.
- L'indicateur doit être piloté par celui qui a la maîtrise de la mise en œuvre du processus ou de l'activité.
- Les résultats d'une mesure s'interprètent.
- Un responsable de l'indicateur doit être désigné.
- La périodicité est :
  - trimestrielle pour un indicateur de tableau de bord de comité de direction ;
  - mensuelle pour un indicateur de tableau de bord de responsable de fonction ;
  - hebdomadaire pour un indicateur de tableau de bord d'opérateur.
- La lecture de l'indicateur doit être facilitée par des représentations graphiques.

Évaluation d'un indicateur

Il est essentiel de s'assurer qu'un indicateur est adapté au besoin. Il est possible d'utiliser une grille d'évaluation d'un indicateur. Celle-ci propose par exemple de qualifier l'indicateur selon quatre critères : pertinent, opérationnel, consolidable, économique.

Précisons maintenant quelques définitions relatives à la déclinaison de ces quatre critères (voir tableau ci-après) :

« Fidèle »

Renvoie une image fidèle du phénomène observé (sans distorsion).

« Juste/stable »

Donne une information exacte (centrée) et stable (renouvelable) pour un phénomène stable.

« Précis/sensible »

Les variations significatives du phénomène doivent être reflétées par des variations cohérentes de l'indicateur.

« Vendable/acceptable »

L'indicateur ne doit pas heurter la culture des utilisateurs et risquer le rejet.

« Communicant »

Si l'indicateur est utilisé comme instrument de dialogue entre groupes de personnes ayant des préoccupations différentes (ex. : commerciaux et techniciens), il faut en tenir compte dès l'origine.

Les notions « vendable » et « communicant » sont différentes. Un indicateur qualité d'acceptation difficile, parce qu'il heurte par exemple une sensibilité syndicale, peut s'avérer un bon outil de communication une fois franchi l'obstacle culturel.

« Consolidable/cumulable »

Il peut être utile ou indispensable de disposer d'un indicateur quantifiable (mesurable, chiffrable, repérable), la consolidation facilitant analyses et synthèses ultérieures.

CRITÈRE (qualificatif)		OBSERVATIONS

1. PERTINENT
  1.1 fidèle (image fidèle)
  1.2 juste/stable
  1.3 précis/sensible		

2. OPÉRATIONNEL
  2.1 facile à établir
  2.2 facile à utiliser
  2.3 vendable, acceptable
  2.4 communicant (dialogue)		

3. CONSOLIDABLE AGRÉGABLE
  3.1 quantifiable
  3.2 cumulable pour synthèse
  3.3 cumulable pour analyse		

4. ÉCONOMIQUE
  4.1 rentable
  4.2 chiffrable monétairement
  4.3 utile à la prévention		

CONCLUSION		

Exemple de support pour la définition d'indicateurs qualité

La fiche de définition d'indicateurs qualité

Titre de l'indicateur :		Date de création :
Fournisseur :	Prestation :	Client :
Caractéristique sensible pour le client :		
Grandeur mesurée :		
Zéro défaut Valeur :		
Mode de détermination (norme, contrat client/fournisseur...) :		
Modalités de mesure : – Comment : – Qui : – Quand :		
Exploitation (diffusion, affichage...) :		

Chapitre 15

La méthode de résolution de problèmes

Nous avons détaillé dans un précédent chapitre les modalités d'application de la méthode de résolution de problèmes. Nous en reprenons ici les grandes lignes pour mettre en évidence les outils que l'on pourra être amené à utiliser au cours de sa mise en œuvre.

Définition

L'efficacité d'un groupe repose sur l'adoption d'une méthode de résolution de problèmes simple, mais rigoureuse dans son application.

Avec une telle méthodologie, le groupe dispose d'un cadre de réflexion ordonnée lui permettant :

- d'identifier le problème à traiter ;

- de rechercher l'ensemble des causes ;

- de trouver toutes les solutions envisageables ;

- de choisir la solution la plus appropriée.

La méthode de résolution de problèmes permet une rigueur et une grande créativité grâce à des outils diversifiés et adaptés aux différentes étapes de la résolution.

Mode d'utilisation : un cheminement logique, des outils à chaque étape

Une méthode	Des outils
1. S'informer sur le problème Poser le problème.	Outils d'investigation : QQOQCCP, est/n'est pas, feuilles de relevés, tableaux graphiques, diagrammes de Pareto, histogramme, diagramme de dispersion
2. Rechercher les causes probables	Brainstorming (remue-méninges), QQOQCCP, règle des 5 M, diagramme d'Ishikawa
3. Déterminer les causes réelles	QQOQCCP, enquête, tableau de recueil de données, graphique, histogramme, diagramme de Pareto
4. Rechercher les solutions, les évaluer et choisir la meilleure	Brainstorming, analyse multicritère, matrice de compatibilité, vote pondéré
5. Mettre en œuvre la solution	QQOQCCP
6. Contrôler et suivre les résultats	QQOQCCP, indicateurs, tableaux de bord
7. Standardiser	QQOQCCP

Les conditions de la réussite

Un cheminement logique, étape par étape, amènera naturellement le groupe à des solutions adaptées.

La résolution d'un problème au cours de l'analyse des processus passe par une application rigoureuse de la méthode. Les outils, quant à eux, ne sont à utiliser que selon les besoins du groupe, ils sont présentés ici à titre indicatif.

Le brainstorming (remue-méninges)

Objectifs

Le remue-méninges a pour but de produire aisément et dans des conditions stimulantes un grand nombre d'idées sur un thème donné. Il favorise la créativité de chaque participant, donc du groupe, en provoquant le rebondissement successif des idées les unes sur les autres, et favorise ainsi l'émergence d'idées nouvelles.

Mode d'utilisation

Le travail s'effectue en cinq phases :

1. Rappel des règles aux participants.

Les séances de remue-méninges doivent se dérouler selon des règles précises :

- Aucune critique des idées émises (ni critique ni autocritique).
- Viser la quantité.
- Les idées farfelues sont les bienvenues (favoriser la fantaisie).
- Une seule idée par personne à la fois.
- Démultiplier ses idées en « pillant » celles des autres.
- Chacun s'exprime à tour de rôle.
- Toutes les idées sont écrites au tableau.
- Quand on n'a pas d'idée, on dit « je passe ».

2. Énoncé du sujet et des objectifs recherchés.

3. Réflexion silencieuse de chaque participant sur une feuille de papier pendant cinq à dix minutes.

4. Phase de créativité.

5. Phase d'analyse et de classement des idées.

Les conditions de la réussite

Le brainstorming est une « tempête dans les cerveaux »... pas dans la salle !

QQOQCCP

Description

Le QQOQCCP est un outil qui permet la collecte exhaustive et rigoureuse de données précises.

Objectif

L'objectif du QQOQCCP est d'aider à appréhender tous les aspects d'un problème, à analyser une situation sous tous ses angles. Il constitue une grille simple d'interrogation devant fournir les éléments indispensables suivants :

De **Q**uoi s'agit-il ?	Objet, action...	←	
Qui est concerné ?	Acteur, responsable...	←	
Où ?	Lieu, distance...	←	**Pourquoi ?**
Quand ?	Moment, durée...	←	
Comment ?	Moyens, procédures...	←	
Combien ?	Niveau de performance, coût...	←	

Mode d'utilisation

Il s'agit de décrire la situation par ses éléments caractéristiques en répondant systématiquement et complètement aux questions suivantes :

Quoi ?

De quoi s'agit-il ?

Que s'est-il passé ?

Qu'observe-t-on ?

Quels sont les symptômes rencontrés ? (Il faudra ici énumérer les faits sans porter de jugement.)

Qui ?

Quels sont les intervenants ?

- D'une part les personnes physiques : fournisseurs, acteurs, collaborateurs, collègues, clients...
- D'autre part les personnes morales : services, entités...

Il faudra identifier les personnes ou entités fournissant les informations, les personnes ou entités agissant et transformant, les personnes ou entités à qui est destiné le produit ou le service, les personnes ou entités qui doivent être informées pour agir.

Où ?

À quel(s) endroit(s) trouve-t-on les éléments de la situation décrite ?

Quand ?

À quel moment a eu lieu la situation décrite ?

Combien de temps a-t-elle duré ?

S'est-elle répétée, avec quelle fréquence ?

Comment ?

Comment se manifeste cette situation ?

Par quoi se traduit-elle aux différents endroits concernés ?

Quels sont les éléments qui ont évolué, dérivé ?

Combien ?

Choisir la ou les unités de mesure afin de quantifier l'état de la situation rencontrée en terme de niveau de performance, d'écart par rapport à l'objectif et de
coût (exemple : coût des non-conformités).

Que s'est-il passé ?

Qu'observe-t-on ?

Quels sont les symptômes rencontrés ? (Il faudra ici énumérer les faits sans porter
de jugement.)

Pourquoi ?

Tester et analyser les causes probables et déterminer les causes réelles de la situation rencontrée.

Remarque

Dans le cas où les réponses aux questions QQOQCCP s'avèrent difficiles, il est
alors utile de raisonner en termes de « QQOQCCP ne pas » :

» De quoi ne s'agit-il pas ?
» Qui n'est pas concerné ?
» Etc.

Situations propices à l'emploi du QQOQCCP

Le QQOQCCP est un outil de base, notamment des démarches suivantes :
méthode de résolution de problèmes, définition des modalités d'une action à
entreprendre (en fin de réunion par exemple), rédaction de procédure ; il constitue une approche méthodique et un canevas de travail intéressant.

Les outils d'investigation

La méthode Kepner-Tregoe (« est/n'est pas »)

Objectif

La méthode Kepner-Tregoe, appelée plus couramment la méthode du « est/n'est pas » a pour but d'aider à définir une situation donnée. Associée au QQOQCCP, elle permet de mieux cerner un problème et contribue ainsi à sa bonne définition.

Mode d'utilisation

Le tableau ci-après présente le mode d'utilisation de cette méthode :

	Est	N'est pas
Quoi	Qu'est-ce qui est le problème ?	Qu'est-ce qui n'est pas le problème ?
Qui	Qui est concerné par le problème ?	Qui n'est pas concerné par le problème ?
Où	Où est le problème ?	Où n'est pas le problème ?
Quand	Quand se pose le problème ?	Quand ne se pose pas le problème ?
Comment	Sous quelle forme apparaît le problème ?	etc.
Combien	Combien de fois le problème est-il apparu ?	...

Les tableaux (ou feuilles de relevés)

Objectif

L'utilisation de tableaux ou feuilles de relevés permet d'enregistrer des données, chiffrées ou non, de telle manière qu'elles soient facilement utilisables ou vérifiables.

Mode d'utilisation

Le mode d'utilisation préconisé est le suivant : il s'agit tout d'abord de définir précisément la grandeur qui fait l'objet du relevé (nombre de pièces produites ou rebutées, température relevée sur un procédé de fabrication, le nombre de dossiers traités...) ainsi que les critères de classement (les jours de la semaine, les mois, les types de produits...). Il s'agit ensuite, selon le nombre de critères de classement retenu (un ou deux), de tracer un tableau à une ou deux entrées, puis d'inscrire sur ce tableau les valeurs de la grandeur étudiée : valeurs observées suivant les critères de classement retenus.

Exemples d'application de ces tableaux

Tableau à une entrée

Lignes de production	Pièces rebutées
A	7
B	16
C	12
D	9
E	18

Tableau à deux entrées

	Pièces rebutées				
Lignes de production	Lun.	Mar.	Mer.	Jeu.	Ven.
A	7	10	11	6	14
B	16	15	9	12	13
C	12	17	8	4	19
D	9	7	5	2	6
E	18	7	3	17	14

Tableau à une entrée

Heures	8	9	10	11	12	14	15	16
Températures	17,5	18,1	18,7	19,2	19,3	20,6	20,7	20,7

Les graphiques

Les graphiques permettent une traduction visuelle des tableaux de façon à rendre plus explicites les informations fournies. Ils peuvent se présenter sous diverses formes. Nous en donnons ici trois exemples : graphique à bandes, histogramme, fromage.

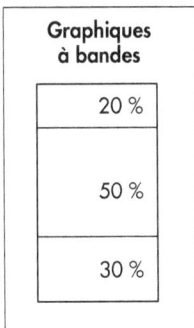

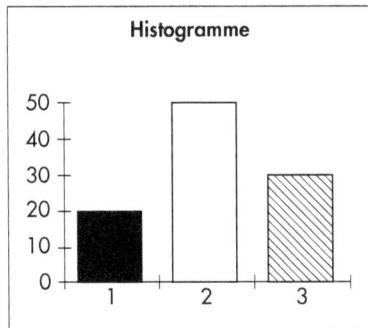

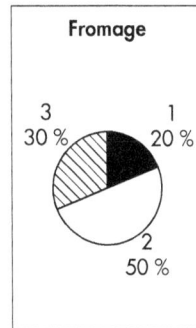

Le diagramme de Pareto

Description

C'est une représentation graphique de l'ensemble des informations liées à un même événement, afin de faire apparaître les faits les plus importants.

Objectifs

Le diagramme de Pareto permet de hiérarchiser et de visualiser l'importance relative de différentes informations liées à un événement pour les classer par ordre décroissant d'importance.

Exemple : choix de priorités dans le traitement de différents problèmes apparus sur un produit.

Mode d'utilisation

L'utilisation du diagramme de Pareto se décline suivant six points :

- Sur une période donnée, établir la liste des informations relatives à un événement.
- Classer les informations par type. Chaque type d'information doit être indépendant des autres.
- Quantifier l'importance de chacun de ces types. Exemple : nombre de défauts trouvés dans chacun des types.
- Faire la somme des valeurs obtenues et calculer le pourcentage relatif à chaque type.
- Représenter graphiquement par un diagramme en colonnes décroissantes les pourcentages obtenus.
- Tracer sur un même diagramme le graphique des valeurs cumulées.

Exemple d'application

Analyse quantitative des défauts apparus sur des rouleaux de composite pour emballage alimentaire

Il s'agit ici de déterminer le ou les défauts sur le(s)quel(s) il faudra agir en priorité. Un relevé effectué sur le terrain nous permet d'obtenir le tableau des valeurs suivant :

Types de défauts	Nombre	%	Rang
Bavures	11	14	3
Déchirures	31	40	1
Décollement	10	13	4
Couleurs non respectées	25	33	2
Total	77	100	

Le diagramme de Pareto donne le tracé ci-dessous :

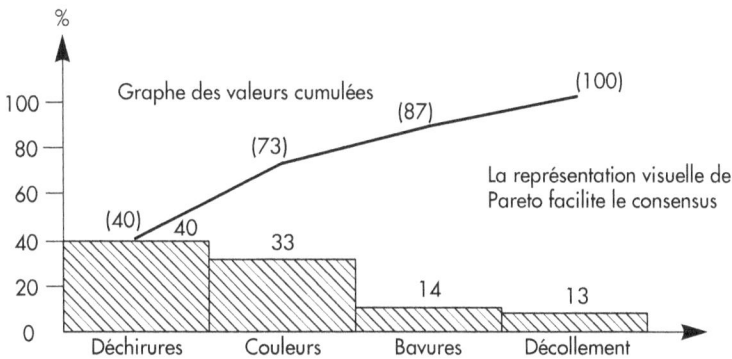

Les problèmes dus aux déchirures constituent l'élément le plus important, donc celui sur lequel on est susceptible d'agir en priorité.

Remarque

Il faut être attentif aux corrélations éventuelles des types de défauts observés.

Ici, par exemple, les bavures sont dues à des problèmes de décollement des rouleaux. Le tracé du diagramme de Pareto peut permettre de mettre en évidence ces corrélations.

Les conditions de la réussite

Deux points sont essentiels pour la réussite d'un diagramme de Pareto :

- La classification des informations : si le diagramme est plat, il faudra chercher à regrouper des types d'informations dans une même famille.
- Le choix du critère de quantification : par exemple, quantifie-t-on les défauts en nombre de défauts ou en coût induit par ces défauts ?

Le diagramme obtenu sera sensiblement différent en fonction du critère de quantification retenu et donc de l'objectif recherché.

La règle des 5 M

Objectif

À l'issue, par exemple, d'un brainstorming, il s'agit de classer, par grandes familles préétablies : « méthode », « matière », « matériel », « milieu », « main-d'œuvre », toutes les causes susceptibles d'être à l'origine d'un effet constaté, en vue de les exploiter ultérieurement.

Mode d'utilisation

Cinq grandes familles sont généralement utilisées : il s'agit des 5 M (mnémotechnique) : Main-d'œuvre, Matériel, Méthode, Matière, Milieu.

Main-d'œuvre

Il s'agit du personnel, de la hiérarchie, de toutes les personnes qui concourent à la marche de l'entreprise, ainsi que tout ce qui est relatif à l'action humaine : compétence, comportement, formation, communication, motivation...

Matériel

C'est tout ce qui nécessite un investissement, et donc qui est sujet à amortissement : les locaux, les financements, les installations, les machines, équipements et gros outillages, les moyens de production et de contrôle font partie de cette catégorie.

Méthode

C'est la façon de faire, ce qui est lié à l'organisation : procédures, spécifications, modes opératoires, procédés, gammes, modes d'emploi, consignes, notices, instructions...

Matière

C'est tout ce qui est consommable, c'est-à-dire non investi, donc non amorti : les fluides, les matières premières, l'énergie (l'électricité par exemple fait partie des matières : c'est du consommable – l'installation électrique fait partie des machines : c'est un investissement), les composants, sous-ensembles, les supports d'information...

Milieu

C'est ce qui est lié à l'environnement : les conditions de travail (température, bruit, propreté, éclairage, encombrement), l'ergonomie, les espaces verts, le parking, l'ambiance de travail, les relations, les contacts, les clients, les fournisseurs.

Causes \ Familles	Main-d'œuvre	Matériel	Méthode	Matière	Milieu	M...
A	▓					
B	▓		▓			
C		▓				
D					▓	
E				▓		
F			▓			

Cette règle est un simple aide-mémoire. Il s'agira d'adapter son mode de classement au cas étudié.

Exemples d'applications

1. Le diagramme causes-effet ou le diagramme en arête de poisson ou le diagramme d'Ishikawa

La mise en place de la règle des 5 M constitue la première étape nécessaire pour l'élaboration du diagramme d'Ishikawa (classement des causes).

2. La maîtrise des procédés

- La maîtrise d'un procédé nécessite de s'assurer que le procédé, d'une part, génère des caractéristiques conformes aux exigences et, d'autre part, est reproductible, capable et stable.
- Pour cela, il faut définir le procédé et ensuite le qualifier par des essais.
- La définition d'un procédé s'effectue en utilisant la règle des 5 M. Il s'agit d'identifier, pour chaque M, les paramètres principaux, puis d'associer, à chaque paramètre principal, un domaine de variabilité, et enfin de tester le procédé aux limites de chacun des paramètres principaux.

Le diagramme d'Ishikawa
(diagramme causes/effet ou diagramme en arête de poisson)

Description

Le diagramme causes/effet est une représentation graphique permettant de classer et de hiérarchiser par familles et sous-familles toutes les causes identifiées susceptibles d'être à l'origine d'un effet constaté. Cette représentation s'effectue de préférence en groupe.

Objectifs

Il s'agit de visualiser et d'analyser le rapport existant entre un problème et ses causes probables, mais aussi de réfléchir sur un support commun à l'ensemble des participants et de prendre conscience des causes à approfondir.

Mode d'utilisation

Le mode d'utilisation préconisé est le suivant. Il s'agit :

1. De définir clairement l'effet constaté.

2. De définir quelques – trois à six – grandes familles de causes.

Exemple : utilisation des 5 M : Main-d'œuvre, Matériel, Matière, Méthode, Milieu.

3. De rechercher en séance de brainstorming les causes possibles.

4. D'affecter chacune des causes à l'une des familles.

Si les causes restent nombreuses à l'intérieur d'une famille, il faudra définir des sous-familles.

Par exemple :

- Dans la famille Formation, on trouvera : Formation initiale, Formation professionnelle, Formation au poste de travail.
- Dans la famille Milieu, la sous-famille Ambiance : chaleur, éclairage, bruit.

5. De tracer le diagramme.

Pour ce faire, on tracera une droite horizontale au bout de laquelle on indiquera l'effet constaté, puis on tracera les branches relatives à chaque famille et les « branchettes » relatives aux sous-familles.

Remarques

Le diagramme ne doit pas être trop simple : s'il l'est, c'est qu'il manque des causes.

Le diagramme ne doit pas être trop chargé : s'il l'est, c'est que l'on traite plusieurs problèmes en même temps ; dans ce cas, on peut l'éclater en plusieurs diagrammes.

Condition de la réussite

Celle-ci consiste à choisir judicieusement les familles et sous-familles afin d'éviter les causes ayant plusieurs sous-familles.

Exemple de tracé d'un diagramme causes/effet

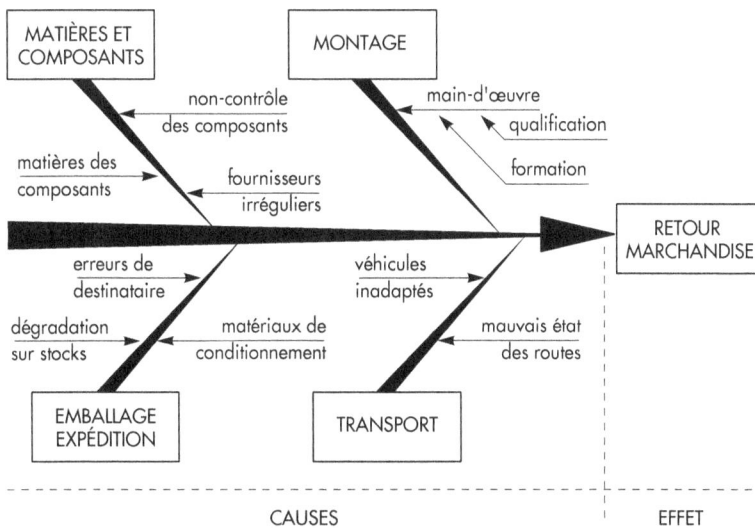

Le vote simple ou pondéré

Objectifs

Le vote sert à provoquer et à accélérer la décision d'un groupe.

Le vote, en tant que « photographie » de l'opinion du groupe, est utilisé par l'animateur pour relancer les débats en séance.

Mode d'utilisation

Par rapport à une liste d'options entérinée par le groupe de travail, le vote est utilisé soit pour hiérarchiser les options, soit pour en choisir une.

Le vote en groupe de travail est un vote oral, il est exécuté rapidement dans la salle même de la réunion ; le traitement est fait immédiatement par l'animateur.

Il se présente sous deux formes : le vote simple (une voix par participant) et le vote pondéré : chaque personne dispose d'autant de points qu'il y a de solutions plus un. Chacun les répartit à son gré. La solution retenue sera celle qui aura obtenue le plus de points.

Le traitement est fait devant les participants sous la forme d'un tableau :

Votants / Solutions	Antoine	Roger	Denise	Michel	Daniel	Valérie	Total Votants	Total Points
A	1	1	1	0	2	3	5	8
B	3	2	4	5	1	0	5	15
C	1	1	0	0	0	0	2	2
D	0	1	0	0	2	2	3	5

Remarques

Le vote peut être utilisé pour prendre une décision suite à une analyse multicritère faisant ressortir deux solutions.

Le vote pondéré est utilisé lorsque les choix à effectuer sont d'ordre subjectif : choix d'une couleur, d'une appellation... ou lorsque les données quantitatives sont très proches.

Les conditions de la réussite

Le principe du vote doit être accepté par les participants. Il est nécessaire de s'assurer de l'exhaustivité et de l'acceptation des options par tous.

Le vote, en tant que moyen de décision, doit être utilisé à l'extrême limite, lorsqu'il n'y a pas de possibilité de consensus.

L'analyse multicritère

Objectif

L'analyse multicritère a pour but de choisir, parmi plusieurs solutions, la solution optimale ; ceci en se basant sur des critères de choix pondérés.

Elle permet d'accéder à un choix plus objectif.

Mode d'utilisation

L'analyse se présente sous forme de tableaux « solutions x critères ». La solution optimale est celle qui obtient la note pondérée la plus élevée.

La démarche à adopter est celle décrite ci-après. Il s'agit :

1. d'identifier toutes les solutions possibles (S1, S2, S3, S4...) ;

2. d'identifier les critères de choix, ce sur quoi l'on va s'appuyer pour faire le choix (C1, C2, C3, C4, etc.) ;

3. de pondérer chaque critère par un coefficient en fonction de l'importance relative que l'on souhaite lui donner dans notre choix. On pourra, par exemple, attribuer à chaque critère un coefficient compris entre 1 et 3 ;

Critères	Poids
C1	1
C2	2
C3	2
C4	3

4. d'établir le tableau « solutions x critères » ;

5. de noter les solutions vis-à-vis de chaque critère (la note attribuée pourra être comprise entre 0 et 5) ;

6. de multiplier chaque note par le coefficient de pondération correspondant ;

7. de faire les totaux ;

8. de choisir la solution ayant obtenu la note la plus élevée.

Exemple :

Critères	Poids	Solutions			
		S1	S2	S3	S4
C1	1	1) 1	2) 2	3) 3	1) 1
C2	2	3) 6	2) 4	1) 2	2) 4
C3	2	2) 4	1) 2	1) 2	0) 0
C4	3	0) 0	2) 6	1) 3	1) 3
Note pondérée		11	14	10	8

La solution S2 obtient la note pondérée 14. Dans le cas où deux solutions sont à égalité, il faut trouver un élément qui permette de trancher et de faire le choix entre ces deux solutions.

Exemple d'application

Prenons comme exemple d'application le choix d'un moyen de transport pour aller de Paris à Lyon. Les critères de choix que nous retenons sont les suivants : rapidité, coût, agrément, sécurité.

Pondérons maintenant ces critères et attribuons-leur les coefficients suivants :

Critères	Poids
Rapidité	3
Coût	2
Agrément	1
Sécurité	2

Déterminons ensuite les solutions envisageables. Celles-ci sont au nombre de cinq : TGV, train express, avion, voiture, car.

Il s'agit alors de construire le tableau « solutions × critères », de noter chaque solution vis-à-vis du critère considéré et de multiplier cette note par le coefficient de pondération attribué au critère.

Vous trouverez ci-après le tableau rempli concernant notre exemple : choix d'un moyen de transport pour aller de Paris à Lyon.

Le TGV est, dans ce cas, la solution jugée la plus avantageuse.

Critères	Solutions				
	TGV	Train	Avion	Voiture	Car
Rapidité (3)	$5 \times (3) = 15$	$3 \times (3) = 9$	$4 \times (3) = 12$	$2 \times (3) = 6$	$1 \times (3) = 3$
Coût (2)	$2 \times (2) = 4$	$3 \times (2) = 6$	$1 \times (2) = 2$	$4 \times (2) = 8$	$5 \times (2) = 10$
Agrément (1)	$5 \times (1) = 5$	$3 \times (1) = 3$	$4 \times (1) = 4$	$2 \times (1) = 2$	$1 \times (1) = 1$
Sécurité (2)	$4 \times (2) = 8$	$3 \times (2) = 6$	$5 \times (2) = 10$	$2 \times (2) = 4$	$2 \times (2) = 4$
Total	32	24	28	20	18

Les conditions de la réussite

Il est important de bien s'assurer de l'exhaustivité et du non-chevauchement des critères entre eux.

La matrice de compatibilité

Objectif

L'objectif d'une matrice de compatibilité est d'aider à la prise de décision en s'appuyant systématiquement sur des critères de choix. Il peut s'agir de la sélection d'un problème, d'une solution ou d'une action à entreprendre. Lorsque l'une des solutions est compatible avec le plus grand nombre de critères, celle-ci est considérée comme optimale.

Mode d'utilisation

Il faut, tout d'abord, établir la liste des problèmes, solutions ou actions à comparer.

Puis, il s'agit d'établir la liste des critères en jeu et de les définir précisément. Pour la sélection d'un problème à résoudre, les critères peuvent être, par exemple :

- C 1 : le coût de non-conformité engendré.
- C 2 : l'urgence à résoudre le problème.
- C 3 : la forte fréquence d'apparition.

L'action suivante consiste à tracer un tableau à double entrée :

- Une ligne pour chaque critère de choix : C 1, C 2, C 3, etc.
- Une colonne pour chaque problème, solution ou action à entreprendre.

Puis on remplit le tableau de la manière décrite ci-après.

Dans chaque cas sont notés :

+   s'il y a compatibilité avec le critère.

–   s'il y a incompatibilité.

?   s'il n'est pas possible de décider.

Rien   s'il y a indépendance.

Critères	Solutions				
	S 1	S 2	S 3	S 4	S 5
C 1		?	+	+	–
C 2	–		?	+	–
C 3		+	+	+	–

Exemple d'application

Monsieur Dupont doit se rendre de Paris à Lyon. Il voyage seul. Un problème se pose à lui :

Quel moyen de transport choisir ?

Réalisons une matrice de compatibilité :

Critères	Solutions							
	TGV	Train	Avion	Auto	Auto-stop	Car	Vélo	Pied
Coût (moins de 150 euros)	+	+	–	–	+	+	+	+
Sécurité	+	+	+	–	–	+	?	+
Rapidité (plus de 250 km/h)	+	–	+	–	–	–	–	–
Agrément	+	?	+	?	?	?	?	?
Liaison gare ou aéroport	+	+	–					

En dehors de la solution TGV – qui répond positivement à tous les critères – le choix entre les autres moyens de transport dépendra de l'importance relative – pondération – que l'on attribuera aux différents critères.

Exemple : en dehors du TGV, on choisira le train si l'on met l'accent sur le coût ; l'avion si l'on met l'accent sur la rapidité.

Le plan d'action qualité

Définition

Le plan d'action qualité (PAQ) est un processus annuel permettant de définir des objectifs généraux d'amélioration de la qualité.

Il est défini par le responsable de l'entité entouré de son équipe.

Objectifs

Les objectifs inhérents à la mise en œuvre d'un PAQ sont les suivants :

- Améliorer méthodiquement, régulièrement et de façon permanente la qualité.
- Dynamiser l'amélioration de la qualité.
- Mobiliser toutes les équipes de terrain à l'amélioration permanente des processus, des produits et services.
- Améliorer la communication dans l'équipe et avec les autres services.
- Intégrer la gestion de la qualité dans l'activité quotidienne.

Démarche de construction du PAQ

La démarche que nous vous proposons de construction du PAQ se décline en six points :

- Déterminer et formaliser les orientations stratégiques de l'entité :
  - quels objectifs stratégiques doit atteindre l'entité (à quoi devons-nous servir ?) ?
  - quelles sont les principales valeurs ajoutées que doivent apporter l'entité ?
  - quelle analyse fait-on de la mesure des tableaux de bord qualité et de gestion de l'activité ?
- Déduire de cette étude les axes principaux et globaux de progrès mesurables :
  - objectifs clairs ;
  - échéances précises ;
  - responsabilités définies.

  Le plan d'action qualité peut aborder toutes les questions ayant trait à :
  - la qualité proprement dite ;
  - la prévention ;
  - la sécurité ;
  - l'amélioration des conditions de travail ;

- les méthodes de fonctionnement ;
- les processus administratifs ;
- la fiabilité des produits et des matériels ;
- la recherche d'économies.

◦ Suivre le déroulement du plan d'action qualité :
- recueillir les idées d'amélioration de l'équipe ;
- définir les priorités (voir ci-après « Outils d'aide à la définition des priorités ») ;
- accompagner et encourager les groupes de façon très régulière ;
- suivre fréquemment l'évolution des indicateurs.

◦ Évaluer le plan d'action qualité :
- faire le bilan des actions menées ;
- mesurer les progrès obtenus par rapport aux objectifs du plan ;
- reconnaître les efforts.

◦ Définir de nouveaux objectifs annuels.

◦ Recommencer.

Outils d'aide à la définition des priorités d'action dans le cadre du PAQ

Suite à la définition des objectifs généraux du plan, les idées d'amélioration sont émises par l'équipe.

Elles peuvent être ensuite classées par priorités :

	Facile	Délicat	Difficile
Capital	A 1	A 2	A 3
Important	B 1	B 2	B 3
Mineur	C 1	C 2	C 3

◦ A 1, B 1, A 2 : priorités absolues.

◦ C 3, C 2, B 3 : actions à ne pas engager.

◦ A 3 : actions dépassant la compétence de l'unité.

◦ C 1, B 2 : problèmes non prioritaires.

Quatrième partie

Réussir et faire vivre la démarche

Chapitre 16

Les conditions de la réussite

Management et organisation

Les différents outils et méthodes présentés ont tous pour objectif l'amélioration des processus ainsi que la recherche de l'organisation optimale à y associer.

Toutefois, quelle que soit leur pertinence, ces méthodes et outils sont souvent totalement inefficaces face à certains blocages liés au mode de management et à l'organisation. Ceci légitime l'intérêt que l'on peut porter aux interactions entre processus, management et organisation.

Il faut, lorsque l'on a décidé de privilégier une approche processus, répondre à une question fondamentale : quel style de management et quel type d'organisation sont les plus favorables à un fonctionnement harmonieux et efficace des processus ?

Efforçons-nous dans un premier temps de caractériser des comportements ou circonstances organisationnels néfastes au bon fonctionnement des processus. Les quelques cas qui suivent ont été relevés au cours de séances de brainstorming dans le cadre de groupes d'amélioration de la qualité :

- le processus est mal identifié, ses acteurs ne sont pas tous connus ;
- un usager interne ou externe, mécontent du fonctionnement du processus, ne sait pas à qui s'adresser pour déposer sa plainte ou demander des explications ;
- c'est toujours en amont ou en aval que cela coince ;
- personne ne se sent responsable du bon fonctionnement du processus ;

- l'information qui constitue la sève du processus subit des rétentions (volontaires ou non) ;

- certains processus de l'entreprise font double emploi, ou pire ils se concurrencent ;

- les structures de l'entreprise agissent contre le processus.

Arrêtons là cette énumération qui pourrait être largement étendue et remarquons que tous ces constats trouvent leur origine dans le facteur humain. Le processus implique des acteurs appartenant à des cellules différentes de l'organisation. Les hiérarchies de ces acteurs auront souvent tendance à voir le concept de processus comme un moyen de contourner leur pouvoir.

La résistance au changement dure tant que le sentiment de déstabilisation de l'ordre existant n'est pas ressenti comme étant irréversible et/ou n'est pas compensé par des résultats observables et de nouvelles règles du jeu. De plus, on ne change pas les habitudes par décret.

Changement du style de management

Même si un certain cloisonnement existe, le manager doit s'efforcer d'en atténuer les effets par un comportement adapté.

Ainsi, le manager ne devra plus se considérer comme un filtre obligatoire, voire un disjoncteur sur les circuits d'information. Le contrôle *a priori* des actions de ses subordonnés devra, dans la majorité des cas, être remplacé par une confiance *a priori*, confortée, le cas échéant, par un contrôle *a posteriori*.

Le manager doit prendre une mentalité de « coach » (au sens sportif du terme) chargé de mettre en conditions performantes les acteurs du processus. Il doit pour cela :

• Tracer le chemin

Il faut que le manager soit conscient qu'il ne peut vendre aux autres ce qu'il n'a pas encore acheté à lui-même. Il doit ensuite clarifier sa position et choisir entre imposer le changement, rejoindre la résistance, devenir invisible, assumer le changement.

Il doit donc faire preuve d'exemplarité et pour cela produire des signes de crédibilité et des résultats observables.

• Mobiliser les collaborateurs

Le manager doit indiquer les objectifs/enjeux pour donner du sens à l'action, il doit écouter (compréhension des réactions) pour éviter de subir et traiter les résistances pour anticiper les blocages.

• Organiser la mise en œuvre

Il s'agit de planifier la démarche (étapes, organisation, moyens), de répartir les rôles (pilotes, acteurs, partenaires), et de suivre l'avancement des travaux (animer, coordonner, valider).

ÉCHELLE DES ATTITUDES FACE AUX PROBLÈMES À TRAITER

ZÉRO DÉFAUT

PRÉVENIR	J'empêche que le problème arrive
SOLUTIONNER	Je propose des mesures
ANALYSER	Je cherche à comprendre
ASSUMER	C'est ma responsabilité
JUSTIFIER	Je n'ai pas le temps
ACCUSER	C'est la faute des autres
IGNORER	Ce n'est pas mon affaire

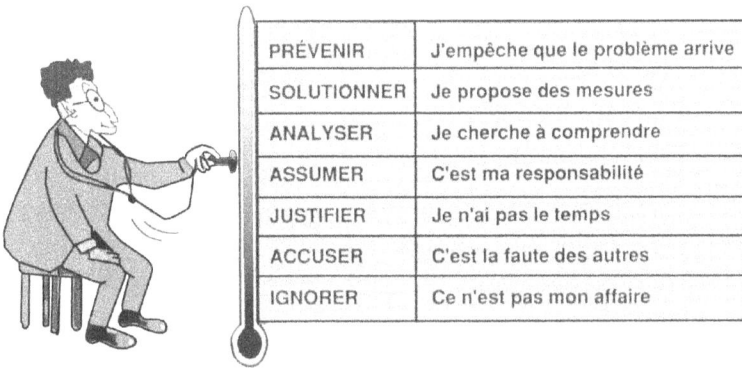

En résumé, les conditions de l'efficacité pour un manager sont les suivantes :

» Avoir une zone de manœuvre réelle.

» Disposer de ressources et d'informations suffisantes.

» Bénéficier d'un capital de confiance.

» Disposer d'un soutien en cas de besoin.

» Prévoir un suivi de performances.

Changement d'organisation

En dehors de toutes considérations de responsabilités, ce schéma montre que la fameuse « voie hiérarchique normale » peut conduire dans le fonctionnement d'un processus et en particulier dans les échanges d'informations à des aberrations.

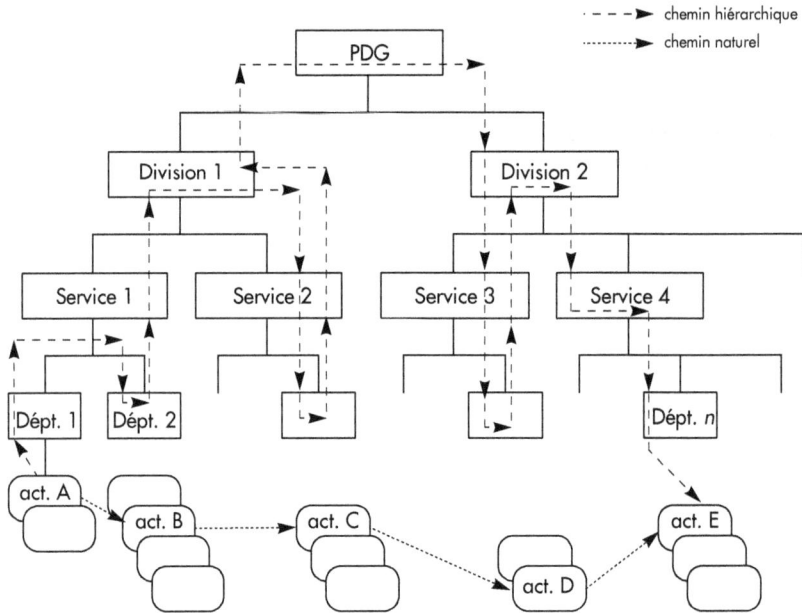

Ainsi, si les supérieurs hiérarchiques respectifs des acteurs du processus ne sont pas en mesure de déléguer ou ne veulent pas déléguer, si leurs propres supérieurs hiérarchiques font de même et ainsi de suite, alors la circulation de l'information se fera difficilement, voire pas du tout et le processus sera inopérant.

Une telle situation, volontairement caricaturale, est bien sûr purement imaginaire.

De ce qui précède, nous pouvons conclure que la conjonction des deux éléments néfastes suivants :

- comportements managériaux peu délégants,
- structures hiérarchiques lourdes,

ne peut pas permettre un fonctionnement optimisé des processus. Ceci est sans nul doute l'obstacle le plus difficile à franchir tant il est vrai que les changements de comportements et de culture sont faciles à mettre en exergue mais difficiles à réaliser.

Il s'agit d'adapter l'organisation aux processus et non pas l'inverse. La démarche pour définir et mettre en place une organisation adaptée à la nature du processus doit s'inspirer des principes suivants :

- identification des processus et hiérarchisation en fonction de critères tels que définis précédemment ;

- définition de l'organisation la moins cloisonnée possible pour les principaux processus de l'entreprise.

Ainsi, il sera nécessaire d'exercer une action combinée suivant deux objectifs :

- diminution du cloisonnement entre les acteurs du processus (objectif organisationnel) ;

- évolution du style de management vers plus de délégation (objectif comportemental). À ce titre l'évolution actuelle, constatée dans de nombreuses entreprises, visant à diminuer le nombre des niveaux hiérarchiques est un facteur favorisant un fonctionnement harmonieux des processus.

En d'autres termes, l'entreprise doit s'organiser autour de trois axes :

- L'axe processus qui est l'axe opérationnel de l'entreprise dans la mesure où c'est selon cette voie que l'entreprise produit.

- L'axe métier ou spécialité qui est la garantie du savoir-faire et qui assure la pérennité de ce savoir-faire. Il met des compétences à la disposition du pilote de processus.

- Ll'axe affaire ou projet qui assure la cohérence des interfaces avec le client.

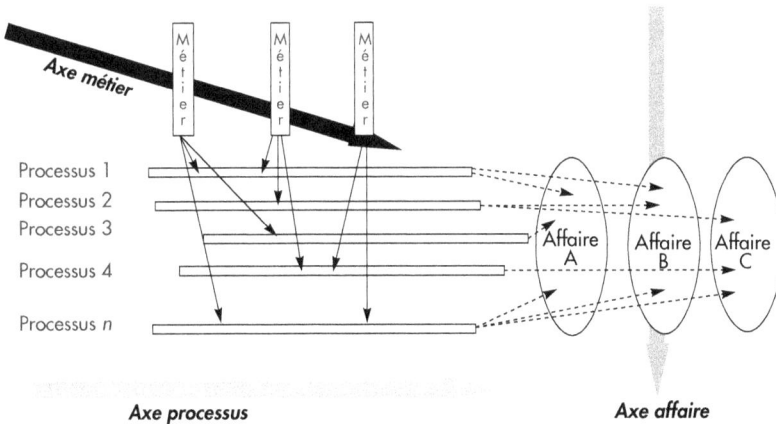

Axe processus   *Axe affaire*

Dans une telle configuration, les interfaces sont réduites à leur plus simple expression. Il en résulte que les difficultés dues à une parcellisation excessive du travail s'estompent.

On se doute bien que cette mutation dans l'organisation ne va pas se faire sans quelques difficultés.

Les premières difficultés à surmonter concernent la définition d'un statut (autorité, moyens...) et la description d'une fonction pour le pilote du processus. Il faut en effet faire en sorte que ce statut et cette fonction soient reconnus par tous. Nous y reviendrons dans le paragraphe suivant.

C'est ensuite l'organisation de la ligne hiérarchique existante qu'il est nécessaire de revoir pour la recentrer sur les axes métier et affaire. À l'occasion de cette révision, il faut en profiter pour réduire le nombre de niveaux hiérarchiques. Cinq à six niveaux sont aujourd'hui chose courante ce qui complique considérablement les prises de décision et tend à déresponsabiliser les niveaux successifs. S'agissant de l'axe métier par exemple, il faut trouver un juste milieu pour le regroupement de métiers de façon à ne pas en avoir trop dans une même entité, ce qui conduit inexorablement à augmenter le nombre de niveaux hiérarchiques ou, à l'inverse, à ne pas structurer trop finement les métiers ce qui peut réduire le nombre de niveaux hiérarchiques, mais augmenter de façon importante le nombre de responsables.

Enfin, s'il est important de maintenir une structure matricielle axe processus/axe affaire, il est impératif d'en revoir le fonctionnement pour préciser le rôle du responsable d'affaires dans ce nouveau contexte. Le responsable d'affaires et son équipe vont avoir deux rôles fondamentaux :

- vers l'externe, maîtriser l'interface avec le client,

- en interne maîtriser les interfaces entre processus,

et, en contrepartie, déléguer au pilote du processus tout ce qui concerne la maîtrise du fonctionnement du processus dont il a la charge.

Si le pilote doit faire en sorte que le processus dont il a la charge soit efficace, il va bien falloir que quelqu'un se préoccupe de l'efficacité collective des processus. Il est donc indispensable de définir des responsabilités voire une structure permettant de s'assurer de l'efficacité des processus dans leur ensemble.

Pour les organismes dont l'activité est décrite par un petit nombre de processus, ce qui est en général le cas des PME (petites et moyennes entreprises) et TPE (très petites entreprises), ce rôle est tout naturellement dévolu au comité de direction.

Pour les organismes qui offrent une quantité importante de produits ou de services, pour les organismes dont la taille est importante ou encore pour ceux qui se répartissent sur plusieurs établissements, il y a lieu de définir un fonctionnement particulier. La cohérence entre les différents processus est dans ce cas le plus souvent assurée par un comité de pilotage ou de coordination qui est la plupart du temps une émanation du comité de direction. Le comité de pilotage est une forme particulièrement adaptée pour les organismes qui fonctionnent en mode projet avec des processus complexes et riches en interfaces.

Sur le principe, on peut penser que ces quelques orientations en matière d'organisation sont assez simples à mettre en œuvre. Dans l'application, il y a cependant lieu de prendre quelques précautions et surtout d'éviter quelques-uns des pièges inhérents à tout changement d'organisation tels que :

- doubler la structure de management. C'est ce qui arrive quand on n'a pas pris la précaution de répartir les rôles et surtout d'expliquer le pourquoi et le comment de cette répartition ;

- surcharger de travail une fonction ou une structure. Ce cas de figure se rencontre par exemple lorsque l'on confie la fonction de pilote de processus à une personne, déjà occupée à plein temps, sans la décharger de certaines de ses tâches. Il ne faut pas pour autant que le pilotage de processus soit exclusif de toute autre fonction. Il est au contraire souhaitable, qu'en régime de croisière, le pilote de processus exerce une ou plusieurs autres fonctions ;

- ne pas maîtriser le transfert de charge vers le pilote de processus. Ce transfert de charge doit se faire dans la transparence sans oublier les moyens associés ;

- mettre en place la nouvelle organisation sans avoir prévu l'information des différents acteurs et sans les avoir préparés au changement. Dans ce cas, il faut s'attendre à ce que la mise en œuvre se fasse de façon chaotique avec des réticences à lever quotidiennement ce qui aura pour conséquence de discréditer l'organisation et ceux qui l'ont décidée.

Organisation du processus

Comme nous l'avons vu dans le paragraphe précédent, pour assurer une bonne maîtrise d'un processus, il y a lieu de désigner un pilote ou responsable de ce processus. Notons que certains qualiticiens parlent de « propriétaire » du processus ; pour notre part, nous pensons que cette dénomination n'est pas adéquate dans la mesure où un processus ne doit pas être la propriété d'une seule personne mais plutôt une copropriété, les copropriétaires étant les acteurs du processus.

La désignation du pilote doit se faire sur une base claire à savoir un statut reconnu et une fonction précise.

En matière de statut, nous pouvons prendre exemple sur ce qui a été fait dans de nombreuses entreprises pour la mise en place d'une filière « expert ». Il s'agissait de reconnaître la qualité d'expert et donc de considérer que les responsabilités et les évolutions de carrière n'étaient pas exclusivement réservées à la filière hiérarchique. Le pilote de processus a un statut intermédiaire entre le statut d'expert et celui de la hiérarchie. En effet, il doit parfaitement maîtriser le domaine dans lequel intervient le processus (conception, achats, fabrication...), mais il doit aussi être un bon manager pour que l'enchaînement des tâches qui constituent le processus se déroule de façon harmonieuse (gestion du personnel, gestion des interfaces...). En tout état de cause, le pilote de processus rend compte à la direction générale ou à une direction opérationnelle.

Pour ce qui est de la fonction du pilote de processus, on pourrait la résumer de la façon suivante :

- à partir du cahier des charges d'une affaire, d'un projet, d'un produit ou d'un service le pilote :
  - définit les moyens qui sont nécessaires au bon fonctionnement du processus ;
  - négocie la mise à disposition de ces moyens avec le responsable d'affaires, les responsables de métiers ou de spécialités et la direction ;
  - rend compte à son client (responsable d'affaires, responsable de produit ou de service) de la qualité du produit et du résultat du processus (délai, coût...) ;

- dans le cadre du fonctionnement général du processus, le pilote :
  - définit et établit le tableau de bord du processus ;
  - s'assure de l'efficacité du processus en définissant les outils de mesure de cette efficacité, et notamment en se comparant avec d'autres entreprises de son secteur d'activité ou de secteurs différents (benchmarking) ;
  - propose à la direction et justifie des améliorations pour le fonctionnement du processus ;
  - rend compte à la direction de la tenue des objectifs qui lui ont été fixés.

Afin de garantir un maintien optimal dans le temps des processus, il est nécessaire que les trois conditions ci-après soient réunies :

- Toute personne constatant ou éprouvant un dysfonctionnement du processus doit pouvoir s'adresser à un pilote, responsable du processus.

  Le pilote du processus doit être clairement identifié et accessible pour les utilisateurs du processus dont il est en général un des acteurs principaux.

- Afin de pouvoir prendre les mesures nécessaires pour rétablir le bon fonctionnement du processus, le pilote doit bénéficier d'un appui solide à un niveau suffisant de la hiérarchie.

  Il doit pouvoir, en toute indépendance, prendre des mesures de redressement. L'appui hiérarchique à haut niveau lui est indispensable pour ne pas subir le blocage de la hiérarchie intermédiaire.

⚬ Les audits de processus doivent fournir au pilote une évaluation « externe » de son processus. Les audits système doivent donner au pilote une assurance quant à la maîtrise des interactions de son processus avec les autres processus du système.

Vers une nouvelle conception de l'organisation

Il est clair que les fonctions attribuées à la direction qualité doivent prendre en compte les évolutions imposées par l'approche processus.

Si l'on considère que le management par la qualité est l'affaire de tous, que la direction générale doit prendre directement en charge la qualité à travers son mode de management, on pourrait être tenté de dire que la direction (fonction) du management par la qualité, si elle perdurait, se contenterait de faire du contrôle et en particulier des audits.

Si le rôle de la direction (fonction) du management par la qualité est à revoir, c'est pour mieux en définir les contours, préciser certaines des fonctions actuelles, et surtout lui confier des responsabilités qu'elle n'avait pas jusqu'à présent. Pour pouvoir mieux maîtriser la nouvelle donne en matière de qualité, il apparaît qu'une direction (fonction) du management par la qualité devrait assurer des responsabilités importantes dans les domaines suivants :

⚬ l'élaboration d'une politique qualité. Il s'agit de fournir à la direction générale les éléments qui lui permettront de bâtir une stratégie en matière de qualité, et d'en faire une composante essentielle de son mode de management ;

⚬ la définition de méthodes et d'outils permettant au personnel de déployer la politique retenue par la direction générale. Cela passe par le choix des méthodes et outils les mieux adaptés, mais aussi par la formation à ces méthodes et outils ;

⚬ le contrôle sous toutes ses formes, du contrôle produits à l'audit en passant par l'agrément ou la qualification des fournisseurs ;

⚬ le management de l'approche processus. Il s'agit de tenir à jour la liste des processus, de faire évoluer celle des processus stratégiques, de veiller au bon fonctionnement de l'ensemble des processus en apportant le soutien nécessaire aux pilotes de processus (méthodes, benchmarking interne ou externe,…).

Pour décider de ce que doit devenir dans ce nouveau contexte la direction qualité, ou d'une façon plus générale la fonction qualité, nous devons, dans un premier temps, rechercher les synergies qui pourraient exister entre cette fonction et d'autres fonctions de l'organisme. C'est le cas par exemple du contrôle interne, du développement durable, de la maîtrise des informations et de la communication interne.

Le contrôle interne

« Il ressort du cadre de référence élaboré par le groupe de Place que la notion de contrôle interne recouvre les composantes suivantes :

▪ *une organisation comportant une définition claire des responsabilités, disposant de ressources et de compétences adéquates et s'appuyant sur des systèmes d'information, des procédures ou modes opératoires, des outils et des pratiques appropriés ;*

▪ *la diffusion en interne d'informations pertinentes, fiables, dont la connaissance permet à chacun d'exercer ses responsabilités ;*

▪ *un système visant à recenser, analyser les principaux risques identifiables au regard des objectifs de la société et à s'assurer de l'existence de procédures de gestion de ces risques ;*

▪ *des activités de contrôle proportionnées aux enjeux propres à chaque processus, et conçues pour s'assurer que les mesures nécessaires sont prises en vue de maîtriser les risques susceptibles d'affecter la réalisation des objectifs ;*

▪ *une surveillance permanente portant sur le dispositif de contrôle interne ainsi qu'un examen régulier de son fonctionnement. »*[1]

Bien que définis pour satisfaire des besoins différents, le contrôle interne et le management de la qualité se rejoignent sur de nombreux points, qu'il s'agisse de leur approche ou des objectifs à atteindre. S'il ne fallait retenir qu'un seul des objectifs de ces deux approches, ce serait la maîtrise et l'efficacité des activités de l'organisme.

Si l'approche processus est au cœur du système de management par la qualité, le contrôle interne contribue à la maîtrise des activités de l'organisme, à l'efficacité de ses opérations et à l'utilisation efficiente de ses ressources.

Il vise à :

▪ assurer la conformité aux lois et règlements ;

▪ assurer l'application des orientations stratégiques fixées par la direction ;

▪ assurer le bon fonctionnement des processus de l'organisme ;

▪ assurer la fiabilité des informations financières ;

---

1. *Rapport 2006 de l'AMF sur le gouvernement d'entreprise et le contrôle interne*, 22 janvier 2007.

contribuer à prévenir et maîtriser les risques de ne pas atteindre les objectifs fixés par l'organisme.

On constate d'ailleurs que les deux principaux référentiels, ISO 9001 version 2000 et le COSO, ont un grand nombre d'exigences communes. Le COSO, recueil de bonnes pratiques en matière de contrôle interne, renforce le volet surveillance de cette approche processus, mais également les notions d'actions préventives, en prônant la mise en œuvre d'une analyse de risques sur les processus définis.

« Après avoir identifié et défini des objectifs de pilotage puis décrit les processus de l'organisation, il convient de les surveiller afin de s'assurer de leur efficacité, voire efficience, mais également de leur pertinence au regard de la stratégie de l'organisme et donc de ses grands objectifs. Il s'agit en particulier d'évaluer les risques encourus et de les prendre en compte aux niveaux appropriés du management et de l'organisation. »[1]

L'organisme doit identifier les événements potentiels qui, s'ils se réalisent, pourront affecter l'atteinte des objectifs ; les événements ayant un impact négatif sont des risques. Cette identification s'inscrit dans le cadre d'un processus continu. Elle constitue une étape préalable à l'analyse des risques qui permettra au management de choisir une solution permettant de ramener le risque résiduel en deçà du seuil de tolérance souhaité par la direction.

Les deux démarches sont donc structurées autour de la démarche processus, à la fois pour en améliorer le fonctionnement et veiller à l'efficacité du système. Si l'analyse des risques est un des piliers de la démarche contrôle interne, c'est l'efficacité des activités qui guide le management par la qualité. On sait bien cependant que l'efficacité des activités ne peut être assurée de façon pérenne que par une maîtrise des risques.

Pour l'une comme pour l'autre des démarches, il faut parler de démarche managériale car sans une forte implication du management aucune de ces deux démarches ne donnera les résultats espérés. L'engagement de la direction est indispensable pour donner un sens à ces démarches. Cet engagement est en particulier nécessaire pour que chaque individu au sein de l'organisme considère que le management par la qualité comme le contrôle interne c'est l'affaire de tous. Le pilotage central de ces deux démarches est néanmoins nécessaire pour assurer la cohérence des différentes actions avec la politique et la stratégie de l'organisme.

---

1. FD X50 198, « Lignes directrices pour le développement des synergies entre contrôle interne et management par la qualité », Afnor, 2008.

Le développement durable

Comme nous l'avons vu au chapitre 1, « *le marché nourri par l'opinion, émet de nouvelles et fortes exigences et aspirations, en particulier dans les domaines :*

- *environnemental (protection de l'environnement, économie de ressources naturelles…) ;*
- *social (qualité de vie au travail, hygiène-santé et respect de l'intégrité physique et morale des travailleurs et des tiers, respect des droits de l'homme et de l'enfant…) ;*
- *éthique (respect d'un système de valeurs et de règles d'éthique des affaires telles que celles résultant des principes de prévention, de précaution, de responsabilisation – pollueur/payeur par exemple –, d'égalité des chances, de solidarité…).* » [1]

On voit bien que l'aspect sociétal comme éthique doit être partie intégrante du système de management des performances de l'organisme, et en particulier d'un système de management par la qualité. Comment, en effet, mettre en place un réseau de processus et en assurer l'efficience si ces différents aspects ne sont pas pris en compte ?

Le système d'information

La réalisation d'un projet, d'un service ou d'une affaire, ou encore le fonctionnement d'un organisme génère des informations et entraîne un nombre important d'échanges. La maîtrise de ce flot d'informations est un élément essentiel de la conduite de l'organisme, mais aussi un préalable indispensable à toute mesure de vérification et de contrôle de ces informations elles-mêmes. Cette maîtrise passe par une organisation adéquate de l'entreprise, des méthodes appropriées et un système d'information adapté.

« *Le management de l'information doit permettre aux utilisateurs d'accéder aux connaissances utiles pour le fonctionnement au quotidien de l'organisme et les prises de décisions nécessaires.*

À ce titre, il a trois grands rôles à jouer :

- *capter les informations pertinentes émanant de l'environnement, traiter et mémoriser les informations externes et internes ;*
- *assurer la circulation de l'information remontante et descendante dans l'organisme ;*

---

1. « Développement durable et responsabilité de l'entreprise – Une méthode simple pour se mettre en route », FAR/MFQ – Mouvement français pour la qualité, assemblée des chambres de commerce et d'industrie, ministère de l'Économie, des Finances et de l'Industrie.

◦ *diffuser les informations concernant l'organisme vers son environnement.*

Le management de l'information doit être au service de la stratégie de l'organisme qu'il soit public (ses missions sont alors en partie définies réglementairement) ou privé (ses missions sont définies dans les statuts et dans les lettres de missions). »[1]

Par ailleurs, des données sont produites et utilisées à chaque étape de l'élaboration et de l'évolution d'un produit ou d'un service dans le cadre de son processus de réalisation, mais aussi des processus supports ou de management associés. Il ne peut pas, à l'évidence, y avoir de maîtrise des processus sans une parfaite maîtrise des flux d'informations, et plus précisément de données qui représentent l'essence même du fonctionnement des processus. Nous l'avons vu dans les chapitres précédents, pour décrire un processus il ne suffit pas de décrire l'enchaînement des tâches, il faut aussi, et c'est parfois le plus important, s'assurer que chacun dispose bien des données dont il a besoin pour effectuer une tâche et que les données résultant de la tâche sont bien celles qui sont attendues en aval.

Pouvoir communiquer la bonne donnée à la personne concernée, au bon moment et en toute sécurité, est un des objectifs principaux du management par la qualité. Ceci nécessite entre autres :

◦ de connaître et de retrouver facilement le support de référence pour une donnée, ce qui suppose que l'on ait établi un lien entre donnée et support et que l'on dispose de l'exhaustivité des données et de leurs supports ;

◦ de définir et mettre en œuvre des procédures pour maîtriser la création et les évolutions des données comme de leurs supports, et de conserver la trace de ces évolutions ;

◦ de pouvoir démontrer, en particulier aux clients, l'efficacité de la gestion des données associées à un produit ou à un service, et bien sûr de veiller à ce que cette gestion se fasse au moindre coût ;

◦ de disposer de moyens de transmission fiables de façon à véhiculer les données de l'émetteur vers le destinataire, sans détérioration et sans risques de détournement ;

◦ d'assurer la pérennité des moyens (méthodes et outils) de gestion des données.

Pour le contrôle interne, « *la maîtrise des informations est essentielle du fait de la dépendance croissante des systèmes d'information et des processus de prises de décision automatique fondées sur des données. En effet, des données inexactes peuvent conduire à des évaluations erronées et donc à de mauvaises décisions.*

---

1. FD X50 185, Management de l'information, Afnor.

Il convient que les systèmes d'information soient adaptés aux objectifs actuels de l'orga-nisation et conçus de façon à pouvoir supporter ses objectifs futurs.

Les systèmes informatiques sur lesquels s'appuient ces systèmes d'information doivent être protégés efficacement tant au niveau de leur sécurité physique que logique afin d'assurer la conservation des informations stockées. Leur continuité d'exploitation doit être assurée au moyen de procédures de secours et de plan de continuité d'activité. Les informations relatives aux analyses, à la programmation et à l'exécution des traite-ments doivent faire l'objet d'une documentation accessible et actualisée. »[1]

À noter que le système d'information ne doit pas se résumer, comme on a trop tendance à le considérer, aux systèmes informatiques qui facilitent la gestion de cette information. Un système d'information est l'ensemble des moyens matériels et humains nécessaires pour mettre en œuvre des méthodes définies dans le cadre d'une organisation donnée.

Les organisations évoluent en même temps que le réseau de processus ; quant aux systèmes d'information, ils évoluent avec les organisations. Ces évolutions ne se font pas uniquement pour des raisons techniques (plus grande efficacité dans un contexte donné), mais dans bien des cas pour des raisons politiques ou juridiques, et surtout pour tenir compte des changements de l'environnement de l'orga-nisme.

La communication interne

La communication interne doit être considérée comme un support essentiel d'une démarche management par la qualité et comme un outil indispensable du contrôle interne.

Quand on se situe dans un mode de management qui intègre management de la qualité et contrôle interne, force est de constater que l'essentiel des sujets abordés dans le cadre de ce type de communication concerne ces deux domaines.

Il y a probablement lieu de considérer que la communication interne relative aux relations sociales dans l'organisme doit être rattachée, comme cela est le plus souvent le cas aujourd'hui, à la fonction gestion du personnel ; tandis que la communication interne relative au fonctionnement de l'organisme doit dépendre de la fonction qui fait le plus appel à elle, à savoir la fonction management par la qualité.

---

1. *Rapport 2006 de l'AMF sur le gouvernement d'entreprise et le contrôle interne,* 22 janvier 2007.

Passer à une direction du management ou de la performance

On voit tout le parti qu'un organisme pourrait tirer en rassemblant au sein d'une même direction les trois directions (fonctions), souvent séparées aujourd'hui, management par la qualité – sécurité – environnement, systèmes d'information, contrôle interne auxquelles on associerait la direction de la communication interne, support indispensable des trois autres directions.

Une direction (fonction) du management permettrait de valoriser les synergies existant entre les trois directions actuelles. Elle permettrait de mieux répartir des activités communes telles que l'amélioration des processus ou l'analyse des risques et, ce faisant, développer le professionnalisme sur ces activités. Cette nouvelle direction prendrait alors en compte tout naturellement le développement durable.

Il faut aussi viser en mettant en place une telle organisation, une meilleure maîtrise des activités et la suppression de redondances éventuelles, comme par exemple les différents programmes d'audits (interne et qualité) ou la multiplication des tableaux de bord.

Enfin, cela permettrait dans ces domaines complémentaires de développer des méthodes et des outils communs aux différentes spécialités (par exemple, pour le suivi des actions correctives ou la mise en œuvre d'actions préventives).

Chapitre 17

Assurer la pérennité de la démarche

Il ne suffit pas d'avoir amélioré, à un moment donné, un ou des processus pour considérer que le personnel de l'entreprise s'est approprié la démarche et saura y faire appel chaque fois que le besoin s'en fera sentir.

On constate le plus souvent que les personnes impliquées dans une opération d'amélioration des processus tireront une légitime fierté de la réussite de leur étude, mais auront du mal à considérer que la méthode est utilisable pour améliorer d'autres processus que celui sur lequel elles ont travaillé.

Nous avons tous plus ou moins de mal à passer du particulier au général, or la véritable efficacité de la méthode d'amélioration des processus présentée ici ne s'obtient que si l'on a réussi à faire en sorte que cette méthode fasse partie de la culture d'entreprise.

Pour pérenniser la démarche, il faut donc qu'elle constitue un élément du mode de management et de gestion de l'entreprise ; trois points essentiels sont à prendre en considération :

- le soutien apporté par la direction à la mise en œuvre de la démarche ;
- le degré d'intégration de la démarche dans le mode de management ;
- la prise en compte de la démarche dans un plan d'action qualité.

Le soutien de la direction

Contrairement à une idée couramment répandue, la mesure du niveau de soutien de la direction ne relève pas d'une estimation subjective. Nous pensons au contraire que dans chaque entreprise on doit être à même de mesurer le niveau de soutien sur la base de critères objectifs.

Pour notre part, nous préconisons même de procéder à une évaluation périodique du soutien et de l'engagement de la direction. Cette évaluation peut être faite à l'aide d'un questionnaire du type suivant :

- La direction a-t-elle élaboré une politique d'amélioration des processus et l'a-t-elle clairement fait connaître à l'ensemble du personnel ?
- Cette politique a-t-elle été traduite sous forme d'objectifs au niveau des différentes unités ou au niveau d'équipes d'action de progrès ?
- Des ressources ont-elles été allouées pour mettre en œuvre des actions d'amélioration ?
- Des indicateurs ont-ils été définis pour mesurer l'efficacité des actions mises en œuvre ?
- Les réalisations font-elles l'objet d'une information dans l'entreprise (*success stories*) ?
- Les équipes obtiennent-elles une reconnaissance pour les réalisations qui ont donné des résultats positifs ?
- La direction a-t-elle mis en place un système d'évaluation de la satisfaction des clients ?
- La direction participe-t-elle aux actions de formation du personnel ayant à mettre en œuvre la démarche d'amélioration des processus ?
- La direction a-t-elle mis en place un système permettant que l'information concernant les groupes qui participent à une action d'amélioration de la qualité lui parvienne dans de bonnes conditions ?

Dans un premier temps, il suffit de répondre par oui ou par non aux différentes questions, puis de voir lequel du oui ou du non, l'emporte.

Avec de l'expérience, il deviendra possible par la suite de pondérer chaque question ce qui permettra d'affiner le diagnostic. Cette pondération n'a en fait d'intérêt que si le résultat du diagnostic est ensuite utilisé pour fixer des objectifs précis et chiffrer le niveau d'amélioration du mode de management attendu.

L'intégration au mode de management

Il s'agit de faire en sorte que l'amélioration permanente des processus soit reconnue comme un moyen pour obtenir un bon niveau de satisfaction des clients, augmenter la productivité, rester le meilleur face à la concurrence, mais aussi créer le climat social indispensable au bon fonctionnement de l'entreprise.

Pour cela, il faut que les responsables hiérarchiques et les responsables de processus et/ou d'activités fixent, avec une périodicité prédéfinie, des objectifs mesurables d'amélioration.

Pour fixer de tels objectifs, il faut que les responsables puissent disposer d'une mesure permanente et efficace de la « performance » et de la qualité de chaque processus, ce qui nécessite la définition et la mise en place d'un ensemble d'indicateurs significatifs et reconnus de tous.

Cet ensemble, objectifs et indicateurs, constitue une partie importante du tableau de bord de la direction. Un tel tableau de bord, s'il est bien conçu et s'il contient des informations fiables permettra à la direction d'anticiper sur des résultats économiques ; en effet, on peut penser qu'une dégradation de la qualité ou de la performance d'un processus aura à terme des conséquences négatives sur le produit final et donc sur les résultats de l'entreprise.

La formation

« Un bon maître a ce souci constant : enseigner à se passer de lui. »

A. GIDE

Face aux exigences croissantes des clients et des donneurs d'ordre, la qualité et l'amélioration permanente des processus deviennent un passage obligé.

Dans ce parcours vers l'excellence, la case départ est inévitablement la formation qui se doit d'être irréprochable.

En effet, cette formation a pour but de faire partager à chaque individu une logique commune, un langage commun, afin que l'ensemble de l'entreprise converge vers un même objectif. Adapter le niveau des forces vives qui composent l'entreprise aux contraintes que rencontre celle-ci (l'environnement économique et concurrentiel, technologique, social et réglementaire), tel doit être l'objectif d'une formation à la qualité et aux méthodes d'amélioration des processus.

Pour atteindre cet objectif, la plupart des entreprises s'initient aux principes de certains outils sans pour autant que cette action se marie harmonieusement avec la stratégie globale de l'entreprise. Il convient donc de définir précisément cette stratégie et les objectifs qui lui sont liés. Il s'agit ensuite de suivre le cheminement de tout formateur qui se respecte : analyser le besoin, le formuler suivant un cahier des charges précis, définir les objectifs de formation, lister les messages à faire passer et choisir la ou les méthodes pédagogiques appropriées.

Il demeure indispensable d'accompagner la mise en œuvre de cette formation, d'assurer sa diffusion au sein de l'organisation, et de garantir sa maintenance. En un mot, de faire la chasse à la non-qualité et d'appliquer à la démarche de formation les principes de rigueur et de formalisation prônés par les démarches qualité.

Engagement et cohérence : deux mots clés de la formation à la qualité et aux méthodes d'amélioration des processus.

Dans les entreprises, on rencontre couramment deux cas, correspondant à des niveaux d'engagement de la hiérarchie extrêmement disparates.

Le premier cas est de loin le plus prévisible mais, heureusement, de plus en plus rare ; il s'agit de l'entreprise qui croit que la formation de son personnel, à elle seule, va opérer le changement profond qu'implique une démarche qualité.

L'engagement de la hiérarchie se traduit par un déblocage symbolique d'un budget et par le choix de formations qui reposent surtout sur des méthodes et outils relatifs à la qualité, souvent perçus comme des recettes. Bien sûr, le personnel en revient avec un savoir toujours utile, mais insuffisant pour opérer le changement, loin s'en faut.

Le changement ne peut s'obtenir que par une implication forte de l'équipe de direction dans la démarche, ce qui n'est malheureusement pas souvent le cas.

Le deuxième cas d'entreprise est nettement plus intéressant car celle-ci, en revanche, a vu un soutien clair de l'équipe de direction. On pourrait donc penser, à juste titre, que la démarche va prendre. Cela semble être le cas, dans les débuts, l'enthousiasme aidant.

Mais cet engagement n'est pas suffisant à lui seul : à chaque étape de la mise en œuvre, la hiérarchie devra être présente et s'impliquer pour ajuster sa stratégie et indiquer la meilleure façon de l'appliquer.

Reprenons point par point ce qui a pu se passer depuis l'amorce de la démarche qualité et d'amélioration des processus, et qui, en germe, pourrait être porteur d'échec :

- Y a-t-il eu un projet d'entreprise, découlant d'une stratégie ? Oui, mais il était très général et chacun ne s'y reconnaissait pas, ne percevait pas sa contribution personnelle.
- La direction s'est-elle engagée dans la démarche ? Oui, mais seulement dans la phase initiale. De surcroît, les buts visés étaient tellement ambitieux qu'elle s'est vite essoufflée.
- L'équipe de direction s'est-elle formée à la qualité et aux méthodes d'amélioration des processus ? Oui, mais il s'agissait d'un vernis, et elle n'a pas mesuré les implications en termes de changement dans l'entreprise.

- La mise en place de tel outil a-t-elle été encouragée par la hiérarchie ? Oui, mais il était trop tôt, les conditions optimales d'organisation n'étaient pas présentes.

On pourrait ainsi opposer à chaque initiative prise, une longue liste d'objections.

En pratique, deux mots clés peuvent permettre de s'engager sur la voie de la réussite : engagement et cohérence.

L'engagement

L'engagement et la formation des dirigeants

La formation à la qualité et aux méthodes d'amélioration des processus doit s'appuyer sur une stratégie. C'est pourquoi, il est nécessaire que l'initiative du lancement d'une telle formation vienne du niveau le plus élevé de la société. Mais il ne suffit pas que la direction déclenche des opérations de formation. Elle doit elle-même être convaincue pour être convaincante. Les dirigeants d'entreprise, les responsables d'unités constituent donc la première cible des actions de sensibilisation et de formation à la qualité et aux méthodes d'amélioration des processus.

La démarche top-down

La deuxième étape, fondamentale, passe par la formation de l'encadrement qui pourra alors à son tour former l'ensemble du personnel. En effet, il apparaît de plus en plus qu'une formation en cascade, partant de l'équipe dirigeante, et descendant toute la hiérarchie jusqu'au personnel d'exécution, est le meilleur moyen d'assurer une solide adhésion de chacun aux principes et objectifs de la qualité et de la gestion des processus. Elle est d'autant mieux assimilée qu'elle est assurée par du personnel de l'entreprise spécialement formé à cet effet... Cette démarche est cohérente avec la volonté de responsabiliser la hiérarchie dans son rôle d'animation des équipes. D'autre part, l'encadrement est bien placé pour relier la formation à l'action sur le terrain. Enfin, c'est la façon la plus commode pour toucher l'ensemble du personnel qui ne peut qu'accroître sa motivation, grâce au savoir-faire de l'encadrement pour le mobiliser.

Si l'entreprise a déjà fait le choix d'une organisation basée sur les processus, et si elle a mis en place un management des processus, il faut assimiler à la hiérarchie les responsables de processus.

Un exemple de démarche top-down en matière de formation pourrait être :

- Réflexion, information du comité de direction.
- Formation de la hiérarchie de niveau $n + 2$ et plus, à la stratégie, aux objectifs et à la nécessité de s'impliquer.

- Formation de la hiérarchie *n* + 1 à des objectifs opérationnels : préparation à la mise en place de plans d'amélioration de la qualité.
- Formation de démultiplicateurs.
- Formation étendue à l'ensemble du personnel.

L'engagement au quotidien

Outre sa participation à la démultiplication du message, la hiérarchie doit s'impliquer dans cette démarche par une présence effective sur le terrain, au quotidien. Elle doit également s'interroger afin de vérifier si elle a bien compris les implications d'une telle démarche en termes de changement d'organisation et de mode de management.

La cohérence

La cohérence se situe à deux niveaux :

- Chaque entreprise doit générer son propre modèle de démarche qualité. Pour être cohérents, ce modèle et la formation associée doivent prendre en compte la culture existante, le vécu de l'entreprise, son environnement, et surtout faire appel à une bonne dose de bon sens.
- La cohérence se situe également dans la capacité pour les décideurs à maintenir une correspondance étroite entre les choix effectués pour la formation et l'utilisation ultérieure dans l'entreprise des compétences acquises par la formation. Elle se situe tout autant dans la capacité du personnel à maintenir son engagement à mettre en œuvre les formations suivies.

Le champ de la formation

L'introduction dans l'entreprise des notions de processus et des méthodes relatives à l'amélioration des processus, ou plus simplement au management des processus, se fera d'autant plus facilement que l'entreprise aura acquis un bon niveau de culture en matière d'assurance de la qualité.

C'est pourquoi il est souhaitable, au cas où le système d'assurance de la qualité n'existerait pas ou serait à l'état embryonnaire, de dispenser dans l'entreprise une solide formation à l'assurance de la qualité.

Par ailleurs, la notion de processus et les règles de management des processus constituent un volet important de ce qu'il est convenu d'appeler la qualité totale. Il est donc bon, au cours de la formation, d'aborder ce thème pour replacer les règles régissant l'amélioration des processus dans un contexte plus général.

L'assurance de la qualité

Les normes concernant l'assurance de la qualité, et en particulier les normes de la série ISO 9000, soulignent le rôle déterminant de la formation quant à la diffusion de la culture et des techniques de la qualité dans l'entreprise. Mais que couvre cette diffusion ?

La formation à la qualité passe d'abord par la formation aux bonnes pratiques d'un métier, afin de garantir la qualité finale du produit. En un mot, le professionnalisme de chacun est une dimension essentielle. Si l'on veut que la qualité soit intégrée aux gestes professionnels les plus courants, il faut s'attacher à intégrer la formation qualité aux formations professionnelles concernant les différents métiers (dans l'industrie : soudeurs, opérateurs de contrôle non destructifs, informaticiens...). Il convient aussi de l'intégrer au travail lui-même, afin que l'organisation du travail soit optimale.

La qualité, c'est d'abord la vie au quotidien, le métier. C'est palpable.

La qualité, dans sa dimension assurance de la qualité, c'est aussi des procédures qui devraient être le reflet de ce qui se fait dans la réalité.

Il peut arriver que le formalisme de ces procédures soit accusé de conduire l'entreprise à la stagnation. Ce ne sont certes pas les procédures qui se trouvent alors en cause, mais plutôt la façon de les établir, de les appliquer et de les faire vivre.

La réflexion sur la formation à la qualité doit favoriser la convergence de la construction des systèmes d'assurance de la qualité, et une dynamique de responsabilisation et de développement des compétences. Cette démarche n'est toutefois possible qu'à certaines conditions :

- Faire un usage modéré et simplifié du formalisme des règles écrites ; faire rédiger des procédures avec le souci du juste nécessaire ; préserver une part de décision humaine sans chercher à tout inscrire et figer dans des règles et des modes opératoires.

- Faire produire les textes par les opérateurs eux-mêmes, en expliquer les raisons et les enjeux, favoriser l'autocontrôle de l'application des règles.

- Maintenir un mouvement permanent d'amélioration des processus, ce qui conduit à faire évoluer les modes opératoires et les règles de travail à la lumière de l'expérience.

Quoi qu'il en soit, la formation a un rôle important à jouer si l'on veut parvenir à dépasser les conceptions, parfois réductrices de la qualité, que pourrait laisser transparaître la certification.

Le management par la qualité et l'amélioration permanente des processus

Après le contrôle qualité effectué « en bout de chaîne » et du ressort de quelques personnes, l'assurance de la qualité orientée vers la démonstration au client de l'obtention de la qualité tout au long du cycle de vie du produit, les entreprises souhaitent aujourd'hui que la qualité devienne un outil d'optimisation de leur fonctionnement, outil à la portée de tous.

Cette nouvelle approche se concrétise par des démarches dites de management par qualité qui incluent toujours une analyse des processus de l'entreprise et qui visent l'amélioration permanente de ces processus.

Ces démarches provoquent une transformation profonde de la culture de ces entreprises. Dans ce cadre, les modes de management, les délégations de responsabilités évoluent, les organisations changent. La présence ou l'absence d'une formation appropriée, pour soutenir le changement, conditionne le succès ou l'échec de telles démarches.

Former signifie : contribuer à la mise en place de nouvelles attitudes dans presque tous les domaines de la vie professionnelle, mais aussi fournir des outils pour résoudre des problèmes précis.

Une formation classique au management par la qualité, outre la présentation de la politique qualité et des objectifs qui y sont associés, porte essentiellement sur des méthodes et outils tels que l'analyse de processus, la relation client/fournisseur interne, les indicateurs et tableaux de bord qualité, les outils de travail en groupe (méthode de résolution de problèmes) pour lutter contre les non-qualités, etc. Ces méthodes et outils, ainsi que les nouveaux modes de travail qui découlent de leur mise en application, ne font que rarement partie du bagage initial du personnel. C'est la raison pour laquelle il est nécessaire d'investir dans des stages de formation interne aux méthodes et aux outils de management par la qualité.

Ces séminaires, pour être couronnés de succès, doivent prendre en compte les différents aspects suivants :

- Le changement de culture voulu doit toucher tout le monde.

- Le concept de management par la qualité, par certains aspects un peu théoriques, doit bénéficier d'un mode de formation adapté. Afin de coller à la réalité quotidienne, cette formation devra faire appel à des méthodes pédagogiques organisées autour d'études de cas.

- La valeur de l'exemple a un rôle primordial à jouer. Ainsi, la formation devra bénéficier d'une mise en application immédiate, afin d'illustrer les formations futures d'exemples internes à l'entreprise.

En conclusion, il ne s'agit pas en matière de formation de faire suivre un stage à quelques personnes sur l'utilisation de tel ou tel outil susceptible d'être utilisé pour améliorer les processus, mais bien de mettre au point un plan de formation visant à l'appropriation par l'ensemble du personnel des concepts liés au management des processus et à la maîtrise des outils permettant une amélioration permanente de ces processus.

L'analyse et la maîtrise des coûts

Aujourd'hui, la qualité est de plus en plus mise en avant comme élément essentiel dans un monde où la concurrence est exacerbée. Il devient très difficile d'opposer qualité et productivité.

Comme nous l'avons vu précédemment, la mise en œuvre d'une méthode d'amélioration des processus conduit à des améliorations substantielles de la qualité du produit, mais aussi de son coût. Pour bien conduire une analyse des processus, il est donc indispensable de posséder un minimum de connaissances en matière de coût.

Quel type de formation faut-il dispenser et à qui pour faire en sorte que le lien entre coût et qualité devienne une évidence pour tout un chacun ?

Toute personne ayant à manager un processus, ou ayant à participer à une opération d'amélioration d'un processus, doit avoir acquis une connaissance suffisante des méthodes de décomposition et d'analyse des coûts.

La formation devra donc comporter un module qui explicite les différents postes constituant le coût. Par ailleurs, sans rentrer dans des théories complexes, il faudra tout particulièrement insister dans le cadre de cette formation sur les notions de valeur ajoutée. Enfin, le lien entre qualité et coût devra tenir une place toute particulière.

Dans tous les cas, la meilleure des formations consistera à traiter, sous la houlette d'un tuteur, des cas concrets qui soient suffisamment démonstratifs.

Formation au pilotage de processus

Les qualités requises pour un pilote de processus peuvent le faire ressembler à un oiseau rare. Il doit en effet :

- posséder une compétence suffisante dans les activités du processus ;
- avoir une autorité adéquate pour prendre les décisions nécessaires ;
- être disponible ;
- être communicant ;
- enfin il doit être convaincu de l'utilité de sa fonction.

Ces qualités doivent être complétées par une formation spécifique dont l'objectif est de permettre au pilote de faire partager aux acteurs concernés sa vision et ses valeurs.

À l'issue de la formation, le pilote doit être en mesure de :

- convaincre le personnel concerné de l'utilité de la démarche en expliquant en quoi elle facilite le travail de chacun dans l'intérêt de tous ;
- gérer le processus (en particulier les aspects mesure de performances, indicateurs et tableaux de bord) et les ressources correspondantes ;
- mener à bien les actions d'amélioration du processus en maîtrisant les méthodes et outils appropriés.

Pour être efficace, la formation devra aborder *a minima* les thèmes suivants :

- L'intérêt et la justification de l'approche processus – aspect historique.
- Les processus et le système de management de la qualité avec rappel et analyse des exigences de la norme ISO 9001 et des lignes directrices de la norme ISO 9004.
- L'identification.
- L'analyse et l'optimisation des processus.
- La représentation des processus.
- Les indicateurs et tableaux de bord.
- Les méthodes et outils d'amélioration des performances des processus.
- La communication spécifique aux processus.

Il va sans dire, compte tenu du sujet, que les méthodes pédagogiques les plus participatives sont préconisées : simulations, exercices, jeux de rôles, vidéos.

Quant à la durée d'une telle formation, trois jours est un minimum pour un public déjà au fait des systèmes de management de la qualité.

La communication

> « Il nous faut peu de mots pour exprimer l'essentiel, il nous faut tous les mots pour rendre le réel. »
>
> P. ELUARD

Une bonne communication est un facteur essentiel de réussite pour une opération d'amélioration des processus. En effet, toute proposition de changement mal présentée peut conduire à des blocages dont il sera difficile de sortir.

Dans une toute première étape, la communication viendra en support de la formation en argumentant sur l'intérêt qu'il y a à pratiquer une analyse des processus. La cible privilégiée de cette communication devra être la hiérarchie aux niveaux les plus élevés. Il est en effet primordial qu'à ce niveau les barrières tombent ou, à tout le moins, s'entrouvrent pour que les analyses puissent être approfondies et ne soient pas biaisées par la défense des territoires. Cette communication doit :

- rassurer en précisant que ce ne sont pas les hommes qui sont en cause ;
- parler vrai en disant qu'il est impossible de savoir *a priori* si les structures et les responsabilités seront remises en question ou pas ;
- convaincre en mettant en avant la nécessité d'une évolution (productivité, fonctionnement, satisfaction du client...).

Dans une seconde étape, c'est à la hiérarchie de faire passer un certain nombre de messages dans les équipes. Il faut alors avoir un mode de communication adapté à la catégorie de personnel concernée et à l'environnement dans lequel on se trouve ; mais dans tous les cas, il faut une communication pragmatique qui aille au-delà des concepts, qui s'appuie sur le vécu et plus précisément sur des exemples relevés dans le fonctionnement au quotidien de l'entreprise.

Ces deux étapes se rapportent à la phase de préparation d'une opération d'amélioration des processus.

Dès l'instant où le vrai travail d'analyse est entrepris, il est essentiel d'informer et donc de communiquer sur le déroulement et l'avancement des travaux, mais plus encore sur le résultat de ces travaux.

Quel type de communication adopter pour faire connaître le résultat des travaux ?

Dans beaucoup d'entreprises, la communication porte uniquement sur les « *success stories* ». Cette façon de procéder conduit souvent à décrédibiliser la communication et à donner une impression négative, « *on soupçonne qu'il y a beaucoup d'échecs que l'on souhaite cacher* ».

La bonne méthode, de notre point de vue, consiste à communiquer largement sur les succès mais aussi sur les échecs, à condition qu'un échec soit l'occasion d'une analyse de ses causes et de propositions de solutions pour que cela ne se reproduise plus. C'est un mode de communication beaucoup plus délicat à manier que le précédent car il nécessite un bon dosage dans le choix des exemples et une bonne maîtrise de la présentation des messages essentiels.

En dehors d'une communication descendante (« top down ») il va falloir mettre en place des circuits de communication qui permettent au personnel de s'exprimer et surtout d'avoir conscience que sa participation à l'opération d'amélioration des processus est prise en compte. Il ne doit absolument pas avoir le sentiment de subir sans pouvoir intervenir sous quelque forme que ce soit sur le cours des événements.

Pour cela, il existe un certain nombre de recettes éprouvées (boîte à idées, comité des innovations, prix interne de la qualité, prime pour toute action conduisant à une amélioration de la productivité...). Nous pensons que ces recettes doivent être utilisées avec beaucoup de précautions. En effet, la plupart d'entre elles ont acquis au cours du temps une image plutôt négative car on y a associé des notions telles que paternalisme, médaille en chocolat, augmentation des cadences, etc. Ce n'est pas pour autant que ces méthodes doivent être systématiquement rejetées ; elles peuvent encore être utilisées à conditions de le faire en prenant beaucoup de précautions lors de leur mise en œuvre.

Pour notre part, dans le domaine de l'amélioration des processus, nous préconisons de préférence ce que l'on pourrait appeler une communication de terrain qui consiste à donner l'occasion au personnel de s'exprimer à travers :

- des réunions *ad hoc* ;
- une participation active à des groupes de travail ;
- une démultiplication à tous niveaux des informations reçues et fournies ;

- un bulletin qui réserverait une place importante aux expériences des uns et des autres ;

- des journées à thème organisées et animées par le personnel concerné ;

- etc.

Quoi qu'il en soit, un bon plan de communication est un élément essentiel de réussite. Pour qu'il puisse porter tous ses fruits il faut, dans la mesure du possible, en confier la mise en œuvre à un spécialiste ou, à défaut, à un responsable ayant une bonne expérience en la matière.

Le plan d'action qualité

Les objectifs d'un tel plan sont les suivants :

- *Dynamiser la démarche.* Il ne s'agit pas de faire « un coup », puis de s'endormir sur ses lauriers car les effets de l'amélioration auront tendance à s'estomper pour apparaître à terme négatifs. En effet, on aura vite fait d'oublier les acquis pour ne retenir que les efforts consentis.

- *Mobiliser le personnel.* La mobilisation sera d'autant plus grande que les actions et objectifs contenus dans ce plan concernent pour l'essentiel le vécu au quotidien. Le danger serait de lancer un plan d'action qualité dans lequel le personnel ne se reconnaîtrait pas. Il faut veiller à entretenir la mobilisation et organiser des systèmes de reconnaissance.

- *Améliorer la communication autour de la démarche.* Il est en effet indispensable de veiller à ce que la démarche d'amélioration des processus ne reste pas une démarche confidentielle réservée à quelques privilégiés. Une telle situation pourrait avoir des effets négatifs quant à l'indispensable cohésion du personnel.

- *Intégrer la démarche dans l'activité quotidienne.* Au-delà du fait que le personnel doive se reconnaître dans la démarche d'amélioration des processus, il est indispensable que chacun puisse y participer. De plus, la hiérarchie et le responsable de processus doivent faire clairement apparaître dans l'activité quotidienne de chacun les actions qui relèvent de la démarche.

Le plan d'action qualité doit porter essentiellement sur les dispositions à prendre en compte pour atteindre les quatre objectifs cités ci-dessus.

Pour conclure :
les idées clés de la démarche

MANAGEMENT PAR LA QUALITÉ

↓

NOTIONS CLÉS

Qualité perçue | Processus performants | Amélioration permanente

Savoir être à
l'écoute du client

Communiquer de
façon transversale

Faire bien du premier coup
Faire mieux la fois suivante

La maîtrise des processus offre à toute structure organisationnelle une souplesse et une réactivité importante. Elle facilite les adaptations et permet de réagir très rapidement lorsqu'un dysfonctionnement apparaît.

De plus en plus d'entreprises se sont engagées dans la voie de l'amélioration et de la maîtrise des processus. Ainsi à l'Aérospatiale, *« le projet CAP (Croissance et adaptation par les processus) a été lancé pour reconcevoir en profondeur la plupart des processus majeurs [...] il est piloté au plus haut niveau de l'entreprise et reçoit le support actif et engagé des plus hauts responsables opérationnels*[1]. *»*

Chez Eastman Kodak Company, le management basé sur les processus tient une place essentielle : *« Therefore, the heart of managing the business is to manage its process (the way we do work), and the results produce through those process. Being process oriented is the same as being results oriented.*[2] *»*

Une démarche d'amélioration de la qualité basée sur l'optimisation des processus permet de progresser rapidement mais surtout, grâce à l'évaluation de la performance (efficacité) et de la qualité des processus, de se fixer des objectifs d'amélioration réalistes basés sur des données objectives.

MANAGEMENT PAR LA QUALITÉ
↓
PRINCIPALES CONSÉQUENCES

TRAITER LES DYSFONCTIONNEMENTS

RÉDUIRE LES DÉLAIS ET LES COÛTS

BANNIR LA ROUTINE

S'OUVRIR ET COMMUNIQUER

---

1. Jean-Marie Mir, secrétaire général du groupe Aérospatial ; conférence faite au colloque GIC-France du 27 mai 1977.
2. Louis H. Dingerdissen, conférence prononcée lors du VIIe Symposium Renault en octobre 1996.

Enfin, l'expérience montre clairement qu'en la matière, il n'y a pas de progression possible sans une adhésion forte du personnel aux objectifs à atteindre. Pour obtenir cette adhésion, il est indispensable de mettre en place un programme de formation efficace permettant de sensibiliser le personnel aux enjeux, et de lui donner les bases méthodologiques indispensables au bon déroulement d'une opération d'amélioration de processus.

Nous avons présenté une démarche qui s'intègre dans les perspectives développées par la norme ISO 9004 version 2000 : *« L'approche des problèmes par l'amélioration des processus […] l'amélioration continue de tous les processus […] »*

Il s'agit d'une démarche claire et rigoureuse :

- applicable à toute entreprise (grande, moyenne ou petite), de tous secteurs d'activité ;
- pouvant être mise en œuvre de manière progressive (étalement de la charge et des dépenses) ;
- faisant appel à des outils simples et usuels ;
- ne nécessitant pas une formation lourde ;
- réclamant la participation de tous au sein de l'entreprise.

Une entreprise qui aura su identifier ses processus et mettre en place un système (méthode, organisation, outils) facilitant leur amélioration permanente, se trouvera dans une situation tout à fait favorable pour :

- obtenir sans difficulté une certification ISO selon les normes de la série 9000 ;
- prétendre à un prix qualité, sachant que la notation dans le cadre de ces prix fait la part belle à la maîtrise des processus.

Enfin, lorsque l'amélioration des processus est devenu un élément de la culture d'entreprise, on ne fait plus l'erreur de croire que les lettres PDCA (roue de Deming) veulent dire *« Please Don't Change Anything »*.

Les idées clés de la méthode

Nous pouvons considérer que la démarche présentée comporte trois grandes étapes : choix des processus à traiter en priorité, analyse du ou des processus retenus, amélioration du ou des processus.

Étape 1 : choix des processus à traiter en priorité

Pour effectuer ce choix, il faut définir un ensemble de critères pertinents pour l'entreprise tels que : capacité à créer une dynamique d'amélioration, facilité à servir d'action pilote, possibilité d'obtenir à court terme des résultats quantifiables, orientation stratégique du processus, etc. On choisira de traiter en priorité le ou les processus susceptibles de répondre le mieux aux critères retenus.

Cette étape ne doit en aucun cas être bâclée car elle conditionne pour une part importante la réussite ou l'échec d'une opération d'amélioration des processus.

Étape 2 : analyse du ou des processus retenus

Cette étape va permettre, après avoir décrit le processus, d'identifier les activités à optimiser pour améliorer la performance globale du processus analysé ; puis pour chacune de ces activités d'examiner leurs dysfonctionnements internes.

Dans un premier temps, il s'agit de décrire le processus et de caractériser sa performance attendue et pour cela :

- **Borner** le processus. Donc préciser clairement où il commence et où il finit ;
- **Nommer** le processus. Cette dénomination doit être suffisamment claire pour qu'il n'y ait aucune ambiguïté quant au sujet et au domaine traité. Il est indispensable que la dénomination soit courte et si possible qu'elle induise les limites du processus ;
- **Écrire** précisément la ou les finalité(s) du processus (produit, service...) ;
- **Situer** le processus dans son environnement interne et externe (processus amont, processus aval, liens entre processus adjacents) ;
- **Identifier** les contraintes et évolutions de l'environnement et leur impact sur le processus ;
- **Décrire** globalement les dysfonctionnements perçus ;
- **Décrire** les différentes activités au sein du processus et les relier entre elles ;
- **Évaluer** la charge globale que va représenter l'étude de l'amélioration du processus, décider en fonction du résultat de la poursuite ou non de l'étude ;
- **Constituer** la structure de pilotage de l'étude (groupe de travail, intervenants permanents, ponctuels) ;
- **Fixer** le calendrier et les charges par étape et intervenants (préciser les dates clés, les points d'avancements, etc.).

Après avoir ainsi précisé le contexte, il s'agit de rechercher les sous-processus et/ou les activités en sous-performance (activités critiques). Pour cela il faut :

- **Évaluer** les performances actuelles du processus au regard de celles attendues, donc :
  - Confirmer ou repréciser la finalité du processus.
  - Déterminer les critères d'appréciation de la performance du processus (délais, coûts, sécurité, qualité, technique…) et les hiérarchiser.
  - En déduire des indicateurs pertinents.
  - Mesurer la performance actuelle du processus par rapport à la performance attendue.
- **Déterminer** les indicateurs de mesure pertinents de la performance de chaque activité, et pour ce faire :
  - Décliner le processus en activités.
  - Déterminer les critères d'appréciation de la performance de chaque activité.
  - En déduire les indicateurs pertinents.
- **Évaluer** les performances actuelles de chaque activité au regard de celles attendues en :
  - évaluant la contribution actuelle de chaque activité aux performances du processus à partir des indicateurs préalablement déterminés ;
  - fixant la contribution attendue de chaque activité ;
  - mesurant sur chaque activité l'écart entre la contribution attendue et la contribution actuelle ;
  - déduisant les activités critiques à optimiser.

On est alors en mesure de procéder à l'analyse du fonctionnement interne des activités critiques et de rechercher les dysfonctionnements de ces activités. Cette analyse passe par :

- la description de l'organisation au sein de chaque activité critique (mode d'animation, pilotage, planification, procédures, matériels, ressources humaines…) ;
- l'identification des dysfonctionnements et de leurs causes :
  - recensement des dysfonctionnements d'organisation ou d'animation, et description de leurs impacts sur les performances de l'activité au regard notamment des critères définis lors de l'étape précédente ;
  - recherche d'une hiérarchie des dysfonctionnements et conservation de ceux dont l'impact sur les performances de l'activité est important ;
  - analyse des causes des dysfonctionnements recensés.

Étape 3 : amélioration permanente du processus

Il s'agit de mettre en œuvre les propositions d'amélioration et de maîtriser le nouveau processus (management, évolution...).

Mais avant toute chose, il faudra choisir parmi les propositions d'amélioration celles que l'on mettra en œuvre. Ce choix s'effectue sur la base de critères à définir en fonction de la nature de l'entreprise et de ses objectifs (degré de contribution aux performances du processus, faisabilité et coût de mise en œuvre, délai de mise en œuvre...). Il faut alors s'assurer que l'on dispose bien de tous les moyens, matériels et humains, nécessaires à la mise en œuvre, dans les meilleures conditions possibles, des améliorations retenues.

Une fois le nouveau processus mis en place, il faut en assurer la maîtrise en :

- se donnant les moyens de repérer et de mesurer ses évolutions (indicateurs) ;
- écrivant éventuellement la procédure qui décrit le processus ;
- définissant et programmant des examens détaillés à intervalles réguliers pour fixer, le cas échéant, de nouvelles améliorations (logique permanente d'amélioration et de progrès).

Toutes ces actions sont de la responsabilité du pilote du processus.

Annexe

La relation client/fournisseur interne

Processus d'instruction d'une modification : cas Ekocas

Nous avons détaillé au chapitre relation client/fournisseur interne l'application de la méthode au cas du processus d'instruction de la modification. Nous donnons ci-dessous l'ensemble des fiches nécessaires pour traiter ce cas.

Complément d'information concernant le « chef de projet »

Afin de mener à bien sa mission, le chef de projet a besoin :

- **de la part de la commission de modifications :**
  - de la fiche d'accord de la commission sur la modification.
- **de la part du pilote :**
  - de l'état des lieux, après incident, de l'installation.
  - du planning de la production.

Relation client/fournisseur interne RCF 1

Chef de projet

Vos clients	Leurs besoins		
	Quoi ?	Comment ?	Quand ?
• Cellules techniques	• Notification de la modification (technique, coût, délai)	• Fiche de notification	• 15 jours après avoir reçu la fiche d'accord sur la modification
• Autres plates-formes	• Information sur la modification	• Note en diffusion à toutes les plates-formes similaires	
• Chef de plate-forme	• Information sur la notification	• Note	
• Pilote	• Information sur la notification	• Note	

Relation client/fournisseur interne RCF 2

Chef de projet

Vos fournisseurs	Vos besoins		
	Quoi ?	Comment ?	Quand ?
• Commission de modifications	• Dossier de la modification instruit (DM) : – synthèse technique – spécifications de besoins – spécifications de travaux – CDCF – évaluation des coûts – évaluation du temps de réalisation • Fiche d'accord de la commission sur la modification		• Le jour où la commission donne son avis favorable
• Pilote	• Conditions d'accès et logement des équipes d'intervention • Éléments (noms, compétences) sur le personnel susceptible de réaliser l'intervention • État des lieux de l'installation après incident • Planning de la production		
• Chef de plate-forme	• Information sur l'ouverture d'une demande d'instruction de modification		

Complément d'information concernant la « commission de modifications »

Afin de mener à bien sa mission, la commission de modification a besoin, de la part du chef de plate-forme, dans le dossier de demande d'instruction, d'un historique des incidents du même type survenus sur la plate-forme.

Relation client/fournisseur interne RCF 1

Commission de modifications

Vos clients	Leurs besoins		
	Quoi ?	**Comment ?**	**Quand ?**
• Pilote	• Dossier d'instruction de la modification (DI) • Délai d'instruction		• Le jour où la commission donne son avis favorable
• Chef de projet	• Dossier de la modification instruit (DM), préétudes des cellules : – spécification de besoins – spécification de travaux – cahier des charges fonctionnelles (CDCF) – synthèse technique – évaluation des coûts – évaluation du temps de réalisation		• Le jour où la commission donne son avis favorable
• Chef de plate-forme	• Note d'information en cas d'avis défavorable de la commission		

Relation client/fournisseur interne RCF 2

Commission de modifications

Vos fournisseurs	Vos besoins		
	Quoi ?	**Comment ?**	**Quand ?**
• Chef de plate-forme	• Dossier de demande d'instruction de la modification (DDI) comprenant : – fiche de demande d'instruction – constat de l'incident – plans de l'installation – incidences sur l'environnement – historique des incidents du même type survenus sur la plate-forme		
• Pilote	• Synthèse technique (SY) des différents dossiers remis par les cellules : – éléments de décision – proposition de mise en œuvre		• 3 semaines après l'avis favorable de la commission

Complément d'information concernant le « pilote »

Afin de mener à bien sa mission, le pilote a besoin :

- **de la part du chef de plate-forme :**
  - de l'état des lieux, après incident, de l'installation ;
  - de la provenance des matériels endommagés (constructeur, année) ;
  - de l'état des stocks en magasin sur la plate-forme.
- **de la part de la commission de modifications :**
  - de l'avis sur les cellules à consulter.
- **de la part des cellules techniques :**
  - d'une note sur les éventuels problèmes d'interface (cette note est attendue, que ces problèmes existent ou pas) ;
  - de la liste des documents touchés par la modification.

Relation client/fournisseur interne RCF 1

Pilote

Vos clients	Leurs besoins		
	Quoi ?	*Comment ?*	*Quand ?*
• *Cellules techniques*	• Partie du dossier d'instruction relative à leurs activités (DI 1, DI 2, DI 3, DI 4) • Fiche d'instruction (FI) • Délai de réponse (2 semaines)		• 3 jours après la décision de la commission
• *Commission de modification*	• Synthèse technique (SY) des différents dossiers remis par les cellules : – éléments de décision – proposition de mise en œuvre		• 3 jours après l'avis favorable de la commission
• *Chef de plate-forme*	• Note d'information en cas de refus de la modification de la commission		
• *Chef de projet*	• Conditions d'accès et de logement des équipes d'intervention • Éléments (noms, compétences) sur le personnel susceptible de réaliser les travaux		

Relation client/fournisseur interne RCF 2

Pilote

Vos fournisseurs	Vos besoins		
	Quoi ?	Comment ?	Quand ?
• Commission de modifications	• Dossier d'instruction de la modification (DI) • Avis sur les cellules à consulter • Délai d'instruction (2 semaines)		• Le jour où la commission donne son avis favorable
• Cellules techniques	• Solutions techniques • Évaluation coût/délai des prestations • Notes sur les problèmes d'interface • Liste des documents touchés par la modification	• Dossiers D 1, D 2, D 3, D 4 accompagnés d'une fiche d'évaluation FE	• Au plus tard, 15 jours après réception du dossier d'instruction
• Chef de plate-forme	• Confirmation sur la liste des plans en configuration • Planning de la production • Éléments (noms, compétences) sur le personnel susceptible de réaliser l'intervention • Les conditions d'accès et de logement des équipes d'intervention • État des lieux de l'installation après incident • Provenance des matériels endommagés • État des stocks en magasin sur la plate-forme		

Complément d'information concernant les cellules techniques et cellules achats

Afin de mener à bien leurs missions, les cellules techniques ont besoin :

» **de la part du pilote :**

– de la fiche d'analyse qu'il aura faite à votre intention à partir du dossier d'instruction de la modification ;

– de la liste des plans en configuration.

Afin de mener à bien sa mission, la cellule achat a besoin :

» **de la part du pilote :**

– de la provenance des matériels endommagés (constructeur, année) ;

– de l'état des stocks en magasin sur la plate-forme.

Relation client/fournisseur interne RCF 1

Cellules techniques (pompe, circuit, sûreté, achat)

Vos clients	Leurs besoins		
	Quoi ?	Comment ?	Quand ?
• Pilote	• Solutions techniques • Évaluation coût/délai des prestations	• Dossiers D 1, D 2, D 3, D 4 accompagnés d'une fiche d'évaluation (FE)	• Au plus tard 15 jours après réception du dossier d'instruction

Relation client/fournisseur interne RCF 2

Cellules techniques (pompe, circuit, sûreté, achat)

Vos fournisseurs	Vos besoins		
	Quoi ?	Comment ?	Quand ?
• Pilote	• Partie du dossier d'instruction propre à nos activités (DI 1, DI 2, DI 3, DI 4) • Fiche d'instruction (FI) • Délai de réponse • Fiche d'analyse • Liste des plans en configuration • Provenance des matériels endommagés • État des stocks en magasin sur la plate-forme • Note d'information en cas de refus de la commission		• 3 jours après décision de la commission
• Chef de projet	• Notification de la modification (technique, coût, délai)	• Fiche de notification (FN)	• 15 jours maximum après avoir reçu la fiche d'accord sur la modification

Complément d'information concernant le « chef de plate-forme »

Afin de mener à bien sa mission, le chef de plate-forme a besoin :

▸ **de la part du service central de documentation qui gère à Paris la configuration :**

 – des plans de l'installation afin de les insérer dans le dossier d'instruction de la modification, après avoir vérifié qu'ils correspondent bien à l'état actuel de l'installation.

Relation client/fournisseur interne RCF 1

Chef de plate-forme

Vos clients	Leurs besoins		
	Quoi ?	Comment ?	Quand ?
• Commission de modification	• Dossier de demande d'instruction de modification (DDI) comprenant : – fiche de demande d'instruction – constat de l'incident – plans de l'installation – incidences sur l'environnement (risques)		
• Pilote	• Confirmation sur la liste des plans en configuration • Conditions d'accès et de logement des équipes d'intervention • Éléments (noms, compétences) sur le personnel susceptible de réaliser l'intervention • Planning de la production en fonction du temps disponible		
• Chef de projet	• Information sur l'ouverture d'une demande d'instruction de modification (note)		

Relation client/fournisseur interne RCF 2

Chef de plate-forme

Vos fournisseurs	Vos besoins		
	Quoi ?	Comment ?	Quand ?
• Service central de gestion de la configuration	• Plans de l'installation		
• Chef de projet	• Notification de la modification	• Fiche de notification	
• Commission de modification	• Note d'information en cas d'avis défavorable de la commission		

Processus d'admission à la clinique : cas de la clinique des Lorgnettes

Vous trouverez ci-après les fiches RCFI corrigées.

Relation client/fournisseur interne RCF 1

Service administratif

Vos clients	Leurs besoins		
	Quoi ?	Comment ?	Quand ?
• Praticien	• Résultats d'analyses	• Sur disquette 3,5", au format demandé (compatible avec logiciel)	• Sous 24 h après réception

Relation client/fournisseur interne RCF 2

Service administratif

Vos fournisseurs	Vos besoins		
	Quoi ?	Comment ?	Quand ?
• Radiologie	• Fiche radio	• Sur imprimé modèle n° 14, avec date de la radio et nom du patient	• Sous 48 h après l'examen radio
• Bloc opératoire	• Fiche d'opération	• Sur imprimé modèle n° 12, avec nom du patient, date de l'opération et durée	• Sous 24 h après l'opération

Relation client/fournisseur interne RCF 1

Bloc opératoire

Vos clients	Leurs besoins		
	Quoi ?	Comment ?	Quand ?
• Praticien	• Date d'opération	• Par téléphone, confirmation par fiche RDV opération	• À réception du descriptif d'opération
	• Patient anesthésié	• Conditionné pour l'opération	• 5 min avant l'opération
	• Patient réanimé	• Avec rapport de réanimation	• 1 h après l'opération
• Service administratif	• Fiche d'opération	• Suivant modèle n° 4 bis	• Dans les 24 h qui suivent l'opération

Relation client/fournisseur interne RCF 2

Bloc opératoire

Vos fournisseurs	Vos besoins		
	Quoi ?	Comment ?	Quand ?
• Patricien	• Bon d'opération	• Suivant formulaire avec définition du conditionnement du patient	• 2 jours avant l'opération, sauf urgence
	• Patient opéré	• Recousu, avec rapport opératoire	• Immédiatement après l'opération

Relation client/fournisseur interne RCF 1

Praticien

Vos clients	Leurs besoins		
	Quoi ?	Comment ?	Quand ?
• Radiologie	• Ordonnance d'examen radio	• Description codifiée des clichés • Nombre de clichés • Délai souhaité pour le retour des clichés	• 24 h avant l'examen radio
• Bloc opératoire	• Descriptif d'opération	• Description de l'opération sur formulaire • Conditionnement du patient demandé	• 2 jours avant l'opération
• Patient	• Opéré		• Dans les minutes qui suivent l'opération

Relation client/fournisseur interne RCF 2

Praticien

Vos fournisseurs	Vos besoins		
	Quoi ?	Comment ?	Quand ?
• Radiologie	• Clichés radio	• Sous enveloppe, avec identification du patient, date de l'examen radio • Densité radio comprise entre 3 et 3,5	• Sous 24 h après l'examen radio
• Bloc opératoire	• Date de l'opération	• Document avec nom du patient et date opération prévue	• Sous 12 h après réception du bon d'opération
	• Patient anesthésié	• Durée de l'anesthésie suivant opération	• 10 min avant l'heure prévue de l'opération
	• Patient réanimé	• Avec rapport de réanimation	• 12 h après fin de l'opération
• Service administratif	• Résultats d'analyse	• Sur disquette 3,5", format compatible « micro-ana »	• Dans les 24 h après la prise de sang

Relation client/fournisseur interne RCF 1

Radiologie

Vos clients	Leurs besoins		
	Quoi ?	Comment ?	Quand ?
• Praticien	• Clichés radio	• Conformes aux exigences de densité et de flou • Indication du délai souhaité pour les clichés développés	• Suivant délai demandé dans l'ordonnance d'examen radio
• Service administratif	• Fiche d'examen radio	• Sur imprimé n° 5	• Dans les 48 h après l'examen radio

Relation client/fournisseur interne RCF 2

Radiologie

Vos fournisseurs	Vos besoins		
	Quoi ?	Comment ?	Quand ?
• Praticien	• Ordonnance examen radiologique	• Description codifiée • Indication du délai souhaité pour les clichés développés	• Au moment de l'examen radio

Bibliographie

ANDERSEN B., *Business Process Improvement Toolbox*, 1999.

BOJIN J., DUNAND M., *Dites-le avec des messages*, Dunod.

BROWN D. L., LAKE M. S., *Redefining a Process in 14 Steps Quality Progress*, 1997.

BRUNET S., GARDIN H., *Pratiques de Reengineering, Redessine-moi l'entreprise*, ESF éditeur, 1995.

CATTAN M., *Management des processus. Une approche innovante*, collection « Afnor pratique », Afnor, 2000.

CATTAN M., *L'engagement de la direction*, Afnor, 2001.

CATTAN M., *Guide des processus - passons à la pratique*, Afnor, 2005.

CATTAN M., *Pour une certification qualité gagnante – Avant-Pendant-Après*, Afnor, 2003.

CERKEVIC Ch., *Démarche Qualité et Communication*, collection « À Savoir », Afnor, 1996.

CORBEL B. et MURY B., *L'audit Qualité interne – démarche et techniques de communication*, Afnor, 1996.

CRUNET S., GARDIN H., *Pratique du réengineering*, ESF Éditeur, 1995.

DESQUE S., LABRUFFE A., *Manager - Le kit minute, 30 outils pour progresser*, Afnor, 2006.

DETRIE Ph. et MERLIN-BROYEZ C., *La communication interne au service du management*, Éditions Liaisons, 1995.

HAMMER M., CHAMPY J., *Le reengineering*, Dunod.

HAMMER M., STANTON SA., *The Reengineering Revolution*, Harper Business, 1995.

HERNIAUX G., NOYÉ D., *Organiser et améliorer les processus*, INSEP Éditions, 1996.

MONGILLON P., VERDOUX S., *L'entreprise orientée processus*, Afnor, 2003.

PÉRIGORD M., *Réussir la qualité totale*, Les Éditions d'Organisation, 1987.

PETIT-ÉTIENNE M., PEYRAUD Y., *Reengineering mode d'emploi*, Éditions d'Organisation, 1996.

PEYRAUD Y., *Reengineering : démystification et mode d'emploi, Le groupware et ses applications*, dossier prospectif, CXP, 1995.

STORA G., MONTAIGNE J., *La qualité totale dans l'entreprise. Les moyens et outils du programme qualité*, Éditions d'Organisation, 1986.

TEBOUL J., *La dynamique qualité*, Éditions d'Organisation.

Index

P

pérennité de la démarche 297
performances 22, 118, 119, 120, 295
pilote de processus 287, 305
plan d'action qualité 277, 309
prix qualité 46
procédure 188, 189, 190, 191, 194
processus 106
    ~ « critiques » 63
    ~ clés 62, 78
    ~ de management 50
    ~ de mesure 52
    ~ de réalisation 31, 50, 64
    ~ externalisés 61
    ~ partagés 61
    ~ prioritaires 90, 91
    ~ stratégiques 15, 63, 76, 77
    ~ support 51

Q

QQOQCCP 261

R

reengineering 24, 44
règle des 5 M 268

relation client/fournisseur interne 151, 158, 251
ressources 22, 51, 98, 104
revue de direction 225
revue de processus 225

S

sous-processus 81, 185
système d'information 292

T

tableau de bord 199, 214, 218, 228
typologie 31, 49
    ~ des processus 76

V

valeur ajoutée 29, 40, 99, 121, 167, 252
validation 180
valider le processus 178
vote pondéré 271

W

workflow 247

www.ingramcontent.com/pod-product-compliance
Lightning Source LLC
Chambersburg PA
CBHW080912220326
41598CB00034B/5554